21 世纪全国高等院校财经管理系列实用规划教材

会计学原理与实务(第 2 版)

主　编　周慧滨　王素萍
副主编　钟　璐　田丽娜
　　　　夏赛莲　支　慧
参　编　贺跃平　杨利云
　　　　郑椒瑾　邓羽婷

内容简介

本书主要讲述会计基本理论、会计基本方法、会计基本操作技能和会计基本实务，具体包括复式记账原理，会计科目和账户，制造企业会计基本业务的处理、会计凭证、账簿和报表的填制、审核、登记或编报，财产清查方法及处理，简单的成本计算，会计规范及会计学科构成、国内外主要会计考试等内容。考虑到读者参加会计从业资格证、会计初级职称等考试的需要，本书在一般会计学原理教材体系的基础上，适当增加了会计实务的内容。

本书可作为学习会计学的入门教材，适用于高校本、专科不同层次不同专业及不同学习形式的学生及社会自学者学习会计的需要。

图书在版编目(CIP)数据

会计学原理与实务/周慧滨，王素萍主编．—2 版．—北京：北京大学出版社，2011.4
(21 世纪全国高等院校财经管理系列实用规划教材)
ISBN 978-7-301-18653-4

Ⅰ. ①会… Ⅱ. ①周…②王… Ⅲ. ①会计学—高等学校—教材 Ⅳ. ①F230

中国版本图书馆 CIP 数据核字(2011)第 043007 号

书　　　　名：	会计学原理与实务(第 2 版)
著作责任者：	周慧滨　王素萍　主编
策 划 编 辑：	王显超　李　虎
责 任 编 辑：	魏红梅
标 准 书 号：	ISBN 978-7-301-18653-4/C · 0658
出 版 发 行：	北京大学出版社
地　　　　址：	北京市海淀区成府路 205 号　100871
网　　　　址：	http://www.pup.cn　新浪官方微博：@北京大学出版社
电 子 信 箱：	pup_6@163.com
电　　　　话：	邮购部 62752015　发行部 62750672　编辑部 62750667　出版部 62754962
印 　刷 　者：	三河市北燕印装有限公司
经 　销 　者：	新华书店
	787 毫米×1092 毫米　16 开本　17.5 印张　400 千字
	2007 年 9 月第 1 版
	2011 年 4 月第 2 版　2019 年 3 月第 8 次印刷
定　　　价：	33.00 元

未经许可，不得以任何方式复制或抄袭本书之部分或全部内容。

版权所有，侵权必究

举报电话：010-62752024　电子信箱：fd@pup.pku.edu.cn

21世纪全国高等院校财经管理系列实用规划教材

专家编审委员会

主 任 委 员 刘诗白

副主任委员 （按拼音排序）

韩传模	李全喜	王宗萍
颜爱民	曾　旗	朱廷珺

顾　　问 （按拼音排序）

高俊山	郭复初	胡运权
万后芬	张　强	

委　　员 （按拼音排序）

程春梅	邓德胜	范　徵
冯根尧	冯雷鸣	黄解宇
李定珍	李相合	李小红
刘志超	沈爱华	王富华
王仁祥	吴宝华	张淑敏
赵邦宏	赵　宏	赵秀玲

法律顾问 杨士富

丛 书 序

我国越来越多的高等院校设置了经济管理类学科专业,这是一个包括经济学、管理科学与工程、工商管理、公共管理、农业经济管理、图书档案学6个二级学科门类和22个专业的庞大学科体系。2006年教育部的数据表明在全国普通高校中经济类专业布点1518个,管理类专业布点4328个。其中除少量院校设置的经济管理专业偏重理论教学外,绝大部分属于应用型专业。经济管理类应用型专业主要着眼于培养社会主义国民经济发展所需要的德智体全面发展的高素质专门人才,要求既具有比较扎实的理论功底和良好的发展后劲,又具有较强的职业技能,并且又要求具有较好的创新精神和实践能力。

在当前开拓新型工业化道路,推进全面小康社会建设的新时期,进一步加强经济管理人才的培养,注重经济理论的系统化学习,特别是现代财经管理理论的学习,提高学生的专业理论素质和应用实践能力,培养出一大批高水平、高素质的经济管理人才,越来越成为提升我国经济竞争力、保证国民经济持续健康发展的重要前提。这就要求高等财经教育要更加注重依据国内外社会经济条件的变化适时变革和调整教育目标和教学内容;要求经济管理学科专业更加注重应用、注重实践、注重规范、注重国际交流;要求经济管理学科专业与其他学科专业相互交融与协调发展;要求高等财经教育培养的人才具有更加丰富的社会知识和较强的人文素质及创新精神。要完成上述任务,各所高等院校需要进行深入的教学改革和创新。特别是要搞好有较高质量的教材的编写和创新。

出版社的领导和编辑通过对国内大学经济管理学科教材实际情况的调研,在与众多专家学者讨论的基础上,决定编写和出版一套面向经济管理学科专业的应用型系列教材,这是一项有利于促进高校教学改革发展的重要措施。

本系列教材是按照高等学校经济类和管理类学科本科专业规范、培养方案,以及课程教学大纲的要求,合理定位,由长期在教学第一线从事教学工作的教师立足于21世纪经济管理类学科发展的需要,深入分析经济管理类专业本科学生现状及存在问题,探索经济管理类专业本科学生综合素质培养的途径,以科学性、先进性、系统性和实用性为目标,其编写的特色主要体现在以下几个方面:

(1) 关注经济管理学科发展的大背景,拓宽理论基础和专业知识,着眼于增强教学内容的联系实际和应用性,突出创造能力和创新意识。

(2) 体系完整、严密。系列涵盖经济类、管理类相关专业以及与经管相关的部分法律类课程,并把握相关课程之间的关系,整个系列丛书形成一套完整、严密的知识结构体系。

(3) 内容新颖。借鉴国外最新的教材,融会当前有关经济管理学科的最新理论和实践经验,用最新知识充实教材内容。

(4) 合作交流的成果。本系列教材是由全国上百所高校教师共同编写而成,在相互进行学术交流、经验借鉴、取长补短、集思广益的基础上,形成编写大纲。最终融合了各地特点,具有较强的适应性。

(5) 案例教学。教材具备大量案例研究分析，让学生在学习过程中理论联系实际，特别列举了我国经济管理工作中的大量实际案例，这可大大增强学生的实际操作能力。

(6) 注重能力培养。力求做到不断强化自我学习能力、思维能力、创造性解决问题的能力以及不断自我更新知识的能力，促进学生向着富有鲜明个性的方向发展。

作为高要求，财经管理类教材应在基本理论上做到以马克思主义为指导，结合我国财经工作的新实践，充分汲取中华民族优秀文化和西方科学管理思想，形成具有中国特色的创新教材。这一目标不可能一蹴而就，需要作者通过长期艰苦的学术劳动和不断地进行教材内容的更新才能达成。我希望这一系列教材的编写，将是我国拥有较高质量的高校财经管理学科应用型教材建设工程的新尝试和新起点。

我要感谢参加本系列教材编写和审稿的各位老师所付出的大量卓有成效的辛勤劳动。由于编写时间紧、相互协调难度大等原因，本系列教材肯定还存在一些不足和错漏。我相信，在各位老师的关心和帮助下，本系列教材一定能不断地改进和完善，并在我国大学经济管理类学科专业的教学改革和课程体系建设中起到应有的促进作用。

刘诗白

2007 年 8 月

刘诗白 刘诗白教授现任西南财经大学名誉校长、博士生导师，四川省社会科学联合会主席，《经济学家》杂志主编，全国高等财经院校资本论研究会会长，学术团体"新知研究院"院长。

第 2 版前言

《会计学原理与实务》第 1 版经过 4 年的使用，先后重印了 4 次，得到了广大院校师生和读者的认同。近年来，经济学科、管理学科各专业招生人数持续扩大，同时，经济管理学科各专业的学生结构发生着巨大的变化，对应的师资结构也发生着相应的变化。会计学原理教材能否适用于目前的高校学生及教师情况，是一个值得思考的问题。一本好的会计学原理教材，对于提高会计学原理课程的教学质量，显然有着直接的关联。

《会计学原理与实务(第 2 版)》充分考虑了学生、教师及教育本身在近几年的变化，同时考虑了相应的法律制度的变化，如新修订的《中华人民共和国增值税暂行条例》(中华人民共和国国务院令第 538 号，自 2009 年 1 月 1 日执行)，允许抵扣购进固定资产进项税。当然也考虑并修正了其中存在的相关问题。《会计学原理与实务》(第 2 版)删除了第 1 版第 1 章"会计发展简史"的部分内容和删除了第 12 章"会计电算化"全部内容；第 1 版的第 9 章"成本计算"并入第 2 版第 3 章"借贷记账法的运用"；合并了第 1 版第 3 章、第 4 章"借贷记账法的运用(上、下)"；将第 1 版 12 章调整为 9 章。《会计学原理与实务(第 2 版)》与目前税法规定相适应，与快速扩招后的学生素质相适应，也更多考虑了教师的需要和方便。经过调整后，本书更紧凑、更实用，同时与配套的实验教程相匹配，增强了理论知识与实践技能的关联度。

本书仍按最新会计准则、指南及制度和会计操作规范为准绳编写，在系统论述会计理论的基础上，突出会计的实用性，并全面介绍了会计学科体系及会计中涉及的相关问题，如会计学科构成、会计规范和会计考试等内容，以拓宽读者视野。本书在系统阐述会计理论的基础上，仍然偏重于实际操作内容。

本书同时编有配套的《会计学原理与实务模拟实验教程(第 2 版)》。《会计学原理与实务模拟实验教程(第 2 版)》修正了部分操作不方便的细节，并对数据进行了细微的调整，使之在使用过程中更为方便。

本书由周慧滨、王素萍在编写组讨论的基础上拟定编写大纲。本书第 1 章由周慧滨(中南林业科技大学)撰写，第 6、8 章由王素萍(河南理工大学)撰写，第 2 章由支慧(河南职业技术学院)撰写，第 3 章由夏赛莲(中南林业科技大学)撰写，第 4 章由钟璐(中南林业科技大学)撰写，第 5 章由杨利云(廊坊师范学院)、郑椒瑾(福州职业技术学院)共同撰写，第 7 章由田丽娜(太原科技大学)撰写，第 9 章由周慧滨、贺跃平、邓羽婷(中南林业科技大学)共同撰写。由周慧滨对全书内容进行修改并统稿。

本书在编写过程中，参阅了国内外许多会计专家的最新研究成果，这些成果对本书形成了重要的支持，在此表示感谢！参考文献中如果有所遗漏，也敬请指出并谅解。

限于作者水平，本书必然存在疏漏和不当之处，恳请广大专家和读者批评指正。

周慧滨
2011 年 2 月于长沙

目 录

第1章 总论 1
1.1 会计的概念及学科简介 2
1.1.1 会计的概念 2
1.1.2 会计学科简介 3
1.2 会计基本假设、职能和目标 5
1.2.1 会计基本假设 5
1.2.2 会计的职能 7
1.2.3 会计的目标 8
1.3 会计对象与会计要素 9
1.3.1 会计对象 9
1.3.2 会计要素与会计方程式 9
1.3.3 经济业务及其对会计要素的影响 12
1.4 会计信息与会计方法 14
1.4.1 会计信息需求及会计信息供给 14
1.4.2 会计专门方法 16
本章小结 18
习题 21

第2章 会计科目、账户和复式记账 27
2.1 会计科目 28
2.1.1 会计科目的定义 28
2.1.2 会计科目的设置 28
2.2 会计账户 31
2.2.1 会计账户的定义 31
2.2.2 会计账户体系与分类 33
2.3 复式记账 40
2.3.1 复式记账原理 40
2.3.2 复式记账的方法 41
2.3.3 借贷记账法 44
本章小结 55
习题 57

第3章 借贷记账法的运用 59
3.1 会计确认与会计计量 60
3.1.1 会计确认 60
3.1.2 会计计量 63
3.1.3 会计处理基础 65
3.2 制造企业基本经济业务 66
3.2.1 制造企业经营过程中的基本业务 66
3.2.2 资金筹集业务 67
3.2.3 生产准备业务 72
3.2.4 产品生产业务 77
3.2.5 产品销售业务 80
3.2.6 财务成果业务 84
3.2.7 对外投资业务 90
本章小结 94
习题 96

第4章 会计凭证 100
4.1 会计凭证概念、种类及作用 101
4.1.1 会计凭证的概念和种类 101
4.1.2 会计凭证的作用 104
4.2 原始凭证的填制和审核 104
4.2.1 原始凭证的要素 104
4.2.2 原始凭证的填制 105
4.2.3 原始凭证的审核 112
4.3 记账凭证的填制和审核 113
4.3.1 记账凭证的要素 113
4.3.2 记账凭证的填制 113
4.3.3 记账凭证的审核 118
4.4 会计凭证的传递和保管 119
4.4.1 会计凭证传递及组织 119
4.4.2 会计凭证的归档及保管 120
本章小结 121
习题 123

第 5 章 会计账簿 127

5.1 会计账簿的意义和种类 128
- 5.1.1 会计账簿的概念和种类 128
- 5.1.2 会计账簿的作用和设置原则 ... 130

5.2 会计账簿体系构成 131
- 5.2.1 日记账 131
- 5.2.2 分类账 135
- 5.2.3 其他账簿 138

5.3 账簿的登记规则 138
- 5.3.1 启用账簿的规则 138
- 5.3.2 登记账簿的规则 139
- 5.3.3 错账更正的规则 139
- 5.3.4 总账和明细账平行登记的规则 142

5.4 对账和结账 146
- 5.4.1 对账 146
- 5.4.2 结账 147

5.5 账簿更换和保管 149
- 5.5.1 账簿的更换 149
- 5.5.2 账簿的保管 150

本章小结 150
习题 152

第 6 章 财产清查 157

6.1 财产清查的意义和种类 158
- 6.1.1 财产清查的概念及意义 158
- 6.1.2 财产清查的原因及种类 159

6.2 存货盘存制度 160
- 6.2.1 永续盘存制 160
- 6.2.2 实地盘存制 164

6.3 财产清查的方法 165

6.4 财产清查的组织与实施 165
- 6.4.1 财产清查的组织 165
- 6.4.2 财产清查的实施 166

6.5 财产清查结果的账务处理 171
- 6.5.1 财产物资盘盈的账务处理 172
- 6.5.2 财产物资盘亏的账务处理 173

本章小结 174
习题 178

第 7 章 账务处理程序 181

7.1 账务处理程序概述 182
- 7.1.1 账务处理程序的概念与意义 182
- 7.1.2 账务处理程序的种类 183

7.2 记账凭证账务处理程序 184
- 7.2.1 记账凭证账务处理程序的特点 184
- 7.2.2 记账凭证账务处理程序的基本步骤 184
- 7.2.3 记账凭证账务处理程序的优缺点和适用范围 185

7.3 科目汇总表账务处理程序 185
- 7.3.1 科目汇总表账务处理程序的特点 185
- 7.3.2 科目汇总表账务处理程序的基本步骤 186
- 7.3.3 科目汇总表账务处理程序的优缺点和适用范围 193

7.4 汇总记账凭证账务处理程序 193
- 7.4.1 汇总记账凭证账务处理程序的特点 193
- 7.4.2 汇总记账凭证账务处理程序的基本步骤 193
- 7.4.3 汇总记账凭证账务处理程序的优缺点和适用范围 199

7.5 日记总账账务处理程序 200

本章小结 202
习题 205

第 8 章 财务报告 207

8.1 财务报告的意义和种类 208
- 8.1.1 财务报告的意义及组成 208
- 8.1.2 财务报告的种类 208
- 8.1.3 会计报表的编制要求 209

8.2 编制报表前的准备工作 209
- 8.2.1 进行对账工作 209
- 8.2.2 期末账项调整 210
- 8.2.3 结清账目 210

8.3 资产负债表 211
    8.3.1 资产负债表的概念、理论依据和数据来源 211
    8.3.2 资产负债表的结构和内容 212
    8.3.3 资产负债表的编制 215
8.4 利润表 224
    8.4.1 利润表的概念、理论依据和数据来源 224
    8.4.2 利润表的结构和内容 224
    8.4.3 利润表的编制 226
8.5 财务报告的报送和审批 228
8.6 财务报表的分析 228
    8.6.1 财务报表分析的主要内容和指标 228
    8.6.2 财务报表的分析方法 231
本章小结 232
习题 235

第9章 会计规范与会计管理 237

9.1 会计规范体系 238
    9.1.1 会计法 238
    9.1.2 会计准则 239
    9.1.3 会计制度 242
    9.1.4 会计档案 243
9.2 会计职业道德 246
    9.2.1 职业道德的含义和作用 247
    9.2.2 会计职业道德规范 248
9.3 会计考试 250
    9.3.1 会计从业资格考试(会计证考试) 250
    9.3.2 会计专业技术资格考试(会计职称考试) 251
    9.3.3 会计执业资格考试(注册会计师考试) 252
    9.3.4 国外在华主要会计考试简介 254
9.4 会计机构与会计人员 255
    9.4.1 会计机构的设置 255
    9.4.2 内部控制与会计人员岗位设置 257
本章小结 259
习题 261

参考文献 267

第 1 章 总 论

教学目标

通过本章的学习,了解会计的基本含义、会计学科的内容及会计基本方法,理解会计假设、会计的职能和目标,掌握会计对象、会计要素及会计方程式,熟练掌握经济业务的发生对会计要素及会计方程式的影响,熟练区分不同的会计要素。

教学要求

知识要点	能力要求	相关知识
会计的定义及发展简史	理解会计基本内涵	中外会计发展史
会计基本假设	(1) 理解会计基本假设 (2) 掌握基本假设的内容	(1) 会计假设的概念 (2) 企业会计准则——基本准则
会计的职能和目标	(1) 掌握会计的基本职能 (2) 理解会计的目标	财务报表的目标
会计要素及会计方程式	(1) 掌握会计要素 (2) 理解会计方程式 (3) 掌握经济业务对会计要素的影响 (4) 掌握经济业务对会计方程式的影响	(1) 会计六要素概念 (2) 会计方程式 (3) 经济业务对会计要素及方程式的影响
会计方法	了解会计主要方法	会计核算、检查、分析方法

> **引　例**
>
> 有人说，会计就是记账、算账、报账；有人说，会计还要参与管理，为管理提供信息。经济管理中为什么需要会计？现代会计的理论基础是什么？会计系统是如何运行的？为什么要学习会计，应如何学习会计？

1.1　会计的概念及学科简介

在现代社会经济生活中，会计是一个无处不在的概念，因为几乎每个单位都有会计人员，都要不同程度地从事会计核算，或是利用会计核算资料及其他资料进行更复杂的经济管理工作。那么，会计究竟是什么？会计工作是如何进行的？带着这些疑问，本书将引导你步入会计的殿堂。

1.1.1　会计的概念

首先碰到的一个最基本的问题，就是会计的概念。在讲这个概念之前，需要对其范围做一个界定。一般而言，与会计相关的范围通常包括以下几个内容：会计学科体系、会计工作和会计人员。显然，会计的定义是基于会计的全部范围而言的。在现实生活中，对会计概念并没有一个统一的说法，而是众说纷纭，从不同的角度有不同的表述。尽管如此，会计的概念中仍然有相当多的要素为大家所认同。

古今中外，社会上的每个人都身处各种组织中，如政府机构、学校、医院等非营利性组织，或公司、企业等营利性组织，这些组织都承担着各种各样的使命，为社会大众提供相应的服务或产品，这些组织要达成使命就必定要使用各种人力、物资、服务、设备、信息等资源，而这些资源的取得最终必定需要花费金钱；各种组织的管理者必须知道以下事情才能保证其运作效率：取得各种资源的资金从哪里来，钱花在了什么地方，产生了什么样的结果。如果没有科学系统的方法来处理这些事情，这个组织的管理必定是混乱的。显然，能承担这个重任的就是该组织的会计系统，而会计系统是由会计人员、数据处理工具和数据处理规程组成的有机整体。会计系统具有信息系统的一般特征，会计系统本身就是一个信息系统。

会计信息系统的运行依赖于会计人员处理问题的一系列特定的方法，包括对进入会计系统的会计事项的确认、计量、记录、报告等一系列处理程序中所使用的特定方法。现代会计主要使用货币作为计量单位，对一定期间内组织发生的会计事项按一定的方法进行记录，并定期或不定期为会计信息使用者整理出相应的信息。

从不同角度考察会计，可对会计本质得出不同的认识。这些认识可概括为以下几个方面。

(1) 会计是反映和监督物质资料生产过程的一种方法，是管理经济的工具。
(2) 会计是一个收集、处理和输送经济信息的信息系统。
(3) 会计是通过收集处理和利用经济信息，对经济活动进行组织、控制、调节和指导，促使人们比较分析，讲求经济效益的一种以价值活动为对象的管理活动。

因此，会计是以货币作为主要计量单位，对经济活动进行连续、全面、系统和综合的核算和监督，并在此基础上对经济活动进行预测、决策、规划、控制及分析评价的一种经济管理活动，是一个以会计科学方法计量、记录组织的经济信息，并报告给会计信息使用者的管理信息系统。

专栏 1-1

国内会计定义的几种主要观点

(1) 会计工具方法论：会计是指一种技术手段，是核算和监督生产过程的一种方法，是管理经济的一种工具。

(2) 会计管理活动论：会计不仅是管理工具，还是通过收集、整理和利用经济信息，对经济活动进行控制和调节，促使组织完成使命的一种经济管理活动。

(3) 会计信息系统论：会计是一个信息系统，它预定输送给有关组织重要的财务和其他经济信息，以供信息使用者判断和决策之用。

1.1.2 会计学科简介

1. 会计学与有关学科的关系

会计学从属于管理科学，是建立在经济学和管理学基础上的应用学科。一方面，会计学来源于会计实践，即会计实务，是对会计实务的理论抽象和概括；另一方面又指导着会计实务。现代会计学经历了会计学与其他学科(如统计学等)的分化，也经历了会计学与其他学科(如信息学、系统控制学等)的整合。会计学科的发展过程，实际上是会计学科分化与整合的过程。

从会计发展的历史和会计本身的数据特点看，会计学与数学有着密切的联系，会计界公认的第一本具有现代意义的会计文献，就是卢卡·巴乔利(Pacioli)在 1494 年发表的数学著作《算术、几何及比例概要》；会计的内容与方法的科学性，都可以通过数学运算来得到证实；会计无论是记录过去、控制现在或规划未来，都是以数据为基础，研究的是经济生活中的数量关系。

2. 会计学的分支学科

从历史的观点看，会计学科是不断发展变化的。目前主流观点认为现代会计学有两大主要分支，即财务会计学和管理会计学。财务会计是以货币为主要计量单位，按照一定的会计专门方法，将企业生产经营活动中大量的、日常的业务数据，通过确认、计量、记录、报告等方式，主要为企业外部相关方面提供企业财务状况、经营成果及现金流量等方面的信息，并全面介入企业内部各项业务的一种经济管理活动。管理会计主要利用财务会计产生的信息及生产经营活动中的其他有关资料，运用数学、统计等工具，通过整理、计算、分析，向企业内部管理人员提供用以进行预测、决策、预算、控制、分析评价等方面的信息。

从会计教育的角度看，会计学的主要课程包括会计学原理、中级财务会计、高级财务

会计、成本会计、管理会计、财务管理、审计学、会计电算化等，这些都是会计学的核心课程。

由于各行业生产经营具有一定差异，会计按运用的行业又可分为制造企业会计、商品流通企业会计、交通运输企业会计、施工企业会计、房地产开发企业会计、金融保险企业会计、邮电通信企业会计、旅游饮食服务企业会计、农业企业会计等。由于党政机关、行政事业单位等不以赢利为目的的组织不同于企业的赢利目的，其会计工作往往按照非营利组织会计的理论和方法执行，实行非营利组织会计。中国人民解放军后勤总部可以依照会计法和国家统一会计制度制定军队实施国家统一会计制度的具体办法，但需报国务院财政部门备案。

经济越发展，会计越重要。随着经济的向前发展，现代会计学也在不断地演变，总的看来，表现为向综合化、细分化、边缘化方向发展。由此在近20年来产生了一系列新的会计分支学科，如税务会计、法务会计、物价变动会计、环境会计、人力资源会计等，这些领域在研究和应用两方面都相当活跃。

专栏 1-2

会计主要边缘学科简介

(1) 环境会计：也称绿色会计，是研究经济发展与环境资源之间关系的一门新兴学科。通过确认、计量、记录环境污染、环境治理、环境开发和利用的成本费用，并对企业在经营过程中对社会环境的维护和开发形成的效益进行合理计量与报告，以综合评估企业环境影响活动的价值。它是以自然资源耗费和自然环境破坏应如何补偿为中心而展开的会计，它试图将会计学与环境经济相结合，通过有效的价值管理，达到协调经济发展和环境保护的目的。环境会计分为宏观和微观两个层面：宏观层面与国民经济核算和报告相连，微观层面与企业财务会计和报告相连。目前各国正在尝试使环境会计进入实务阶段，但目前环境会计在计量这个最关键的问题上存在较大的争议。

(2) 人力资源会计：指对人力资源的成本和价值给予确认、计量和记录，并将其结果报告给各相关方面的一种会计。它同环境会计一样，也存在会计计量尚未解决的问题。

会计学原理：也称基础会计和初级会计学。阐述会计的基本理论、基本方法和基本操作技术，是进一步学习其他会计分支课程的基础和指南。

财务会计：阐述会计要素处理的基本原理和方法，往往受企业会计准则的指导。教学中往往分解为中级财务会计和高级财务会计。

成本会计：阐述成本预测、计划、控制、核算、分析的基本理论和方法，为企业经营管理决策提供所需要的各种成本信息。主要包括实际成本计算、成本预测和决策的方法、成本计划的编制、成本分析和成本控制、目标(定额)成本的确定等。

管理会计：阐述为提高经济效益，利用财务信息和非财务信息，以评价过去、控制现在、规划未来的基本理论和方法。主要包括经济预测、经营决策、投资决策、预算与控制、业绩评价和责任会计等。

财务管理：阐述对各种货币收支活动进行规划、组织、调节、控制、指导和监督的基本理论和方法。主要包括资金筹集、流动资产、固定资产、无形资产、递延资产和其他资产的管理，经营业绩评价。

审计学：阐述注册会计师审计和政府审计，评价企业经营活动及其财务报告并出具审计报告的基本理论和方法。

会计电算化：以计算机和通信设备作为数据处理系统的核心，完成原始数据的收集，以及记录、验证、分类、登记、计算、汇总、报告等一系列的会计工作。

1.2 会计基本假设、职能和目标

会计基本假设是建立会计信息系统的前提条件。任何事物的运行都是有前提的，不存在永恒不变或是没有任何条件的事物。在会计基本前提存在的情况下，会计才能在现阶段发挥着应有的功能，会计才能达到其工作目标。

1.2.1 会计基本假设

在复杂且易于变化的社会经济环境中，存在诸多影响会计的因素。会计要能够正常发挥其功能，达成其目标，就有必要对某些不确定的基本问题做出假设，并将这些假设同已知或确定的因素关联起来，构成会计正常运行的环境体系。会计基本假设随社会经济条件的变化而变化，西方主要国家会计学界一般把会计主体、持续经营、会计分期、货币计量4个假设作为会计基本假设，我国2006年发布的《企业会计准则——基本准则》在第一章第5条至第8条分别对这4项国际普遍认同的基本假设作了概括和规定。

1. 会计主体假设

会计主体是指会计工作服务的特定组织。组织应当对其本身发生的交易或者事项进行会计确认、计量和报告。会计主体假设限制了会计服务的空间范围。

会计主体可以是法人，如一般的企事业单位，也可以是非法人，如大学中的独立核算机构；可以是一个独立的组织，也可以是组织的一部分，如企业的分公司或各事业部；可以是企业个体，也可以是数个企业组成的联营公司或企业集团，如由若干个子公司和母公司组成的企业集团。

会计主体假设划清了企业与企业、企业与个人间的权利义务。每一个会计主体独立核算，独立显示其财务状况和经营成果，为投资者、债权人、政府及其有关部门、社会公众及企业管理当局提供相应的信息。这就要求把会计主体的经营业务和业主私人的经济活动及其他有经济往来关系的外部组织的经济业务区别开来，独立处理，不可混为一谈。

2. 持续经营假设

企业会计确认、计量和报告应当以持续经营为前提。持续经营假设是指会计主体的活动在时间上能够无限延续，即在可以预见的将来，会计主体能够持续不断地经营下去。持续经营假设限制了会计服务的时间范围。

现行会计处理方法大部分都是建立在持续经营的基础上的，如果没有规定持续经营这一前提条件，一些公认的会计处理方法将缺乏存在的基础。如资产估价、费用分摊等需要确定时间的会计问题，或是需要延长至未来相当长时间，而会计方面需要考虑其未来可能

会计学原理与实务(第2版)

的情况而作为目前处理的依据。如固定资产应按其形成时的原始价值入账，而不必随时间推移其市场价值发生变化而重新估价；固定资产应按其使用期限通过一定的方法分期摊入成本，而非一次全部计入本期成本。如果没有持续经营这个假设，类似的工作就无法进行。正是因为在此假设基础上，一个企业的会计处理方法和程序才能保持稳定，因此才能正确反映企业的财务状况和经营成果等信息，为这些信息的使用者提供可靠数据。

事实上，一个企业总有消失的一天，不可能永远存在，如破产清算等。这时，需要特定的会计(破产会计)来处理面临的问题，因为持续经营的假设已经不成立，通常意义上的会计系统无法正常运行。

3. 会计期间假设

企业应当划分会计期间，分期结算账目和编制财务报告。会计期间分为年度和中期。按年划分的称为会计年度。中期是指短于一个完整的会计年度的报告期间，一般以半年为准。

会计期间假设是指为及时提供企业财务状况和经营成果的会计信息，可以将连续不断的经营活动分割为若干相等的期间(月、季、年)来反映。按年划分的称为会计年度，年度以内，还可分为季、月。要分别计算、报告各期的经营成果和财务状况，以便考核，进行对比，改善经营。会计年度可采用历年制进行划分，即与日历年度保持一致，如我国及法国、德国、俄罗斯、韩国等；也可采用非历年制，如英国、日本为4月1日，澳大利亚、意大利为7月1日，美国为10月1日为起始会计年度日。会计年度的划分往往与各国国会、人大开会的时间相近，以保持与国家财政决算预算年度一致。我国会计年度与财政年度一致，以自然公历年份为准，即每年1月1日至12月31日为一个会计年度，每年度分4个季度，每季度3个月份，年度、季度和月份的起讫日期采用公历日期。

4. 货币计量假设

企业会计应当以货币计量。企业的生产经营活动及其成果可以运用货币单位进行计量与反映，且其币值不变。在我国，会计核算一般应以人民币为记账本位币，有外币收支业务的也可选择某种外币为记账本位币，但编制财务报告时需折算为人民币来反映。

货币计量假设是指企业在会计核算过程中以货币为计量单位来定量处理，以提供货币化的数量信息。会计主体的经济活动是多种多样、错综复杂的。为了实现会计目的，必须综合反映会计主体的各项经济活动，这就要求有一个统一的计量尺度。可供选择的计量尺度有货币、实物、劳动和时间等，但在商品经济条件下，货币作为一种特殊的商品，最适合充当统一的计量尺度。会计在选择货币作为统一的计量尺度的同时，要以实物量度、劳动量度和时间量度等作为辅助的计量尺度。

货币具有价值尺度的职能，因而能以数量的方式度量经济业务的量。作为一种衡量标准，其本身要求具有稳定性，即货币本身的价值是不变的。这样，用货币来度量经济业务才准确而有意义。正如一把尺子，如果其本身热胀冷缩而导致其长度发生变化，用它来测量会得到不准确的结果，这种不准确的结果如果超过某一个限度，测量结果就失去了意义。但在现实生活中，客观上存在通货膨胀或通货紧缩，货币的价值是变化的。因此，货币计量这个假设其实包含币值不变假设，币值不变假设以暗含在货币计量假设中的形式出现。

1.2.2 会计的职能

会计的职能是指会计在经济管理活动中所具有的作用。现代会计具有反映(核算)、控制和决策的基本职能。

1. 会计的反映职能

会计的反映职能也称为会计核算职能,是从会计产生起就具有的基本职能,并随社会经济的发展其内容不断得到充实。抽象看,会计的反映职能,主要是运用价值形式对生产经营过程进行综合反映。具体讲,会计的反映职能是以货币为主要计量单位,运用会计专门方法,通过确认、计量、记录、计算、报告,对特定主体经济活动进行记账、算账、报账工作,从而提供会计信息的功能。会计的反映职能具有以下两个特点。

(1) 以货币为主要计量单位。除货币计量外,往往还需要用实物或劳动来度量。

(2) 具有完整性、连续性和系统性。完整性是指所有会计对象都要反映;连续性是指核算连续进行,不能中断;系统性则指提供的会计数据能成为一个有机整体。

2. 会计的控制职能

会计的控制职能是指通过预算、监督和考核分析评价,促使经济活动按照规定的要求运行,以达到预期的目的,如对生产经营过程中成本费用的控制。会计的控制职能,主要从价值运动的角度进行计划的制订并组织对计划的实施,实施过程中对进程各方面进行控制,活动完成后进行考核分析评价,并对经济活动全过程的合法性和合理性进行控制。会计的控制职能具有以下 3 个特点。

(1) 通过价值指标来进行控制。

(2) 对企业的经济活动的全过程进行控制,包括事前、事中和事后控制。

(3) 控制的依据是国家的各项方针、政策、法律、制度及本单位相关规定。

3. 会计的决策职能

决策在现代企业管理中居于核心地位。会计的决策职能是指管理者依据会计信息和其他信息,在资金筹集、产品、生产、价格、投资等方面进行决策。如需要根据销售情况及库存信息确定下期该产品的合理产量。

会计的反映职能是控制和决策职能的基础。会计的控制和决策职能,是会计发展到一定阶段的产物,是市场经济的要求,这两个职能将随着我国社会经济的不断发展而得到日益强化。

利用已有会计信息和其他信息,可以进行相应的会计预测,为决策提供依据,一旦决策,就需要具体地规划和实施,实施过程中是需要控制的,而当过程实施完毕,又要进行分析、考核、评价,会计在其中发挥着不可替代的作用。因此,会计的职能可概括为:反映经济活动、预测经济前景、进行经济决策、控制经济过程和评价经营业绩。

> **专栏 1-3**
>
> **会计职能的不同观点**
>
> 关于会计的职能,我国会计理论界存在着不同的看法,主要有"二职能论"(即反映和监督)、"三职能论"(即反映、控制、决策)、"五职能论"(即反映、监督、预测、控制、决策)等。无论哪种观点,会计的职能都不仅仅是反映,而且现代会计具有更多的作用,在企业中承担着更多的任务。

1.2.3　会计的目标

会计的目标是指从事会计活动预期要达到的目的。关于会计的目标,目前尚未有完全一致的看法。

主流的观点认为,会计的直接目标(往往也称为财务报告目标),就是为会计服务对象提供会计信息。美国财务会计准则委员会(FASB)1978年发布的《财务会计概念公告第1号:企业财务报告目标》将会计目标表述为:①为现在的和潜在的投资者、债权人和其他使用者做出合理的投资、信贷和类似决策提供有用的信息;②提供有助于现在的和潜在的投资者、债权人及其他使用者评估来自股利或利息,及其来自销售、偿付、到期汇兑或贷款等的实得收入和预期现金收入的金额、时间分布和不确定性的信息;③提供关于企业的经济资源,对这些资源的要求权及使用资源和对这些资源的要求权发生变动的交易、事项和情况影响的信息;④提供企业管理当局在使用业主委托给它的企业资源时是怎样履行它对业主的管理责任的信息。国际会计准则委员会(IASC)1989年发布的《关于编制和提供财务报表的框架》中也指出:财务报表的目的是提供在经济决策中有助于相关使用者的关于企业财务状况、经营业绩和财务状况变动的资料。

> **专栏 1-4**
>
> **会计目标的两种观点**
>
> "决策有用观",即把会计的目标定位于为决策者提供有用的会计信息。也就是说,这种观点认为企业会计核算的目标是为了使企业管理当局、投资者和潜在投资者、债权人及潜在的债权人、政府管理部门等了解企业的财务状况和经营成果,为他们的决策提供有用的会计信息。
>
> "受托责任观",即把会计的目标定位于提供受托责任的履行情况。这种观点认为,在现代社会化大生产条件下,企业规模日益扩大,市场环境非常复杂,投资者(股东)往往不直接参与企业的经营管理,而是聘请专门的管理人员来经营管理企业,即出现了所谓的"两权分离"(所有权与经营权分离)。企业经营者是受企业所有者委托来经营管理企业,因此就负有相应的经营管理责任。在这种情况下,企业会计核算的目标就是通过会计信息向所有者(委托人)提供经营管理者(受托人)履行受托责任的情况。

因此,会计的直接目标就是为投资者、债权人、政府管理部门、社会公众及企业自身等相关方面提供经营决策或是其他事项中的有用信息。会计既要满足国家宏观经济管理的需要,也要满足投资者、债权人等的需要,还需要满足企业内部经营管理的需要。

以上目标既为各方提供有用的会计信息,最终又是为了提高经济效益。提高经济效益是会计的终极目标。要达到这个目标,要求会计人员必须具备相应的素质,尽快实现会计工作由记账、核算型会计(报账型会计)向管理型会计的转变。

1.3 会计对象与会计要素

任何工作都有其特定的对象。那么,会计的对象是什么呢?会计对象又应如何细分?解决这两个问题,对于进入会计实质性的内容有很大帮助。

1.3.1 会计对象

会计对象指会计所要反映和管理的内容。具体地说,会计对象是指企事业单位在日常经营活动或业务活动中所表现出的资金运动。资金运动分宏观和微观两个层次的运动。宏观领域,资金运动表现为社会再生产过程的社会总资金的运动。微观领域,资金运动就是社会再生产过程中的个别资金的运动,是在各企事业单位中进行的。由于人们并没有把整个社会作为一个会计主体,而是把企事业单位作为一个个会计主体,因此,这里所说的会计对象是微观意义上的资金运动。

会计主要反映和控制能用货币表现的那些内容,即会计主要提供能够用货币表现的信息。每一个会计主体能够用货币表现的经济活动,实质上是企事业单位资金运动的表现形式,是其拥有或者控制的经济资源的货币表现。资金运动具体又表现为资金的投入、资金的分配、资金的耗费、资金的回收(包括补偿和增值)及资金的退出等形式。

1.3.2 会计要素与会计方程式

1. 会计要素

会计要素是会计对象的基本内容。会计要素是会计对象的具体化,是对会计对象的基本分类。会计要素与财务报表要素是有着紧密联系的两个概念,在很多会计著作中往往相互表述。

会计要素是对资金运动所作的基本分类,会计要素本身往往按其性质进一步合理区分为更为细微的要素项目,然后按这些项目设置相应的账户。会计要素往往可分为六大要素,即资产、负债、所有者权益、收入、费用和利润。

1) 资产

资产是指企业过去的交易或者事项形成的、由企业拥有或控制的、预期会给企业带来经济利益的资源。当某种资源满足与该资源有关的经济利益很可能流入企业,并且该资源的成本或者价值能够可靠地计量这两个条件时,方能确认为资产。

过去的交易或者事项包括购买、生产、建造行为和其他交易或者事项。预期在未来发生的交易或者事项不形成资产。由企业拥有或控制是指企业享有某项资源的所有权,或者虽然不享有某项资源的所有权,但该资源能被企业所控制。预期会给企业带来经济利益是指直接或者间接导致现金和现金等价物流入企业的潜力。

企业的资产可按多种标准分类。①按变现或耗用时间长短可分为流动资产和非流动资

产(或称长期资产)。通常在1年内(含1年)变现或耗用的资产,称为流动资产,如库存现金、银行存款、短期投资、应收账款、存货等;而不准备或无法在1年内变现或使用,摊销时间超过1年的资产称为非流动资产,如长期投资、固定资产、无形资产等。②按资产是否具有实物形态可分为有形资产和无形资产。有形资产具有实物形态,如存货、固定资产等;无形资产没有实物形态,如专利权、非专利技术、商标权、土地使用权和商誉等。

2) 负债

负债是指由企业过去的交易或者事项形成的、预期会导致经济利益流出企业的现时义务。当某种义务满足与该义务有关的经济利益很可能流出企业,未来流出的经济利益的金额能够可靠地计量这两个条件时,才能确认为负债。现时义务是指企业在现行条件下已承担的义务。未来发生的交易或者事项形成的义务,不属于现时义务,一般不确认为负债。

负债按偿还时间的长短,可以分为流动负债和长期负债。流动负债是指将在1年(含1年)或者超过1年的一个营业周期内偿还的债务。如短期借款、应付账款、应付职工薪酬、应交税费等。长期负债是指超过1年或长于1年的一个营业周期需要偿还的债务,如长期借款、长期债券、长期应付款等。

3) 所有者权益

所有者权益是指企业资产扣除负债后由所有者享有的剩余权益。所有者权益金额取决于资产和负债的计量。公司的所有者权益又称为股东权益。

所有者权益的来源包括所有者投入的资本、直接计入所有者权益的利得和损失、留存收益等。直接计入所有者权益的利得和损失是指不应计入当期损益、会导致所有者权益发生增减变动的、与所有者投入资本或者向所有者分配利润无关的利得或者损失。利得是指由企业非日常活动所形成的、会导致所有者权益增加的、与所有者投入资本无关的经济利益的流入。损失是指由企业非日常活动所发生的、会导致所有者权益减少的、与向所有者分配利润无关的经济利益的流出。

作为所有者在企业资产中享有的经济利益的所有者权益,其金额为资产减去负债后的余额。所有者权益包括实收资本、资本公积、盈余公积和未分配利润。

权益有狭义和广义之分。以上所说所有者权益是狭义的解释,指对企业的资产超过债权人权益的净值,即所有者对净资产的要求权。债权人在企业中的权益称为该企业的负债,所有者权益加上债权人权益,其和总称为权益,这个权益概念是广义的。

4) 收入

收入是指企业在日常活动中形成的、会导致所有者权益增加的、与所有者投入资本无关的经济利益的总流入。收入只有在经济利益很可能流入从而导致企业资产增加或者负债减少、且经济利益的流入额能够可靠计量时才能予以确认。

收入往往按其性质分为主营业务收入和其他业务收入。每一个企业在一定期间从事的业务都可分为主业和其他业务,主业取得的收入就称为主营业务收入,如制造业销售其产品取得的收入,商品流通企业销售商品取得的收入,金融企业提供金融商品服务所获得的利息收入、手续费收入,保险企业的保费收入或分保费收入,这些都是其主营业务收入。而制造业利用其剩余的能力提供运输、修理劳务,或是销售本应用于产品生产的原材料而得到的收入,就称为其他业务收入。主营业务收入和其他业务收入统称为营业收入,而一些与生产经营无关的偶然所得(如因对方违约而收取的罚没收入)称为营业外收入。

5) 费用

费用是指企业在日常活动中发生的、会导致所有者权益减少的、与所有者分配利润无关的经济利益的总流出。费用只有在经济利益很可能流出从而导致企业资产减少或者负债增加,且经济利益的流出额能够可靠计量时才能予以确认。

企业为生产产品、提供劳务等发生的可归属于产品成本、劳务成本等的费用,应当在确认产品销售收入、劳务收入等时,将已销售产品、已提供劳务的成本等计入当期损益。

企业发生的支出不产生经济利益的,或者即使能够产生经济利益但不符合或者不再符合资产确认条件的,应当在发生时确认为费用,计入当期损益。

企业发生的交易或者事项导致其承担了一项负债而又不能确认为一项资产的,应当在发生时确认为费用,计入当期损益。

企业的费用按用途可分为生产成本和期间费用两大类。生产成本是指企业为生产商品和提供劳务而发生的各种耗费,包括直接费用和间接费用。期间费用是指为取得本期收入所发生的费用,包括管理费用、财务费用与销售费用。

6) 利润

利润是指企业在一定会计期间的经营成果。利润包括收入减去费用后的净额、直接计入当期利润的利得和损失等。

直接计入当期利润的利得和损失是指应当计入当期损益、会导致所有者权益发生增减变动的、与所有者投入资本或者向所有者分配利润无关的利得或者损失。

利润金额取决于收入和费用、直接计入当期利润的利得和损失金额的计量。

2. 会计方程式

1) 资产、负债、所有者权益之间的关系

所有者权益是指企业资产扣除负债后由所有者享有的剩余权益,企业的资产超过债权人权益的净值称为净资产,所有者权益是企业所有者对企业净资产的要求权。因此,从某个时点看,资产、负债、所有者权益之间的静态关系可用以下方程式(也称公式)表示:

$$资产 = 负债 + 所有者权益 \qquad (1-1)$$

这是最基本的会计方程式,也称为会计恒等式。会计方程式是复式记账法的理论基础,也是编制资产负债表的依据。

会计方程式可从另一个角度来解释:截止到任何一个时刻,一个会计主体的资产都对应着相应的权益,不存在无对应权益的资产,也不存在无对应资产的权益。

2) 收入、费用、利润之间的关系

按照利润的定义,收入、费用和利润很明显存在以下关系:

$$收入 - 费用 = 利润 \qquad (1-2)$$

一般的教科书往往把式(1-2)称为动态会计方程式。广义而言,企业一定时期所获得的收入扣除所发生的各项费用后的余额,即表现为利润。利润是属于所有者的,最终会增加所有者权益。在实际工作中,收入减去费用,并经过调整后,才等于利润。这一会计等式表明经营成果与相应期间的收入和费用的关系,是编制利润表的基础。

需要注意的是,资产、负债、所有者权益是时点意义上的概念,在静态时才有意义;而收入、费用、利润是时期意义上的概念,在动态时才有意义。如提出一个问题,问一个企业银行账户上有多少存款，必定是指某一个时刻，方能确认账户上的金额，如果时间未指明，也必须是暗含的。也如个人生活，同样的道理，问你从 2010 年 7 月 30 日到 9 月 1 日你身上有多少现金，你会觉得实在不好回答，因为你口袋中的现金数量在不同时点上是不同的，而问题是要你回答一个时期，显然这个问题本身问得就有问题。类似的道理，不说某个时刻赚了多少钱，而往往说某天、某周、某月、某季或某年这个时期内有多少利润。当然，如果事物在一个时期内并没有发生变化，那么这个时期也可"看成"一个时点。在理解这个问题上，必须要有物理学的时期和时点概念。

1.3.3 经济业务及其对会计要素的影响

企业在生产经营过程中不断发生各种各样的经济活动。有的经济活动可以客观地用货币单位计量，并会影响到某些会计要素，使这些会计要素项目发生增减变化，如原材料的购入和耗用、从银行贷款等；而有些经济活动不能客观地用货币单位来度量，也不会引起会计要素项目的增减变动，如下达生产任务、与其他单位签订战略合作意向等。

1. 经济业务

会计上的经济业务就是能客观地用货币单位进行计量，并能影响到会计要素，使会计要素的有关项目发生增减变动，应系统地加以整理、归类、记录和报告的各项具体经济活动。

企业日常发生的经济业务可按以下多种标准分类。

(1) 经济业务按其所涉及的关系和范围，可分为外部经济业务和内部经济业务。外部经济业务是指本会计主体与其他组织或个人之间所发生的各种经济关系，如交纳税金、销售商品、收回应收款项等；内部经济业务是指本会计单位内部发生的各种经济业务，如产品生产领用原材料、完工产品验收入库等。

(2) 经济业务按其是否与货币资金发生关系，可分为收款经济业务、付款经济业务和转账经济业务。收款经济业务是指导致现金或银行存款增加的经济业务，如销售产品取得现金或增加银行存款等；付款经济业务是指导致现金或银行存款减少的经济业务，如用现金或银行存款发放职工工资，购买商品或材料等；转账经济业务不涉及现金、银行存款收付的经济业务，如为生产产品从仓库领用材料，完工产品验收入库等。

(3) 经济业务按其与生产经营的关系，可分为营业内经济业务和营业外经济业务。营业内经济业务是指本会计单位与内外各方进行的、与生产经营有直接关系的各种经济业务，如采购原材料、生产和销售产品等；营业外经济业务是指与内外各方进行的、与生产经营无直接关系的各种经济业务，如因自然灾害而造成的非常损失、违反规定而支付的各种罚款(或对方违反规定而取得的罚没收入)等。

2. 经济业务对会计要素的影响

对某一会计主体，一定期间发生的每一笔经济业务都会对会计要素的某些具体项目产生影响，使这些会计要素项目发生增减变动，进而影响到会计等式。以下讲述经济业务如何影响会计要素项目，并使之发生变化；会计要素项目变化后又会如何影响到会计等式。

经济业务发生后，无非是使会计要素中的其中一些项目发生增减变动。总的来说，可分为资产的增减、权益(债权人权益和所有者权益)的增减、收入的增减、费用的增减。

每一项经济业务的发生，至少要影响会计要素的两个具体项目发生变动，这两个具体项目既可分属于两个不同的会计要素，如分别属于资产和负债，也可以只属于一个要素，如资产的两个细分项目。

先来考察资产、权益(负债、所有者权益)的关系。经济业务发生时，可能的两两组合如下。

(1) 一项资产增加，另一项资产增加。

(2) 一项资产增加，另一项资产减少。

(3) 资产增加，权益增加。

(4) 资产增加，权益减少。

(5) 资产减少，权益增加。

(6) 资产减少，权益减少。

(7) 一项权益增加，另一项权益增加。

(8) 一项权益增加，另一项权益减少。

(9) 一项权益减少，另一项权益减少。

资产增加可能来自于新增的负债或所有者对企业的资本投入(如从银行借入 10 万元，导致银行存款增加 10 万元而负债也增加 10 万元；一股东将一台设备作价 20 万元投入企业，导致企业固定资产增加 20 万元而所有者权益也增加 20 万元)，也可能是另一项资产转换而来的(如支付 5 万元购买原材料，导致银行存款减少 5 万元而原材料增加 5 万元)。而资产的减少则刚好与之相反。因此，上述第(1)、(4)、(5)种情况是不可能发生的。

同样，对权益而言，不管是负债还是所有者权益，其内部项目都可以像资产一样，在内部两个项目间转化。如由于无法及时归还短期银行借款 100 万元，经与银行协商后，将还债时间延长为两年，这样短期借款 100 万元就转化成了长期借款 100 万元；按规定，可以用盈余公积转增(注册)资本，这就是在所有者权益项目间的转化。这种转化都体现为一项权益增加，另一项权益减少。也不可能存在这样的经济业务，会导致企业两项权益同时增加或减少，因此，上述第(7)、(9)种情况是不可能发生的。

因此，经济业务导致的会计要素变化类型只可能存在上述情况中的以下几种情况：①一项资产增加，另一项资产减少；②资产增加，权益增加；③资产减少，权益减少；④一项权益增加，另一项权益减少。

也可以表为：①资产内部有增有减；②权益内部有增有减；③资产与权益同时增加；④资产与权益同时减少。

不管经济业务的种类如何多样、纷繁复杂，其对资产、负债和所有者权益的影响都不会超出这 4 种情况之外。经济业务对资产、负债和所有者权益的影响可用图 1.1 表示。

而取得收入和发生费用的经济业务，由于本质上，收入取得时，最终会引起资产的增加或负债的减少，费用的发生则最终意味着资产的减少或负债的增加。因此，没有必要对收入和费用发生的业务另行讨论。

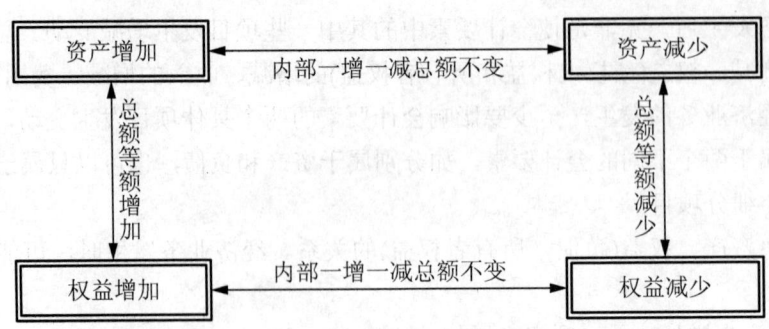

图 1.1 经济业务对资产、负债和所有权益的影响

1.4 会计信息与会计方法

会计是一个信息系统，那么，谁需要会计信息？需要什么样的会计信息？这个会计信息系统应提供什么样的信息？会计是通过哪些方法来达成对应目标的？

1.4.1 会计信息需求及会计信息供给

1. 会计信息需求

并不是所有的人都需要会计信息，也并非每个人都愿意花一定的时间去研究和分析会计信息，只有与这些会计信息有着经济利益联系的主体，才会去关心分析企业的会计报告，了解企业的会计信息及相关的信息。这同经济学的需求供给基本原理一样，是先有会计信息需求，才会产生会计信息供给。会计信息需求不但决定了会计信息系统要供给哪些会计信息，也决定了信息的口径及生成方法。谁需要会计信息，需要什么样的会计信息，可能随其目的不同而不同。不同的会计信息需求主体对会计信息的要求是不同的，会计信息的需求者及其需要的信息不外乎以下几种情况。

(1) 投资者。持有企业股票和债券的投资者，他们为了了解和分析投资到本企业的风险程度、预期股利收益，以及投资到其他企业是否更合算或更加有利，就需要获得这些企业的会计信息，以便在分析研究之后，做出合理的投资决策。所以，在市场经济条件下，需要会计信息的首先是有风险性的企业资本的投资者和潜在的投资者。

(2) 政府及其机构。政府作为宏观调控部门，为了对社会经济的发展实施宏观调节和控制，为了制定管理企业经济活动的法律、法规，以及为了掌握社会资源的配置情况，政府及其各职能部门需要定期地获得企业的会计信息，以用来分析研究社会经济发展动态，并据以此制定有关财政货币政策。

(3) 各金融机构。金融机构作为贷款人，需要考察被贷款人，需要及时地获得企业的会计信息，借以分析贷款本金利息能否如期如数收回，以及决定是否继续贷款、是否要求提供财产抵押及是否收缩贷款规模。

(4) 业务往来的债权人。他们通过分析企业的会计信息，从中了解到企业的偿债能力，是否采取更合理有效的结算方式，重新确认企业的资信度，避免今后双方交易造成不必要的坏账损失，影响企业的经济效益。

(5) 企业的职工及代表职工利益的组织，如工会。他们也需要取得企业的会计信息，借以了解、预测企业的发展和赢利情况，如果业务经营不善、管理混乱，就会给职工的就业和报酬的稳定性带来风险。

(6) 企业内部管理当局。企业内部的管理部门及有关人员，对企业日常经营活动进行控制和管理，制定重大的投资、筹资和经营决策，进行财务预测和预算，提高企业的经济效益，也需要借助会计信息来完成其职能。

2. 会计信息供给

我国目前会计信息的主要供给者是现行的财务报告体系，信息使用者从财务报告中可分别获得他们所需要的决策信息。在不同的历史阶段，信息的使用者对会计信息的需求是不同的。人们正步入信息技术时代，信息使用者对信息的需求已发生了较大的变化。人们从关注历史信息转向关注未来信息，要求披露的信息量和范围逐渐扩大，对会计信息质量的理解也发生了重大变化。

(1) 会计信息披露的形式。从会计报告本身来看，会计信息披露形式有表内与表外之分。会计报告格式是固定的、以数字为主反映的特点，决定了其所表达的舆论信息的局限性。随着市场经济的日益发展，特别是现代股份制企业和证券市场的兴起，信息使用者对会计信息的披露提出了更高、更严的要求，不仅要披露定量信息，还要更多地披露定性分析信息(如主要指标数据变动的原因)；不仅要披露确定的信息，还要更多地披露不确定的信息(如金融工具利率和信用风险信息)；不仅要求披露历史信息，还要更多地披露分部信息(如分行业、分地区信息)等。所以，表内信息越来越不能满足使用者的需要，表外信息量正在不断增加。

(2) 会计信息披露的方式。它有自愿披露和强制披露之分。自愿披露是一些对企业有利的信息，以达到既可以满足信息使用者对信息的需求，又能作为公司的宣传工具的双重目的。一般而言，自愿披露信息有以下目的：第一，在筹集资本时，多披露一些有利于企业的信息，以吸引更多的投资者，达到其筹资的目的；第二，可以扩大信息使用的范围，增强公众对企业的了解，提高知名度；第三，在国际市场上发行证券时，详实披露能增强使用者对企业会计信息的了解，克服因不同会计准则之间的差异而造成的理解障碍。强制披露是指由政府提出企业必须提供的会计信息。其目的是使企业不愿意自愿披露而信息使用者有权知道的信息进行强制披露。

(3) 会计信息披露的时间。会计处理的一般原则中有及时性原则，要求企业应当及时地公布中期报告和年度报告。

会计信息是否披露，披露多少，要在收益与成本之间进行权衡，即信息披露的成本问题。这里所说的成本是指企业在收集、整理、披露信息时所付出的代价，包括信息的处理成本和审计成本。审计成本是指企业提供的财务报告，必须经过内、外部审计监督所支付的代价。除此之外，还有一部分不可计量的成本，如企业提供不利于自身的信息，会给企业带来不可估量的损失等。

1.4.2 会计专门方法

会计的方法是指用来核算和监督会计对象，实现会计职能，执行和完成会计任务的手段。会计是由会计核算、会计分析和会计检查3个主要部分组成的。会计核算是会计的基本环节，会计分析是会计核算的继续和发展，而会计检查是对会计核算必要的补充。它们是相互配合、密切联系的。

1. 财务会计核算方法

会计核算的方法是指对会计对象进行连续、系统、全面、综合记录、计算、反映和经常监督(如果不是经常监督则为审计的内容)所应用的方法。主要包括以下几种。

1) 设置账户

设置账户是对会计对象的具体内容进行科学的归类，记录不同的会计信息资料的一种专门方法，其目的是为了分类反映。

会计所核算和监督的内容是多种多样的，如财产物资就有其各种存在的形态，厂房建筑物、机器设备，各种材料、半成品等，它们在生产中各有作用，管理的要求也不同；又如取得这些财产物资所需的经营资金来自不同的渠道，有银行贷款、有投资者投入等。为了对各自不同的内容进行反映和记录，会计上必须设置一系列的账户。一个账户表示会计对象的某一方面，以便取得不同的会计信息。如"原材料"、"库存商品"账户分别记录资产要素的某一部分的会计信息。

2) 复式记账

复式记账是一种记账方法，是单式记账法的对称，是指通过两个或两个以上账户来记录每一项经济活动或财务收支的一种专门方法。复式记账的目的是为了能看清楚各账户之间的相互联系。如企业的银行存款减少500元，去向是什么？或购买材料，或提取现金备用等。采用复式记账就是对任何一项经济业务一方面在有关账户中登记其"来龙"；另一方面在有关账户中登记其"去脉"。复式记账法的原则是"有借必有贷，借贷必相等"。这样既能相互联系地反映经济业务的全貌，又便于试算平衡，核对账簿记录是否正确。

3) 填制和审核凭证

填制和审核凭证是为了保证会计记录完整、可靠、审查经济业务(或称会计事项)是否合理合法，而采用的一种专门方法。会计凭证是记录经济业务、明确经济责任的书面证明，是登记账簿的依据。会计凭证必须经过会计部门和有关部门的审核。只有经过审核并确认是正确无误的会计凭证，才能作为记账的依据。填制和审核会计凭证，不仅可以为经济管理提供真实可靠的会计信息，也是实行会计监督的一个重要方面。所以它既是会计核算的一种方法，也是会计检查(内部控制)的一种方法，其目的是为了进行对"过程的控制"。

4) 登记账簿

登记账簿是指在账簿上连续地、完整地、科学地记录和反映经济活动与财务收支的一种专门方法。账簿是指用来连续、系统、全面、综合地记录各项经济业务的簿籍，是保存会计数据资料的重要工具。登记账簿必须以会计凭证为依据，利用所设置的账户和复式记账的方法，把所有的经济业务分类而又相互联系地加以反映，以便提供完整而又系统的核算资料，其目的主要是通过账簿所提供的数据资料来编制会计报表。

5) 成本计算

成本计算是指在生产经营过程中,按照一定的成本计算对象归集和分配各种费用,以确定各成本计算对象的总成本和单位成本的一种专门方法。生产过程同时也是消耗过程,成本计算的目的是通过成本计算可以确定材料采购成本、产品生产成本(或产品成本、制造成本)、产品销售成本及在建工程成本等,可以核算和监督发生的各项费用是否合理、合法,是否符合经济核算的原则,以便不断降低成本,增加企业的赢利。

6) 财产清查

财产清查是指通过盘点实物,核对往来款项来查明财产物资的实有数额,保证账实相符的一种专门方法。通过财产清查,可以查明各项实物和现金的保管和使用情况,以及银行存款和往来款项的结算情况,监督各项财产物资的安全与合理使用。在清查中如发现账实不符的情况,应及时查明原因,通过一定的审批手续进行处理,并调整账簿记录。财产清查的目的是为保护企业财产,挖掘物资潜力,加速资金周转,提高会计信息的质量。

7) 编制会计报告

编制会计报告是指对日常核算资料定期加以总结,总括地反映经济活动和财务收支情况、考核计划、预算执行结果的一种专门方法。会计报告是主要根据账簿记录定期编制的,总括反映企业、行政事业等单位一定时期财务状况、经营成果和现金流量的书面文件。编制会计报告的目的不仅是分析考核财务计划和预算执行情况及编制下期财务计划和预算的重要依据,也是进行经营决策和国民经济综合平衡工作必要的参考资料。

会计核算的方法是相互联系、密切配合的,构成了一个完整的方法体系。以上各种方法之间的关系如图1.2所示。

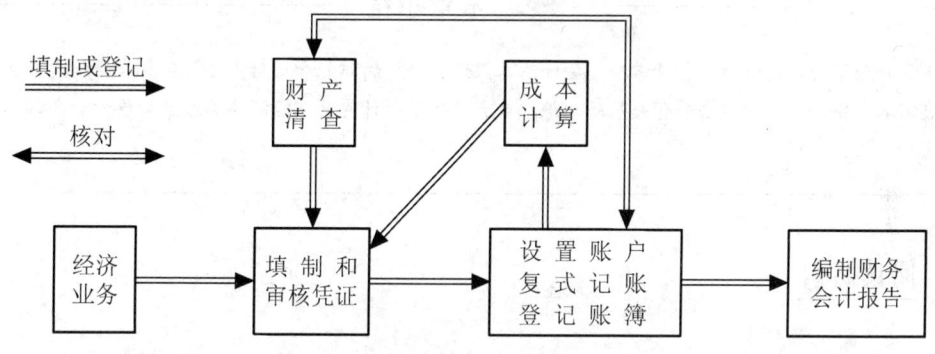

图1.2 会计核算方法之间的关系图

其中,填制和审核凭证、登记账簿是记账过程,填制和审核凭证是会计核算的最初环节,登记账簿是会计核算的中心环节;成本计算是算账过程,是对初级会计信息资料的加工过程;会计报表是报账过程,是会计核算的最终环节。记账、算账、报账一般都是按照一定程序进行的。首先在账簿中按照一定的分类设置若干不同的账户,每一账户用以记录某一类经济业务;然后运用复式记账法将经过审核无误的会计凭证中的经济业务内容分别记录在账簿中的不同账户上;再通过成本计算将记录在账簿中的初级信息资料加工之后再登记在账簿中;期末经过财产清查后,确认账簿记录正确,符合实际情况,则需要编制会计报表,以最终输出和传递财务信息。在实际工作中会计核算的各种方法有些是交叉重复进行的,但基本上是按照以上顺序,相互配合地加以运用,以实现会计目标。

2. 会计分析和会计检查的方法

会计分析的方法是指运用已经取得的会计核算资料，结合实地调查的情况，根据国家的方针、政策，比较、研究和评价经济活动状况，查明原因，挖掘潜力，改善管理，谋求满意经济效益所采用的方法。会计分析的方法一般包括比较法、比率分析法、因素分析法、ABC 分析法、因果分析法、趋势分析法、量本利分析法、决策树分析法和差量分析法等。

会计检查的方法是利用会计核算资料，主要是会计凭证和账簿，检查经济活动的合理性和合法性，以及会计记录的完整性和正确性的方法。其目的是为了保证会计核算信息的客观性和公正性。它是属于会计监督的非日常监督，或者说是属于审计的范畴。会计检查的方法一般包括核对法、审阅法、分析法、控制计算法等。

3. 会计预测、决策和控制的方法

会计预测方法是会计人员利用会计信息和其他相关信息，对会计管理活动的基本内容进行科学预测所运用的方法，如趋势预测方法和因素预测方法。会计决策方法是按财务指标的一定目标，从可供选择的决策方案中选择最优方案或是对单独的决策方案进行肯定或否定时所运用的方法，如本量利分析法、决策树法等。会计控制方法是通过会计工作，使经济活动与资金运动按既定的目标运行所采用的方法，如标准成本控制、计划或预算控制、定额控制等。关于预测、决策、控制等会计方法在教学上往往属于成本会计、管理会计和财务管理的工作内容，本书对这些内容不作深入探讨，而主要阐述会计核算方法。

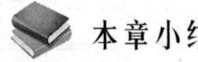

本章小结

本章介绍了会计的概念、会计学科、会计基本假设、会计的职能和目标，会计对象和会计要素及会计信息需求和供给、会计方法等有关基础知识，重点讲述了会计要素及经济业务对会计要素和会计方程式的影响。

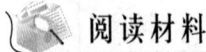

阅读材料

财务会计、管理会计、成本会计与财务管理的分解与整合

变革与发展是当今社会生活的主旋律，财会学科与管理工作也不例外。这些年来财务会计学科的发展有一个明显特点：每门课程的"外延"不断扩张，以至于课程之间"边界"越来越模糊；各门课程的"内涵"也处于经常变化与调整之中；从财会实践层面分析，财会专业工作也在"管理整合"的浪潮中走向趋同或交叉。在感叹这种快速变革与整合的同时，也必须保持应有的专业理性：一门管理科学或者一种管理活动如果没有明确的"内涵"和清晰的"外延"，对于崇尚"权责到位、岗位明确、流程清晰"的管理科学来说这是个致命的问题。本文主要围绕"财务会计"、"成本会计"、"管理会计"和"财务管理"4门会计专业的核心课程的关系和实践整合进行分析、探讨。这里的"财务会计"从内容上又包括高校会计专业开设的"会计学原理(初级会计学)"、"中级会计学"、"高级会计学"等相关内容。

第1章 总论

1. 4门课程的独立性与关联性分析

1) 4门课程的独立性分析

从产生历史的角度分析,财务会计的产生历史比较悠久,自从帕乔利复式记账法产生以来,具有500多年历史发展过程。管理会计和成本会计从财务会计分离并成为一门独立的学科还是20世纪20年代以后的事情。在1952年国际会计师联合会(IFAC)年会上正式采用了"管理会计"这一专业词汇,由此现代会计分为财务会计和管理会计两大分支。根据1986年美国会计师协会下属管理会计实务委员会《管理会计公告1A》的定义:"管理会计是向管理当局提供用于企业内部计划、评价、控制及确保企业资源的合理使用和经营责任的履行所需财务信息的确认、计量、归集、分析、编报、解释和传递的过程。"这是具有代表性而且较为权威的对管理会计的界定。

一般认为,西方财务理论的独立是以美国著名财务学者CREEN于1897年出版的《公司财务》为标志的。西方财务以股份公司为研究对象,着眼于不断发达的资本市场,已经成为西方经济学中最耀眼的分支。金融市场的发展和企业组织的变迁对企业财务的演进更起到了重要的推动作用。从产生与发展历程分析,财会理论与学科的发展受到市场经济、现代企业制度下的委托代理理论的直接影响。但是财务会计主要受到理论经济学、信息经济学等理论的影响;管理会计与成本会计主要受到各种数学模型、管理理论、组织理论和计算机技术的影响;财务管理学与金融学、数理经济学的关系密切。

从目前我国财会教育来说,教育部将会计学与财务管理学并列列示在管理学中的工商管理学科下,可以理解为财务管理学与会计学并列在同一学科层次。会计学是一门经济信息的计量、确认和报告的学科,会计所从事的是会计确认、计量、记录、汇总报告,它的目的是向各方利益相关者提供依据以做出投资决策的信息;财务管理学是以企业价值最大化为目标,直接对企业价值运动及其所体现的财务关系所行使管理,主要涉及投资预算、资本结构、股利政策的决策管理。

从这4门课程所讨论的内容及目标上看均有所不同。财务管理与财务会计、财务会计与管理会计的区别很明显,在此不详细讨论,本文主要讨论下面两个方面的区别。

(1) 财务管理与管理会计的差异。财务管理与管理会计这两门课程的"交叉"、"重复"现象特别严重。从目前教学现状分析,两者的重复集中在:①资金时间价值与长期投资决策分析;②本量利分析与经营杠杆分析;③存货控制(EOQ模型)。

在处理财务管理与管理会计的重复问题上,基本原则应该是管理会计侧重于"技术"与"方法",财务管理侧重于决策时对技术与方法的"应用"。比如,货币时间价值原理、资本预算的方法(如净现值法、内涵报酬率法)、本量利分析基本原理和存货控制模型这类知识应该列入管理会计课程中不变。在这些原理和方法基础上,财务管理学来阐述证券估价、价值分析、资本预算的具体决策、财务风险分析和存货管理的基本要求,也就是说财务管理课程主要讲授这些方法在财务上的应用。

(2) 管理会计与成本会计的差异。这两门课程的"交叉"最为严重,以至于有的西方专业教材中把它们合并在一起,统称"成本管理会计"。我国注册会计师资格考试中也是成本会计、管理会计和财务管理合并在一起,统称"财务成本管理"科目。这里的观点是成本会计的内容应该是阐述各种成本计算方法,至于成本控制与分析则由管理会计课程完成。所以,也就主张成本会计必须与管理会计分离。管理会计与财务会计的区别是明显的,但是财务会计、管理会计在内容、标准、功能、信息流程上应该都是以成本会计为基础,或者说,成本会计必须同时使用财务会计和管理会计的两套标准与原则,并进行适当协调。比如,产品成本计算中品种法、分步法、分批法等主要作为财务会计编制损益表的基础,其结果也会制约资产负债表的结果。而变动成本法、标准成本法、定额成本法、作业成本法主要是作为管理会计编制内部报表的基础。当然变动成本、标准成本、作业成本最好要在与财务会计的成本数据分离的同时,关注它们的衔接。在同一资料库中生成多种成本数据资料是成本会计的主要任务之一。

2) 4门课程的关联性分析

这4门学科可以认为是财务管理和会计的总和。也就是说财务会计、管理会计和成本会计都是会计的范畴;而财务管理由于在本质、对象上均不同于会计,管理会计与财务会计组成会计学的两大分支,两者分别负责对外、对内发布会计信息,同时两者也有着密切联系,因此属于第二层次。成本会计属于第三层次,它作为会计信息系统的一个子系统,记录、计量和报告有关部门成本的多项信息,这些信息既为财务会计提供资料,又为管理会计提供资料。

3) 关于学科发展趋势的"展望"分析

针对会计信息披露的局限性,尤其是近年全球性的会计造假案例的出现,改进财务报告的呼声越来越高,具体包括改革现有会计报告标准、内容、质量标准,要求:①淡化历史成本、推行公允价值;②增加对未来财务预测信息的形成与披露,增加表外披露;③可以游离公认会计原则;④首先关注会计信息的相关性,而不是会计信息的可靠性。这些主张必然导致财务会计传统特征的逐步丧失,对此人们要保持清醒的头脑。

关于计量属性,不能脱离财务会计的本质职能,严格地说,只有初始确认时用于计量的历史成本、现行成本、公允价值等才能称为财务会计的一项完整的计量属性。比如,未来现金流量的现值,由于不能作为初始计量属性,它总是在历史成本或现行成本的基础加以应用,因此只能作为一种摊配的方法。

关于报告内容,的确现行财务报告的计量主要限于货币度量,对于使用者非常有用的公司人力资源、客户、核心技术等就被排除在财务报表之外。另外财务会计的确认交易、事项的前提是它们必须是已经完成、至少是已经发生的。财务会计信息披露始终以表内信息为核心,适当的表外信息是需要的,但是不能本末倒置、主次不分,分散报表使用者的注意力。

关于财务会计确认属性是属于过去的交易、事项所带来的结果,财务会计是面向过去,而不可能面向未来。一些人提议增加财务预测的信息和内容,如募资投向、未来公司经营风险、赢利预测的信息,投资者也是需要的,这些信息的构成原理、分析方法应该由管理会计来完成。或者说加大管理会计部分披露的对象就可以,无须再通过改进现行财务会计来重复这个工作。

同时,有人认为,"投资者更关注企业价值的创造和增加,财务会计与财务报告无法直接计量和表现企业的价值,它们只能用盈余和现金流量两个会计信息间接地作为替代变量。"这里暂且不谈"盈余和现金流量"是"企业价值"的替代变量还是关键变量,公司价值是由未来自由现金流量和必要报酬率决定的,而规划未来自由现金流量和贴现率是公司财务管理的任务,也就是说,不要把财务管理的任务强加到财务会计上,正如,在西方CPA(注册会计师)和CFA(财务分析师)是两种执业证书一样。

2. 财务会计、管理会计、成本会计与财务管理在实践中的有效整合

前面重点分析了4门课程的独立性,强调其差异化,这是为了教学的便利和学生对专业知识接收的逻辑递进关系的一种安排。但是在实践中可不能这样泾渭分明。在实践中最应该分析和讨论的是其整合问题。

公司的使命就是创造价值,股东因追求价值而投资,经营者和员工必须为股东创造价值。财会管理的目的和功能也必须定位于实现价值的增长,依据价值增长规则和规律,建立以价值计量、评价、报告为基础,以规划价值目标和管理决策为手段,整合各种价值驱动因素和管理技术、梳理管理与业务过程的财会管理模式。

另外,财会价值管理和专业整合也充分体现在公司最高财会主管即财务总监职能的定和变化。人们十分欣赏美国托马斯·沃尔瑟等所著的《再造财务总裁》一书的基本观点。本书从CFO总裁办公室架构的实验中,总结出来再造财务总裁5个深入发展CFO角色的步骤:商业伙伴、战略组织、绩效管理、战略成本管理、过程与体系。本书提出了财务总裁办公室"房式"图。企业经营已经向财会管理功能提出了更高的要求,强调一体化整合式和完善专业管理功能。财会管理要将财务会计、管理会计、成本会计和财务管理有机地结合。

越来越多的人认为,优秀的财务总监(CFO)对战略规划、组织结构和内部控制负有很大的责任。其中,CFO 的基本职责是结合公司实际运营和管理要求,在公司内部建立起一套适合公司决策和价值管理的财务管理报告和预算系统。这个财务报告应该汇合理论上财务会计、成本会计、管理会计和财务管理各门课程的基本原则、基本标准,既用通用的会计标准进行财务报告,也能根据管理要求对各业务板块、利润中心和成本中心进行过程监控和风险预警,建立一套统一的业绩衡量标准。

而且在计算机和网络环境下,这种整合也变得十分便捷,并成为一种必然。在实践中,计算机技术和网络的发展为财务会计、成本会计、管理会计与财务管理的融合提供了技术支持。

(资料来源:http://www.shu1000.com/thesis-32/B0D157A1/)

请查阅有关资料,并结合课堂学习大家谈谈对这一问题的看法。

关键术语

会计 会计对象 会计要素 会计方程式 会计职能 会计目标 会计信息

案例应用分析

3 位客人住旅馆,租了个三人间,前台收费每人 100 元,共计 300 元。后来,旅馆老板家里有高兴的事,跟前台说每个房间少收 50 元。于是前台把客房服务员叫来,要服务员把 50 元退还给房客。服务员想 50 元 3 个客人不好分,于是贪便宜的服务员就把 20 元放进自己的口袋,还给 3 位房客每人 10 元。

问题是,开始时每位房客付了 100 元,最后找回 10 元。因此实际上每个人付的房费是 90 元。3 个人的房费加起来 270 元,如果再加上服务员贪污的 20 元,总计就是 290 元。问题是开始时 3 个房客付出的是 300 元,那么还有 10 元到哪里去了呢?

请结合会计主体假设谈谈你对这个问题的看法。

习 题

【思考题】

1. 会计的概念主要有哪几种观点?
2. 会计核算有哪些假设和前提?会计有哪些职能?会计的目标是什么?
3. 会计的对象是什么?会计有哪些要素?这些要素之间存在什么关系?
4. 什么是经济业务?经济业务的发生对会计要素有什么样的影响?
5. 谁需要会计信息?会计信息如何提供?
6. 会计方法有哪些?会计核算方法有哪些?

【练习题】

一、单项选择题

1. 会计所使用的主要计量尺度是(　　)。
   A. 实物量度　　　　　　　　B. 劳动量度
   C. 货币量度　　　　　　　　D. 实物量度和货币量度

2. 会计的基本职能是( )。
   A. 核算和管理   B. 控制和监督   C. 核算和监督   D. 核算和分析
3. 会计的一般对象可以概括为( )。
   A. 经济活动   B. 再生产过程中的资金运动
   C. 生产活动   D. 管理活动
4. 下列业务不属于会计核算范围的事项是( )。
   A. 用银行存款购买材料   B. 生产产品领用材料
   C. 企业自制材料入库   D. 与外企业签定购料合同
5. 会计主体假设规定了会计核算的( )。
   A. 时间范围   B. 空间范围   C. 期间费用范围   D. 成本开支范围
6. 建立货币计量假设的基础是( )。
   A. 币值变动   B. 人民币   C. 记账本位币   D. 币值不变
7. 将企业资产和负债区分为流动和长期的前提是( )。
   A. 会计主体   B. 持续经营   C. 会计分期   D. 货币计量
8. 会计以( )管理为基本内容。
   A. 实物   B. 质量   C. 价值   D. 生产
9. 对会计对象的具体内容所作的最基本的分类是( )。
   A. 会计科目   B. 会计要素   C. 会计账户   D. 会计恒等式
10. 下列会计要素，属于静态要素的有( )。
    A. 负债   B. 收入   C. 费用   D. 利润
11. 下列项目中，属于流动负债的有( )。
    A. 预付账款   B. 应收账款   C. 应付利息   D. 应付债券
12. 下列资产，属于企业的长期资产的有( )。
    A. 无形资产   B. 应收票据   C. 原材料   D. 预收账款

二、多项选择题

1. 企业在组织会计核算时，应作为会计核算基本前提的是( )。
   A. 会计主体   B. 持续经营   C. 货币计量   D. 会计原则
   E. 会计分期
2. 下列各项属于静态会计要素的是( )。
   A. 资产   B. 收入   C. 费用   D. 负债
   E. 所有者权益
3. 下列各项属于动态会计要素的是( )。
   A. 资产   B. 收入   C. 费用   D. 利润
   E. 所有者权益
4. 反映企业财务状况的会计要素有( )。
   A. 资产   B. 收入   C. 费用   D. 负债
   E. 所有者权益

5. 反映企业经营成果的会计要素有( )。
   A. 资产　　　　　B. 收入　　　　　C. 费用
   D. 利润　　　　　E. 所有者权益
6. 下列关于会计要素之间关系的说法正确的是( )。
   A. 费用的发生，会引起资产的减少，或引起负债的增加
   B. 收入的取得，会引起资产的减少，或引起负债的增加
   C. 收入的取得，会引起资产的增加，或引起负债的减少
   D. 所有者权益的增加可能引起资产的增加，或引起费用的增加
   E. 以上说法都正确
7. 下列业务不属于会计核算范围的事项是( )。
   A. 用银行存款购买材料　　　　B. 编制财务计划
   C. 企业自制材料入库　　　　　D. 与外企业签订购料合同
   E. 产品完工验收入库
8. 下列关于资产的特征说法正确的有( )。
   A. 必须为企业现在所拥有或控制　　B. 必须能用货币计量其价值
   C. 必须是用来转卖的财产　　　　　D. 必须是有形的财产物资
   E. 必须具有能为企业带来经济利益服务的潜力
9. 下列属于所有者权益的有( )。
   A. 投入资本　　　B. 资本公积金　　C. 盈余公积金
   D. 未分配利润　　E. 银行借款
10. 会计核算具有( )。
    A. 连续性　　　　B. 系统性　　　　C. 综合性
    D. 完整性　　　　E. 计划性
11. 会计的特点主要表现在( )。
    A. 以货币为主要计量单位
    B. 对经济活动进行完整、系统、连续而综合的记录
    C. 以价值管理为基本内容
    D. 以项目管理为对象
    E. 以提高经济效益为终极目的
12. 下列项目属于资产要素的有( )。
    A. 原材料　　　　B. 预付账款　　　C. 预收账款
    D. 长期待摊费用　E. 本年利润
13. 期间费用包括( )。
    A. 制造费用　　　B. 管理费用　　　C. 财务费用
    D. 销售费用　　　E. 所得税费用
14. 利润是企业在一定期间的经营成果，由( )等构成。
    A. 主营业务收入　B. 营业利润　　　C. 投资净收益
    D. 营业外收支净额　　　　　　　　E. 实现利润

15. 会计具有( )三大基本职能。
    A. 计划   B. 反映   C. 控制
    D. 协调   E. 决策

16. 会计方法体系由( )构成。
    A. 会计预测决策方法   B. 会计核算方法
    C. 会计控制方法   D. 会计检查方法
    E. 会计分析方法

17. 下列项目中属于会计核算方法的有( )。
    A. 会计科目   B. 设置账户   C. 复式记账
    D. 登记账簿   E. 编制会计报表

18. 现代会计学的最重要的分支包括( )。
    A. 财务会计   B. 管理会计   C. 财务管理
    D. 会计电算化   E. 预算会计

三、判断题

1. 会计分期不同,对利润总额会产生影响。   (   )
2. 我国所有企业的会计核算都必须以人民币作为记账本位币。   (   )
3. 凡是会计主体都应进行独立核算。   (   )
4. 会计核算应当区分自身的经济活动与其他单位的经济活动。   (   )
5. 法律主体必定是会计主体,会计主体不一定是法律主体。   (   )
6. 货币量度是唯一的会计计量单位。   (   )
7. "资产=权益"这一会计等式在任何时点上都是平衡的。   (   )
8. 所有经济业务的发生,都会引起会计恒等式两边发生变化,但不破坏会计恒等式。
                                                                        (   )
9. 应收账款、预收账款、其他应收款均为资产。   (   )
10. 待摊费用、预提费用均属于费用要素。   (   )
11. 所有者权益是企业投资人对企业净资产的所有权,其大小由资产与负债两要素的大小共同决定。   (   )
12. 会计的本质可以理解为是一种经济管理活动。   (   )
13. 会计方法概括地讲就是记账、算账和报账的方法。   (   )
14. 企业的会计对象就是企业的资金运动。   (   )
15. 债权人权益和所有者权益都是对企业净资产的所有权。   (   )
16. 确定了收入要素和费用要素的数量也就确定了利润要素的数量。   (   )
17. 只要是企业拥有或控制的资源就可以确认为资产。   (   )
18. 会计的终极目标是提高企业的经济效益。   (   )
19. 会计分期是企业正确选择会计政策的前提和基础。   (   )
20. 会计核算是企业的经济活动而非企业投资者的经济活动。   (   )

四、分析题

1. 根据以下项目，说明所属的会计要素。

房屋及建筑物、工作机器及设备、运输汽车、库存生产用钢材、库存燃料、未完工产品、库存完工产品、存放在银行的款项、由出纳人员保管的款项、应收某公司的货款、暂付职工的差旅费、从银行借入的款项、应付给某公司的材料款、欠交的税金、销货的款项、投资者投入的资本、预收的押金、欠付的利润、支付的销售费用、销售产品的成本、支付的办公费。

2. 中南公司2010年1月31日资产总额为9 000 000元，负债总额为3 000 000元，所有者权益总额为6 000 000元。2010年2月份发生的部分经济业务如下。

(1) 国家投入货币资本30 000元，存入银行。

(2) 同意将光明机械厂前欠的货款60 000元作为该公司对光明机械厂的投资(债转股)。

(3) 从银行提取现金7 000元备零用。

(4) 通过银行收回大兴工厂前欠的货款45 000元。

(5) 以银行存款归还向银行借入的流动资金借款150 000元。

(6) 联营单位滨海机床厂以投资的形式对光明机械厂投入新机器3台，价值90 000元。

(7) 购入钢材45 000元，已验收入库，货款用银行存款支付。

(8) 收回大连机器厂前欠的货款79 000元，其中20 000元直接归还银行短期借款，其余59 000元存入银行。

(9) 厂长王亚萍出差预借差旅费2 000元，付现金。

(10) 出售不需用的新机床4台，价值总计128 000元，款存银行。

(11) 购入材料66 000元，已验收入库，货款未付。

(12) 向银行借入流动资金借款140 000元，并转存银行。

(13) 生产车间领用材料32 000元，用于产品生产。

(14) 向中南机床厂购入车床5台，总计价值50 000元。车床已验收入库，货款暂欠。

(15) 向银行借入短期借款24 000元，直接偿还前欠永宏钢铁公司的货款。

(16) 联营期限已满，按规定将联营单位新星机械厂的原投资40 000元用银行存款退回。

(17) 企业将资本公积金10 000元转增资本。

(18) 南方公司投入货币资本为60 000元，其中40 000元存入银行，20 000元直接归还前期欠耀辉工厂的货款。

(19) 用银行存款缴纳应交税费25 000元。

(20) 用银行存款支付应付给锦华公司(投资单位)的应付利润36 000元。

要求：

(1) 分析每笔经济业务所引起的资产和权益有关项目的增减变化情况，并将分析结果填入"中南公司资产和权益项目增减变动情况表"(见表1-1)。

(2) 计算资产和权益的增减净额，观察两者是否相等，计算2月末的资产和权益是否相等。

表 1-1　中南公司资产和权益项目增减变动情况表

2010 年 2 月

业务序号	资产		负债		所有者权益	
	增加额	减少额	增加额	减少额	增加额	减少额
1						
2						
3						
4						
5						
6						
7						
8						
9						
10						
11						
12						
13						
14						
15						
16						
17						
18						
19						
20						
合计						
	资产净增减额：		负债净增减额：		所有者权益净增减额：	
			权益净增减额：			

第 2 章

会计科目、账户和复式记账

教学目标

通过本章的学习,了解会计科目设置的原则和意义,熟记会计科目,掌握会计账户的基本结构、体系与分类,深刻理解复式记账的原理及借贷记账法,能够明确会计科目、账户之间的关系及不同标准下的账户分类及结果,能正确编制会计分录。

教学要求

知识要点	能力要求	相关知识
会计科目	(1) 了解会计科目设置的目的和原则 (2) 熟练记忆会计科目表的内容	(1) 会计科目的概念 (2) 企业会计准则应用指南
会计账户	(1) 掌握账户的基本结构及表示方法 (2) 理解会计科目和账户的关系 (3) 掌握账户分类标准及结果	(1) 账户的概念 (2) 账户结构及"T"形账户表示方法 (3) 账户分类标准及分类结果
记账方法	(1) 了解记账方法的分类 (2) 理解复式记账原理 (3) 掌握借贷记账法 (4) 学会编制会计分录 (5) 掌握进行试算平衡的方法	(1) 记账方法、复式记账、借贷记账法的概念 (2) 复式记账原理 (3) 借贷记账法规则 (4) 会计分录编制步骤 (5) 编制试算平衡表的方法

> **引 例**
>
> 老张是一名技术工人，由于单位效益不好，去年下岗了。在街道和再就业工程的帮助下，今年他与合伙人开办了一家小型加工厂，按照相关规定，也出于经营管理的需要，他们需要进行会计核算，为此他们打算聘请一位兼职会计。如果你已经具有会计从业资格，接受了聘请，面对空白的会计账簿，需要做什么？

2.1 会 计 科 目

会计要素是对会计对象抽象的、简单的划分，这种划分是建立在企业利益相关者的权益关系基础上的。在实践工作中，经济活动千姿百态，既有内部经济交易活动，又有对外经济交易活动；同时各个经济主体的经济活动差异性又很大，为了会计工作的便利，人类对会计对象进一步细分，将会计对象分为若干会计科目。

2.1.1 会计科目的定义

会计科目就是对会计要素进行分类核算的科目，也就是对会计对象具体内容进行分类核算的科目。会计科目是对会计要素的具体内容分类的标志，在每一个会计科目名称下，都规定有明确的含义和核算范围。

企业在生产经营过程中，经常发生各种各样的经济业务，其经济业务活动必然会引起会计要素的具体内容发生增减变动。企业的经济业务活动多种多样，它引起的会计要素的具体内容的变化及会计要素之间变化的表现形式也各不相同，为了全面、系统、连续地核算和监督这些经济业务活动引起的会计要素的增减变化情况及结果，提供有用的会计信息，就必须对会计对象的具体内容按其各自不同的特点和经济管理的要求，进行科学的分类，分科目核算，会计科目就是对会计对象的具体内容进行分类核算的科目。

2.1.2 会计科目的设置

会计科目设置具有两个目的：一是对会计要素进行进一步的细分；二是为设置会计账户提供依据。

1. 会计科目设置的意义

会计科目的设置工作就是根据会计对象的具体内容和经济管理的要求，事先规定会计具体核算对象的科目名称和核算内容，并对其进行编号的一种专门方法。

从会计方法的角度看，设置会计科目占有重要的位置，它决定着账户设置、报表结构设计，是会计核算的基本方法。从会计管理的角度看，对于会计目标的认识，不管是持有"受托责任"观点，还是持有"决策有用"观点，其目标的实现都离不开准确的会计信息，所以会计科目的设置是对会计对象进一步的细分，以便对会计信息进行系统地加工处理，来满足会计信息使用者的要求。因此，会计科目设置，首先要系统、分类地反映会计要素的内容；其次要满足信息使用者了解会计信息的需要；最后要满足经济主体核算经济业务的需要。

2. 会计科目设置的原则

会计信息是人类经济活动实践总结出的商业语言,它通过标准化的、默认化的形式传递着商业信息。这种商业语言的有效性在很大程度上又取决于信息模块的稳定性和适用性。会计科目就是会计信息的基本模块,所以会计科目的设置一般遵循以下原则。

(1) 会计科目的设置应遵循连贯性原则。会计科目作为会计要素的细分,必须全面反映会计要素内容。例如"所有者权益"的权益包括投入资金和经营损益的积累资金两部分,相应地"所有者权益"类所设置的会计科目就有反映投入资金的"实收资本"和反映经营积累的"盈余公积"的会计科目。

(2) 会计科目应简明、适用,满足不同信息使用者的需要。不同的经济组织对会计科目使用的需要不同,同时,不同组织的社会地位不同,这决定了相应的会计主体的经济活动模式不同,各自经济业务的规模大小、繁简程度、内容的不同,由此可知不同经济主体对会计科目使用的需求也不同。一般而言,经济活动内容广泛、业务量大的单位,会计科目设置应全面、详细。经济活动内容狭窄、业务量较少的单位,会计科目设置应力求具有概括性、适用性,如果一味地追求又全又细,不仅增加了不必要的会计核算工作量,而且有可能影响到会计信息的及时性,或者会产生信息噪声。

同时,在同一经济组织中,各个利益相关者的目标追求也存在着差异。经营者更加关注企业的经营效率,但是作为内部人的经理人和一般员工的追求又有所不同,员工可能更加关注自己的业务责任。同样,作为外部人的投资者更加关注所有资金的"保本"和投资收益,而政府除了公共管理的税收管理外,还需要关注国家宏观经济管理。

(3) 设置会计科目要将统一性和灵活性结合起来。为了规范各企业单位的会计科目,便于各单位会计资料的对比和汇总,财政部统一制定了会计科目,规定了会计科目的名称、编号和核算内容,各单位在不影响会计核算要求和对外提供统一的会计报表的前提下,根据自身的具体情况,可以增设、减设或合并某些会计科目,只有统一性和灵活性相结合,才能使会计信息具有可比性和相关性。

(4) 设置会计科目要保持相对稳定性。为了便于对不同时期的会计资料进行分析比较,需要对一定范围内的会计资料进行汇总,而会计科目一经确定就应保持相对稳定,不能经常变动会计科目的名称、内容、数量,以保持会计资料的可比性。

表 2-1 为会计科目表。

表 2-1 会计科目表

顺序号	编号	会计科目名称	顺序号	编号	会计科目名称
		一、资产类		2205	预收账款
	1001	库存现金		2211	应付职工薪酬
	1002	银行存款		2221	应交税费
	1012	其他货币资金		2231	应付利息
	1101	交易性金融资产		2232	应付股利
	1121	应收票据		2241	其他应付款
	1122	应收账款		2314	代理业务负债
	1123	预付账款		2401	递延收益

续表

顺序号	编号	会计科目名称	顺序号	编号	会计科目名称
	1131	应收股利		2501	长期借款
	1132	应收利息		2502	应付债券
	1231	其他应收款		2701	长期应付款
	1241	坏账准备		2702	未确认融资费用
	1321	代理业务资产		2711	专项应付款
	1401	材料采购		2801	预计负债
	1402	在途物资		2901	递延所得税负债
	1403	原材料	三、共同类		
	1404	材料成本差异		3002	货币兑换
	1405	库存商品		3101	衍生工具
	1406	发出商品		3201	套期工具
	1407	商品进销差价		3202	被套期项目
	1408	委托加工物资	四、所有者权益类		
	1411	周转材料		4001	实收资本(或股本)
	1471	存货跌价准备		4002	资本公积
	1501	持有至到期投资		4101	盈余公积
	1502	持有至到期投资减值准备		4103	本年利润
	1503	可供出售金融资产		4104	利润分配
	1511	长期股权投资		4201	库存股
	1512	长期股权投资减值准备	五、成本类		
	1521	投资性房地产		5001	生产成本
	1531	长期应收款		5101	制造费用
	1532	未实现融资收益		5201	劳务成本
	1601	固定资产		5301	研发支出
	1602	累计折旧	六、损益类		
	1603	固定资产减值准备		6001	主营业务收入
	1604	在建工程		6051	其他业务收入
	1605	工程物资		6101	公允价值变动损益
	1606	固定资产清理		6111	投资收益
	1701	无形资产		6301	营业外收入
	1702	累计摊销		6401	主营业务成本
	1703	无形资产减值准备		6402	其他业务成本
	1711	商誉		6403	营业税金及附加
	1801	长期待摊费用		6601	销售费用
	1811	递延所得税资产		6602	管理费用
	1901	待处理财产损溢		6603	财务费用
二、负债类				6701	资产减值损失
	2001	短期借款		6711	营业外支出
	2201	应付票据		6801	所得税费用
	2202	应付账款		6901	以前年度损益调整

表 2-1 为《企业会计准则指南——会计科目和账务处理》中所列示的部分一级科目。为了便于计算机处理,对会计科目进行了编号(会计电算化称为会计科目代码)。企业可根据自身情况增设、合并、分拆会计科目。

3. 会计科目的级次

会计科目根据工作的需要设置不同的级次,一般设置一级科目和明细科目,二级以下科目统称为明细科目。

(1) 总分类科目(也称总账科目、一级科目)是对会计对象具体内容进行总括分类的科目,是对会计要素内容进行总括分类形成的科目(如"应收账款"、"原材料"等)。

(2) 明细分类科目(也称子目)是对会计要素内容进行详细分类形成的科目(如"应收账款——长江公司"等)。企业可根据会计制度规定和企业核算需要设置,明细分类科目除统一会计制度中规定设置的以外,各单位可根据实际需要自行设置。

2.2 会计账户

会计科目只是对会计对象理论上的细分,如何将其形式化、具体化,使其更具有操作性,就成为一个重要任务,而会计账户就承担起这一使命。会计账户是会计实践的基石。

2.2.1 会计账户的定义

1. 会计账户的基本概念

会计账户是根据会计科目开设的、在账簿中具有一定的格式、用来记录会计科目所反映经济业务内容的工具。

会计科目只是对会计对象的具体内容(会计要素)进行分类,但它只有分类的名称而没有一定的格式,还不能把发生的经济业务连续、系统地记录下来。因此,为了进行全面、连续、系统、准确地反映和监督,以便为会计信息使用者提供所需要的各种会计信息,还必须根据规定的会计科目在账簿中开设具备一定格式的账户,即账户的结构。

2. 会计账户基本结构——"T"形账户

不同的会计账户虽然有不同的格式,但其基本要素是相同的。为方便会计教学和会计工作,往往把账户简化成"T"或"丁"字形账户(见图 2.1)。每个账户都有两边:一边记录增加额,另一边记录减少额。在账户中哪一方登记增加数,哪一方登记减少数,要根据经济业务内容的性质和所采用的记账方法来决定。

会计是以货币为主要量度来反映经济活动的。经济业务的发生,会使会计要素发生变化,从数量上看无非是增加或减少并产生相应的结果,因此,用来分类地记录经济业务的账户必须确定结构。所谓账户的结构是指账户应由哪几部分组成,增加的数额记在哪里,减少的数额记在哪里,增减变化后的结果记在哪里。

不同的记账方法,账户的具体结构是不同的;同一记账方法下,不同性质的账户结构也是不同的。但是,不管采用哪种记账方法,也不论是什么性质的账户,其账户的基本结构总是相同的。账户一般可以分为借贷两方,用来登记引起会计要素的增加或减少变动,以及增减变动的结果。账户的格式应包含以下内容：①账户名称，即会计科目；②日期和摘要，即经济业务发生的时间和内容；③凭证号数，即账户记录内容的来源和依据；④增加或减少的金额，以及增减后的结果。常见的账户格式见表2-2。

表2-2 常用账户格式——账户名称(会计科目)

年		凭证号数	摘 要	借 方	贷 方	余 额
月	日					

在账户的左右两方分别记录：期初余额、本期增加额、本期减少额和期末余额。本期增加额和本期减少额是指在一定会计期间内(月、季或年)，在账户左右两方分别登记的增加额合计和减少额合计，又称为本期增加发生额和本期减少发生额。本期增加发生额和本期减少发生额相抵以后的差额，是本期期末余额。本期期末余额转入下一期间，就是下期的期初余额。期初余额、本期增加发生额、本期减少发生额和期末余额的关系，可用下列公式表示：

$$期末余额 = 期初余额 + 本期增加发生额 - 本期减少发生额 \qquad (2\text{-}1)$$

账户的左右两方是按相反方向来记录增加额和减少额的。如果左方记录增加额，右方则记录减少额；反之，如果左方记录减少额，右方则记录增加额。账户的期初余额、期末余额一般应与增加额记入同一方向。至于账户的哪一方记录增加额，哪一方记录减少额，是由账户的性质和记账方法来决定的。

在教学中，一般采用"T"形格式来表示账户的结构，这时账户就省略了有关栏次来记录账户的增加额、减少额和余额，其格式如图2.1所示。账户的基本结构见表2-3。

左方	账户名称	右方		左方	账户名称	右方
期初余额						期初余额
本期增加额		本期减少额		减少额		本期增加额
本期增加发生额		本期减少发生额		本期减少发生额		本期增加发生额
期末余额						期末余额

图2.1 "T"形账户的基本结构

表2-3 账户的基本结构——会计科目：原材料

2006年		凭证种类号数	摘要	借方	贷方	借或贷	余额
月	日						
4	1		月初余额			借	300 000
	3	转1	甲材料入库	100 000		借	400 000
	8	转2	发出甲材料		50 000	借	350 000
			…				
4	28		本月合计	500 000	350 000	借	450 000

3. 会计账户与会计对象、会计要素和会计科目之间的关系

会计账户与会计对象、会计要素和会计科目之间的关系如图 2.2 所示。

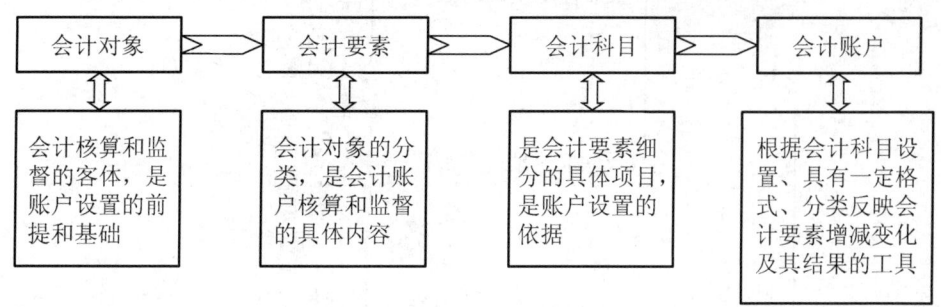

图 2.2　会计账户与会计对象、会计要素和会计科目之间的关系

1) 会计对象、会计要素、会计账户的关系

会计对象是企业生产经营过程中客观存在的资金运动。会计要素是指会计对象的具体内容。会计账户是对会计对象具体内容进行分类核算和监督的一种工具。

2) 会计科目、会计账户的关系

(1) 有时在实际工作中把会计账户统称为会计科目。这实际上是由会计账户的名称就是会计科目的名称决定的。

(2) 会计科目是设置会计账户的依据。根据总分类科目设置总分类账,根据明细分类科目设置明细分类账。

(3) 会计科目是会计账户的名称,会计账户是根据会计科目开设的,会计账户还具有一定的格式。

(4) 但二者是有区别的,会计科目只是分类核算的标志;但会计账户除了包括会计科目名称以外,还有具体的结构和格式,并且具有一定的登记方法。或者说,会计科目是无形的、抽象的,而会计账户是有形的、具体的。

2.2.2　会计账户体系与分类

1. 账户按经济内容分类

账户的经济内容是指账户所反映的会计对象的具体内容。企业会计对象的具体内容,按其经济特征可以归结为资产、负债、所有者权益、收入、费用和利润 6 项会计要素。账户按照经济内容可以分为 5 大类:资产类、负债类、所有者权益类、成本类、损益类,如图 2.3 所示。

1) 资产类账户

资产类账户是用来反映企业资产的增减变动及结存情况的账户,包括有关资产备抵账户,如"库存现金"、"银行存款"、"交易性金融资产"、"应收账款"、"材料采购"、"原材料"、"固定资产"、"累计折旧"、"无形资产"等。

资产账户可按照其流动性分为流动资产类账户和非流动资产类账户。流动资产类账户包括"库存现金"、"银行存款"、"交易性金融资产"、"应收账款"、"材料采购"、"原材料"等;非流动资产类账户(或长期资产账户)包括"固定资产"、"累计折旧"、"固定资产清理"、"无形资产"、"长期股权投资"、"长期待摊费用"等账户。

```
         ┌─ 资产类账户 ┬─ 反映流动资产的账户 ┬ 库存现金
         │           │                    ├ 银行存款
         │           │                    ├ 应收票据
         │           │                    ├ 应收账款
         │           │                    ├ 其他应收款
         │           │                    └ 预付账款
         │           └─ 反映非流动资产的账户 ┬ 长期股权投资
         │                                 ├ 固定资产
         │                                 ├ 累计折旧
         │                                 └ 无形资产
         │
         │           ┌─ 反映流动负债的账户 ┬ 短期借款
         │           │                   ├ 应付票据
         │           │                   ├ 应付账款
         │           │                   ├ 预收账款
         │           │                   ├ 应付职工薪酬
         │           │                   ├ 应交税费
         │           │                   └ 其他应付款
         ├─ 负债类账户 ┤
         │           └─ 反映非流动负债的账户 ┬ 长期借款
账户      │                                 ├ 应付债券
         │                                 └ 长期应付款
         │
         │                                   ┌ 实收资本
         │                                   ├ 资本公积
         ├─ 所有者权益账户 ── 反映所有者权益类的账户 ┼ 盈余公积
         │                                   ├ 利润分配
         │                                   └ 本年利润
         │
         │                           ┌ 制造费用
         ├─ 成本类账户 ── 反映成本类的账户 ┼ 生产成本
         │                           └ 劳务成本
         │
         │           ┌─ 反映收入类的账户 ┬ 主营业务收入
         │           │                 ├ 其他业务收入
         │           │                 ├ 营业外收入
         │           │                 └ 投资收益
         └─ 损益类账户 ┤
                     └─ 反映费用类的账户 ┬ 主营业务成本
                                       ├ 其他业务成本
                                       ├ 营业外支出
                                       ├ 营业税金及附加
                                       ├ 销售费用
                                       ├ 管理费用
                                       ├ 财务费用
                                       └ 所得税费用
```

图 2.3 账户按经济内容分类

2) 负债类账户

负债类账户是用来反映负债的增减变化及其实有数额情况的账户。同资产类账户类似，负债类账户可按债务偿还期限分为流动负债类账户和长期负债类账户。

流动负债类账户包括"应付账款"、"应付票据"、"短期借款"、"应付职工薪酬"、"应交税费"、"应付股利"、"预收账款"、"应付利息"等账户；长期负债类账户包括

"长期借款"、"长期应付款"、"应付债券"等账户。

3) 所有者权益类账户

所有者权益类账户是用来反映投资者的投入资本和留存收益增减变动及结存情况的账户,包括"实收资本"、"资本公积"、"盈余公积"、"本年利润"和"利润分配"等账户。

4) 成本类账户

成本类账户是核算企业在生产经营过程中所发生的制造成本的支出和分摊情况的账户,包括"生产成本"、"制造费用"、"劳务成本"等账户。

5) 损益类账户

损益类账户包括收入类、费用类账户和利润类账户。收入类账户是核算企业在生产经营过程中所取得的各种经济利益的账户,包括"主营业务收入"、"其他业务收入"、"营业外收入"、"投资收益"账户。费用类账户是核算企业在生产经营过程中发生的各种费用支出的账户,包括"主营业务成本"、"营业税金及附加"、"其他业务支出"、"管理费用"、"财务费用"、"销售费用"、"营业外支出"、"所得税费用"等账户。

2. 账户按用途和结构分类

账户的用途是指通过账户记录能够提供哪些核算指标,即设置和运用账户的目的。账户的结构是指在账户中如何记录经济业务,以取得各种必要的核算指标。具体是指账户的借方核算什么内容,贷方核算什么内容,期末余额在哪一方,表示什么内容。

账户按用途和结构分类,可以分为盘存类账户、结算类账户、资本类账户、集合分配类账户、跨期摊提类账户、成本计算类账户、收入类账户、费用类账户、财务成果类账户、计价对比类账户和调整类账户11类。

1) 盘存类账户

用来核算、监督各项货币资金和实物资产增减变动及其实存数额的账户。

盘存类账户具有以下特点:盘存类账户所反映的内容属于资产性质;盘存类账户的结构为其借方登记各项货币资金和实物资产的增加数,贷方登记各项货币资金和实物资产的减少数,期末余额总是在借方,表示期末各项货币资金和实物资产的结存数额;盘存类账户仅是资产类账户中的一部分,即表示有实物形体的资产部分,除货币资金账户外,其他可通过设置和运用明细账,提供数量和金额两项指标,如图2.4所示。

借方	贷方
期初余额:财产物资、货币资金的期初余额 本期发生额:财产物资、货币资金的本期增加额	本期发生额: 财产物资、货币资金的本期减少额
期末余额:财产物资、货币资金的期末结存额	

图2.4 盘存类账户的基本结构

2) 结算类账户

结算类账户是用来反映和监督本企业与其他单位或个人及企业内部各单位之间的结算业务的账户。

结算类账户具有以下特点：反映的内容是企业的各种债权债务关系；由于结算业务的不同，结算类账户可分为债权结算类账户、债务结算类账户、债权债务结算类账户。

债权结算类账户也称资产结算类账户，是用来反映和监督本企业与其他债务单位及个人的债权结算业务的账户。债权结算类账户的特点：反映的内容均属于资产性质；账户的结构为借方登记债权的增加数，贷方登记债权的减少数，期末余额一般在借方，表示尚未收回债权的实有数。

债务结算类账户也称负债结算类账户，是用来反映和监督本企业与其他债权单位或个人之间的债务结算业务的账户。债务结算类账户的特点：反映的内容均属负债性质；账户的结构为贷方登记债务的增加数，借方登记债务的减少数，期末余额一般在贷方，表示尚未偿还的债务的实有数。

债权债务结算类账户也称往来结算账户，是用来反映和监督同其他单位与个人之间的往来结算业务的账户。债权债务类结算账户的特点：所反映的内容兼具资产、负债双重性质；账户的结构为借方登记债权的增加数和债务的减少数，贷方登记债务的增加数和债权的减少数，期末余额如在借方，表示尚未收回的债权净额(尚未收回的债权大于尚未偿还的债务的差额)；期末余额如在贷方，表示尚未偿还的债务净额(尚未偿还的债务大于尚未收回的债权的差额)，如图2.5所示。

借方	贷方
期初余额：债权净额	期初余额：债务净额
本期发生额：债权的增加额；债务的减少数	本期发生额：债权的减少数；债务的增加数
期末余额：债权净额	期末余额：债务净额

图2.5　债权债务结算类账户的基本结构

3) 资本类账户

资本类账户是用来反映和监督所有者资本的增减变化及其实有情况的账户。

资本类账户的特点：反映的内容是所有者投入企业的资本或经营中形成的资本，即所有者权益的性质；账户的结构为贷方登记所有者投入的资本的增加数，借方登记所有者投入资本的减少数，期末余额在贷方，表示期末所有者投入资本的实有数，如图2.6所示。

资本类账户包括"实收资本"、"资本公积"、"盈余公积"。

借方	贷方
本期发生额：所有者资本的减少数	期初余额：所有者资本的增加数
	期末余额：所有者资本的实有数

图2.6　资本类账户基本结构

4) 集合分配类账户

集合分配类账户是用来归集生产经营过程中某一方面所发生的费用，并按一定标准将其分配给各成本计算对象的账户。

集合分配类账户的特点：反映的内容是费用类性质；账户的结构为借方登记费用的发

生数,贷方登记费用的分配数,一般情况下,该类账户一般期末无余额,如图 2.7 所示。

集合分配类账户主要有"制造费用"等账户。

借方	贷方
本期发生额: 本期某种费用的发生额	本期发生额: 本期某种费用的分配额

图 2.7 集合分配类账户基本结构

5) 跨期摊提类账户

跨期摊提类账户是用来反映和监督在相连几个会计报告期摊配的费用,以便正确地确定属于各该会计报告期的费用数额,从而正确地计算成本和盈亏的账户。

跨期摊提类账户的特点:反映费用的支付或使用比较集中,且数额较大,而费用的摊销或预提比较分散,分期计入各期成本;账户的结构为借方登记费用的实际支出数或发生数,贷方登记应由各期负担的费用摊提数,期末余额如在借方,表示期末尚未摊销的待摊费用数,期末余额如在贷方,表示期末尚未支付的预提费用数,如图 2.8 所示。

跨期摊提类账户包括"长期待摊费用"等账户。

借方	贷方
期初余额: 已经支付但尚未摊销的待摊费用数 本期发生额: 待摊费用支出数或预提费用支付数 期末余额: 已经支出但尚待摊销的费用	期初余额: 已预提但尚未支付的预提费用 本期发生额: 待摊费用摊销数或预提费用预提数 期末余额: 已经预提但尚未支付的预提费用

图 2.8 跨期摊提类账户的基本结构

6) 成本计算类账户

成本计算类账户是用来反映和监督生产经营过程中某一阶段所发生的全部费用,并确定该阶段各个成本计算对象的实际成本的账户。

成本计算类账户的特点:既可提供某一计算对象的金额指标,又可提供其实物指标;账户的结构为借方登记生产经营过程中某一阶段所发生的应计入成本的全部费用,贷方登记转出的实际成本,期末余额在借方,表示尚未完成某一阶段的成本计算对象的实际成本,如图 2.9 所示。

成本计算类账户包括"生产成本"、"制造费用"、"劳务成本"等账户。

借方	贷方
期初余额: 尚未完工产品的成本 本期发生额: 为生产产品所发生的生产费用 期末余额: 期末在产品成本	本期发生额: 完工产品的成本

图 2.9 成本计算类账户的基本结构

7) 收入类账户

收入类账户是用来反映和监督企业在某一时期(月份、季度或年度)内所取得的各种收入的账户。

收入类账户的特点：反映的内容是收入性质；期末需要将其贷方发生额结转到财务成果账户中；收入类账户的结构为贷方登记取得的收入数，借方登记收入的减少数和期末转出数，由于当期实现的全部收入都已结转到有关账户中，所以该类账户期末无余额，如图2.10所示。

收入类账户包括"主营业务收入"、"其他业务收入"、"营业外收入"、"投资收益"、"补贴收入"等账户。

借方	贷方
本期发生额： 收入或收益的减少数 期末结转到"本年利润"账户的收入或收益数	本期发生额： 收入或收益的增加数

图2.10　收入类账户基本结构

8) 费用类账户

费用类账户是用来反映和监督企业在某一时期(月份、季度或年度)内所发生的应计入当期损益的各项费用、成本、支出的账户。

费用类账户的特点：该类账户所反映的发生额只与某一特定时期有关，且期末需将其借方发生额结转到财务成果账户，所以该类账户期末无余额；费用类账户的结构为借方登记费用、成本、支出的增加额，贷方登记费用、成本、支出的减少额，如图2.11所示。

费用类账户包括"主营业务成本"、"营业税金及附加""销售费用"、"管理费用"、"财务费用"、"营业外支出"、"所得税费用"等账户。

借方	贷方
本期发生额： 本期费用、成本、支出的增加额	本期发生额： 本期费用、成本、支出的减少额 期末转入"本年利润"账户的数额

图2.11　费用类账户的基本结构

9) 财务成果类账户

财务成果类账户是用来反映和监督企业在一定时期(月份、季度或年度)内全部生产经营活动最终财务成果的账户。

财务成果类账户的特点：反映的内容是从年初到报告期末累计实现的净利润或亏损；财务成果类账户的结构为贷方登记期末从各收入或收益类账户转入的数额，借方登记期末从各费用、成本、支出类结转的数额，期末余额如在借方，表示企业发生的亏损总额，如在贷方，表示实现的净利润额，如图2.12所示。

财务成果类账户包括"本年利润"账户。

借方	贷方
本期发生额： 应计入本期损益的各项费用、成本、支出	本期发生额： 本期实现的各项收入和收益数
期末余额：发生的亏损总额	期末余额：实现的净利润额

图2.12　财务成果类账户的基本结构

10) 计价对比类账户

计价对比类账户是用来对某项经济业务按照两种不同的计价标准进行对比,借以确定其业务成果的账户。

计价对比类账户的特点:该类账户借贷方采用两种计价,其差额反映业务成果,如图 2.13 所示。

计价对比类账户包括"材料成本差异"账户(材料日常核算采用计划成本计价的企业使用)。

借方	贷方
本期发生额: 外购材料的实际成本 及超支差异	本期发生额: 外购材料的计划成本 及节约差异

图 2.13 计价对比类账户的基本结构

11) 调整类账户

调整类账户是用来调整被调整账户,以确定被调整账户实际数额的账户。

调整类账户的特点:此类账户应与被调整账户结合起来,才能提供管理上所需要的某些特定指标;调整类账户按其调整被调整账户方式的不同分为备抵调整账户、附加调整账户和备抵附加调整账户。

(1) 备抵调整账户。备抵调整账户也称抵减调整账户,是用来抵减被调整账户的余额,以求得被调整账户实际余额的账户。

备抵调整账户的特点:备抵调整账户的性质与被调整账户的性质相反。

备抵调整账户的分类:资产备抵调整账户、权益备抵调整账户。

① 资产备抵调整账户是用来抵减某一资产账户(被调整账户)的余额,以求得该资产账户实际余额的账户。

资产备抵调整账户的性质是资产类账户。比较常见的调整账户是"累计折旧"、"坏账准备"、"存货跌价准备"等账户;相应的被调整账户是"固定资产"、"应收账款"、"原材料"等账户。

② 权益备抵调整账户是用来抵减某一权益账户(被调整账户)的余额,以确定该权益类账户实际余额的账户。

被调整账户的性质是权益类账户。常见的调整账户有"利润分配"账户;相应的被调整的账户是"本年利润"的账户。

(2) 附加调整账户。附加调整账户是用来增加被调整账户的余额,以求得被调整账户实际余额的账户。附加调整账户的特点是它与被调整账户的性质相同。其公式表示:

被调整账户的余额 + 附加调整账户余额=被调整账户的实际金额

(3) 备抵附加调整账户。备抵附加调整账户是既用来抵减又用来增加被调整账户的余额,以求得被调整账户实际余额的账户。其公式表示:

被调整账户的余额±备抵附加调整账户余额=被调整账户实际余额

备抵附加调整账户包括"材料成本差异"、"产品成本差异"等账户,其被调整账户分别为"原材料"和"库存商品"账户,"利润分配"账户也可视为备抵附加调整账户。

3. 账户按提供指标详细程度分类

账户按提供指标详细程度分类可分为总分类账户和明细分类账户。总分类账户按总分类科目设置,对经济业务的内容进行总括核算,提供总括核算资料的账户;明细分类账户按照明细分类科目设置,对经济业务某一具体内容进行明细核算,提供详细核算资料的账户。总分类账户对明细分类账户起控制作用,而明细分类账户是对总分类账户的补充说明,提供企业某一具体内容的详细资料。

2.3 复式记账

为了全面地、系统地、连续地反映各单位经济活动,在按一定原则确定会计科目,并按会计科目设置会计账户之后,就需要采用一定的记账方法,在会计账户上记录经济业务所引起的会计要素的增减变化过程及其结果。

2.3.1 复式记账原理

1. 记账方法

记账方法就是根据一定的原理和规则,采取一定的计量单位(以货币作为主要的计量),利用文字和数字来记载经济业务的一种专门方法。记账方法有两种:单式记账法和复式记账法。

(1) 单式记账法。单式记账法是指对发生的每一笔经济业务所引起的会计要素的增减变动一般只在一个账户上进行登记的记账方法,如用现金采购,仅仅登记现金账户,即记录现金的减少。单式记账法的特点:账户设置不完整,需要什么资料就设置什么账户,登记什么经济业务。一般只登记现金的收付、债权、债务事项;每笔经济业务只记一笔账,即只记一个账户;不能按一定的计算公式试算平衡,因而不能用来检查全部记录是否正确。

单式记账不能全面、系统地反映经济业务的来龙去脉,也不便于检查账户记录的正确性和完整性。在经济组织经营规模比较小、经济业务比较简单的条件下,单式记账法被有效地使用,一旦企业经营规模扩张、经济业务复杂化后,其缺点就暴露无遗,因而在现代企业这种方法已经被复式记账法所取代。

(2) 复式记账法。所谓复式记账法是指对发生的每一笔经济业务,都要用相等的金额,在两个或两个以上相互联系的账户中进行登记的一种记账方法。

复式记账法的特点有以下几个。

① 账户设置完整、全面,构成了一个账户体系。对于发生的每一笔经济业务都有相应的账户作相关联的记录。根据记录的结果,可以了解每一项经济业务的来龙去脉,可以通过会计要素的增减变化全面地、系统地了解经济活动的过程和结果。

② 每笔经济业务要根据其内容,用相等的金额在相互联系两个或两个以上账户进行登记,便于检查账户记录的正确性。例如,从银行提取现金 50 000 元,一方记现金账户增加 50 000 元,另一方记银行存款账户减少 50 000 元。

③ 能按一定的计算公式进行试算平衡,以检查全部会计记录是否正确。

第 2 章 会计科目、账户和复式记账

目前我国企业及行政、事业单位采用的记账方法，都是复式记账法。

2. 复式记账法的理论依据

复式记账法的理论依据是资金运动的内在规律性。资金运动中产生的各种经济业务发生以后，起码影响会计等式中的两个会计要素(或同一会计要素中的两个项目)发生增减变化。运用会计的方法把两个或两个以上的变动方面记录下来，即复式记账。

根据经济业务形式的变化，从会计等式角度将其归纳为 4 种类型 9 种变化(参见 1.3.3 节)。这些业务中都体现出两个规律：一是影响会计等式双方要素同增或同减，增减金额相等；二是影响会计等式单方要素有增有减，增减金额相等。

复式记账法又包括几种具体的方法：借贷记账法、收付记账法、增减记账法等。其中，借贷记账法是世界各国普遍采用的一种记账方法。我国《企业会计准则》规定："会计记账采用借贷记账法"。

专栏 2-1

复式簿记的历史

复式簿记最初叫意大利式借贷簿记法，是在意大利北部各城市为了适应商人的需要而自然发展起来的。目前保存下来的意大利最古老的会计账簿，是由德国史学家西夫金(Sieveking)发现的公元 1211 年佛罗伦萨银行家的簿记。在该账簿中，按每个客户的姓名开立账户，用借贷上下连续的方式登记与顾客的各笔交易；各账户之间相互联系，可以进行转账。到 13 世纪末，除人名账户外，又开立了物名账户，进行叙述式的会计记录。进入 14 世纪，随着定居商人的出现、合作社的扩大，以及代理人的产生和城市(如热那亚)商业的迅速发展，簿记的方法也有了显著发展。到 14 世纪下半叶，开始使用在总账的前半部分记借方、后半部分记贷方的方法，并逐步地将全部账户改为左借右贷，左右对照式的"两侧型账户"。

自从物名账户出现以后，人们对于叙述式的会计记录渐渐感到不便，力求探索发明一种简明的会计记录，以取代层次杂乱的叙述式的会计记录。14 世纪末到 15 世纪初，进入了复式簿记的诞生阶段。1494 年，意大利传教士卢卡·帕乔利(Luca Pacioli)出版了《算术、几何、比例概要》，其第二卷论述商业算术和代数；第三卷论述簿记；第四卷论述货币和兑换；第五卷论述纯粹几何学和应用几何学。其中的第十一篇《计算与记录要论》，全面系统地总结了当时流行的威尼斯复式记账法，并从理论上给予了必要的阐述。这部著作是人类最早关于复式簿记的划时代的文献，它的出版宣告了中世纪会计的结束、近代会计的开始，成为会计发展史上的重要的里程碑。从此，会计开始成为一门真正的、完整的、系统的科学。

2.3.2 复式记账的方法

1. 借贷记账法

借贷记账法在 15 世纪形成于意大利，现为世界各国广泛采用。中国企业一般也用此法。其主要特点有以下几个。

(1) 以"借"、"贷"为记账符号，每个账户分借贷两方。凡属于资金占用增加，资金来源减少，费用增加和收入减少，均分别记入有关账户的借方；凡属于资金来源增加，资金占用减少，收入增加和费用减少，均分别记入有关账户的贷方。

(2) 以"有借必有贷、借贷必相等"作为记账规则，对每一项经济业务都要记入两个(或两个以上)账户中，并以相等的金额分别记入一个(或几个)账户的借方和另一个(或几个)账户的贷方。

(3) 以资金占用总额等于资金来源总额为平衡公式，利用各个账户的借方余额合计数与各个账户的贷方余额合计数必然相等的关系，来检验账簿记录的正确性。

在 2.3.3 节将会详细地讲述借贷记账法等相关知识。

2. 增减记账法

增减记账法是以"增"、"减"为记账符号，以"资金占用=资金来源"为理论基础，直接反映经济业务所引起的会计要素增减变化的一种复式记账方法。它是在我国会计实务中实行的一种特有的记账方法。该法经过试行，于 1964 年开始，在我国商业系统中全面推行，工业企业和其他行业也有采用这种记账方法的。1993 年 7 月 1 日《企业会计准则》实施后，增减记账法改为借贷记账法。

"四柱清册"应该是最早的增减记账方法，也相当于现代的借贷记账法。所谓"四柱"是指把账簿分成"旧管(期初结存)"、"新收(本期增加)"、"开除(本期减少)"、"实在(期末结存)" 4 个部分，这 4 个部分的关系是：旧管+新收-开除=实在。根据这个平衡关系，可以全面、系统地反映经济活动，还可以检查账簿记录的正确性。

增减记账法的特点如下。

(1) 记账符号。以"增"和"减"为记账符号，凡经济业务所引起的资金来源或资金占用增加，就在账户中记"增"；凡经济业务所引起的资金来源或资金占用减少，就在账户中记"减"。"增"、"减"符号同资金来源与资金占用的增加、减少意思一致，使符号的文字含义也名副其实，直接表达会计事项所涉及具体内容的增减变动。

(2) 账户设置。全部账户固定地分为资金来源和资金占用两大类，不能设置双重性质账户。如不能把"其他应收款"账户和"其他应付款"账户合并设置"其他往来"账户；不能把"应收账款"账户和"预收账款"账户合并设置"应收账款"账户等。

(3) 记账规则。凡涉及资金来源和资金占用两类账户的经济业务，同时记增或记减，同增或同减的金额相等；凡涉及资金来源或资金占用一类账户的经济业务，记有增有减，增减金额相等。简而言之，两类账户，同增同减，金额相等；同类账户，有增有减，金额相等。

(4) 试算平衡方法。两类账户的余额和增减发生额的差额必须相等，并用以检查账户记录的正确性和完整性。

3. 收付记账法

以"收"、"付"作为记账符号，反映经济业务所引起会计要素增减变动的一种记账方法。这种记账方法被我国预算会计长期使用。

收付记账法按其记账主体的不同，分为资金收付记账法、财产收付记账法和现金收付记账法。

1) 资金收付记账法

资金收付记账法是以预算资金的活动能力为记账主体，以"收"、"付"作为记账符号来记录经济业务的一种复式记账法。我国从 1966 年开始在全国预算单位实施这种记账方法。其要点如下。

(1) 以"收"、"付"作为记账符号，对所发生的各种经济业务都以资金的收付决定记账方向。资金收入、预算支出的含义相一致。

(2) 财户分为资金来源、资金运用和资金结存 3 类。资金来源类账户反映资金的来源渠道，资金运用类账户反映资金的去向，资金结存类账户反映货币资金和财产物资的余存情况。

(3) 记账规则为"同收、同付、有收有付"。即资金来源类或资金运用类账户和资金结存类账户发生对应关系、引起资金结存增加或减少时，要同时记收同时记付，同收或同付金额相等；资金来源类账户和资金运用类账户或同类各账户之间发生对应关系、不涉及资金结存增减变化时，要分别记收和付，收付金额相等。

(4) 试算平衡方法为发生额试算平衡和余额试算平衡。

2) 财产收付记账法

财产收付记账法是以钱物活动作为记账的主体，以"收"、"付"作为记账符号来记录经济业务的一种复式记账法，又称"钱物收付记账法"。这种记账方法是在我国传统的收付记账法的基础上，吸收了复式记账的优点改进而来的一种记账方法。其特点如下。

(1) 以"收"、"付"为记账符号，对所发生的各种经济业务都以钱物的收付决定记账方向。对于结存类账户，从钱物的角度看，"收"、"付"符号与其文字含义一致，即收进钱物记收，付出钱物记付。而对于收入类和付出类账户来说，它们的收和付则是表示钱物收入的来源和付出的去向。

(2) 账户设置按具体经济内容分为收入、付出和结存三大类。结存类账户也称主体账户，收入类和付出类账户统称分类账户。收入类账户反映各种收入来源；付出类账户反映各种付出的去向。

(3) 记账规则为"同收、同付，有收有付"即主体账户(结存账户)和分类账户(收、付、账户)发生对应关系时，要同时记收或同时记付，同收或同付金额相等；主体账户内部或分类账户内部发生对应关系时，要分别记有收有付，收付金额相等。

(4) 试算平衡方法分为发生额试算平衡和余额试算平衡。

3) 现金收付记账法

现金收付记账法是以现金为记账主体，对一切经济业务按复式记账原理，设置账户体系，进行财务处理的一种记账方法。其特点如下。

(1) 账户设置分为三大类，即资金来源类账户、资金占用类账户、资金来源与资金占用共同类账户。

(2) 以"收"、"付"为记账符号，每个账户都设"收方"和"付方"，用来记录反映资金的收付变动情况。凡资金来源增加、资金占用减少记收方；资金来源减少、资金占用增加记付方。

(3) 记账规则。有"收必有付，有付必有收，收付必相等"。每笔经济业务或者转账业务都要同时记收、付两个或两个以上的账户，收付双方金额必须相等。

(4) 试算平衡方法分为发生额试算平衡和余额试算平衡。

2.3.3 借贷记账法

1. 借贷记账法的含义

借贷记账法是以"借"和"贷"作为记账符号的一种复式记账方法。"借"、"贷"两字对于6类性质不同的账户具有不同的含义。用"借"反映资产和费用的增加数,以及负债、所有者权益和收入的减少数(或转出数);用"贷"反映资产和费用的减少数(或转出数),以及负债、所有者权益和收入的增加数;同时对每一项经济业务的记录,都以相等的金额同时计入一个账户的借方,另一个或几个账户的贷方;或记入一个账户的贷方,另一个账户或几个账户的借方;或记入几个账户的贷方,另外几个账户的借方;即借贷方向相反,但金额相等。

2. 借贷记账法的理论依据

借贷记账法记录各项经济业务所引起的会计要素具体内容的变化过程及结果。如前所述,资产、负债、所有者权益、收入、费用、利润是会计六大要素,在一个会计要素具体内容发生增减变化时,必然引起同一要素的其他具体内容或者另一个或两个会计要素具体内容的增减变化,会计要素之间存在着恒等关系,即

$$资产=负债+所有者权益$$

由于会计要素之间存在着恒等关系,在相关账户进行等额记录时,才能保证经济业务记录的完整性,所以,会计等式是借贷记账法的理论基础。

3. 借贷记账法的账户结构

以"借、贷"二字作为记账符号的借贷记账法,其账户的基本结构也分为左右两方,一般规定账户的左方为"借方",账户的右方为"贷方"。当在账户的借方或贷方记录经济业务时,可以称为"借记某账户(科目)"或"贷记某账户(科目)",账户的借贷两方必须做相反方向的记录。当在账户中记录经济业务时,如果规定借方用来登记增加额,则贷方用来登记减少额;如果规定贷方用来登记增加额,则借方用来登记减少额。同样,究竟账户的哪一方用来登记增加额,哪一方用来登记减少额,由账户反映的经济业务内容和账户的性质所决定,不同性质的账户,其结构是不同的。

1) 资产类账户

由于资产在会计等式和资产负债表中列示在左边,因此,按照会计惯例,资产类账户借方记录资产的增加额,贷方记录资产的减少额。在一定会计期间(月、季、年)内,借方记录的增加额合计数称为此期间的"借方发生额",贷方记录的减少额合计数称为此期间的"贷方发生额",在一定会计期间的期末将借贷发生额比较,其差额称作"期末余额",由于本期减少数一般不会大于它的期初余额和本期增加数之和,所以资产类账户的期末余额一般都在借方。用"T"形账户表示,其基本结构如图2.14所示。

借方		贷方	
期初余额	×××		
本期增加额	×××	本期减少额	×××
本期发生额	×××	本期发生额	×××
期末余额	×××		

图 2.14 资产类账户基本结构

资产类账户的期末余额可以用下列公式计算:

$$期末余额 = 期初借方余额 + 本期借方发生额 - 本期贷方发生额 \qquad (2-2)$$

2) 权益(负债及所有者权益)类账户

由于负债及所有者权益列示在会计等式和资产负债表的右方,因此,负债及所有者权益类账户的结构与资产类账户正好相反,其贷方记录负债及所有者权益的增加额,借方记录负债及所有者权益的减少额,而它们的减少额,一般不会大于它们的期初余额和本期增加数之和,所以负债及所有者权益类账户的期末余额一般在贷方。用"T"形账户表示,其基本结构如图 2.15 所示。

借方		贷方	
		期初余额	×××
本期减少额	×××	本期增加额	×××
本期发生额	×××	本期发生额	×××
		期末余额	×××

图 2.15 负债及所有者权益类账户基本结构

负债和所有者权益类账户的余额,可以用下列公式计算:

$$期末余额 = 期初贷方余额 + 本期贷方发生额 - 本期借方发生额$$

3) 成本类账户

企业在生产经营过程中发生的制造成本,在没有加工完成之前,处在产品形态,与尚未销售的库存商品一样,都属于企业的资产,所以成本类账户的结构与资产类账户的结构基本相同。成本类账户的借方记录生产成本和制造费用的增加额,贷方记录生产成本和制造费用的减少额或结转额。制造费用账户将归集的费用按一定标准分配给产品以后,没有期末余额。生产成本账户在期末有未完工产品时,期末余额在借方,表示在产品的成本。成本类账户的结构,用"T"形账户表示,其基本结构如图 2.16 所示。

借方		贷方	
期初余额	×××		
本期增加额	×××	本期减少额或转出额	×××
本期发生额	×××	本期发生额	×××
期末余额	×××		

图 2.16 成本类账户基本结构

4) 损益类账户

损益作为企业的财务成果,是企业一定会计期间取得的收入和所发生的与之相关的费用相抵之后的差额,因此,损益类账户按其反映的具体内容不同,又可分为反映收入的账户和反映费用支出的账户。

根据会计等式:资产=负债+所有者权益+收入-费用,经移项整理后可得出以下公式:

$$资产+费用=负债+所有者权益+收入$$

所以,费用类账户的结构与资产类账户的结构基本相同,账户的借方记录费用的增加额,贷方记录费用的减少额或转出额,因为费用类账户本期增加数减去本期减少数的差额,在期末要全额转出,以便与收入配比,结算本期损益,因此,费用类账户一般没有期末余额,用"T"形账户表示,如图 2.17 所示。

借方			贷方
本期增加额	×××	本期减少额或转出额	×××
本期发生额	×××	本期发生额	×××

图 2.17 费用类账户基本结构

关于费用类账户结构的重要说明:期末在计算利润时,如果将费用类账户的当期发生额全部转入利润类账户,则该类账户没有期末余额,下期初也不会有期初余额。

由于企业在生产经营过程中形成的各种收入可以增加所有者权益,并且由会计等式的第二种表达方式推导出"资产+费用=负债+所有者权益+收入",可以看出,收入类账户的结构与负债和所有者权益类账户结构相同,账户的贷方登记收益的增加数,借方登记收益的减少数或转出额,因为收入类账户本期增加数减去本期减少数的差额,在期末要全额转出,与相配比的费用成本相抵,以结算本期损益,因此,收入类账户一般没有期末余额。用"T"形账户表示,如图 2.18 所示。

借方			贷方
本期减少额或转出额	×××	本期增加额	×××
本期发生额	×××	本期发生额	×××

图 2.18 收入类账户基本结构

关于收入类账户结构的重要说明:期末在计算利润时,如果将收入类账户的当期发生额全部转入利润类账户,则该类账户没有期末余额。

综上所述,所谓借方就是账户左方的代名词;所谓贷方就是账户右方的代名词。借字表示:资产的增加,费用成本的增加,负债及所有者权益的减少,收入的减少或转出;贷字表示:资产的减少,费用成本的减少或转出,负债及所有者权益的增加,收入的增加。归结为表 2-4。

表 2-4 账户的综合运用方法

账户的性质	账户的借方	账户的贷方	账户的余额
资产类账户	增加	减少	借方
负债及所有者权益类账户	减少	增加	贷方
成本费用类账户	增加	减少或转出	一般无余额
收益类账户	减少或转出	增加	一般无余额

4. 借贷记账法的记账规则

借贷记账法的记账规则是"有借必有贷、借贷必相等","有借必有贷"是指相关业务的账户登记方向存在"借"和"贷"方向的关联性,"借贷必相等"是指账户登记金额存在数量上的相等。

例如:长江公司收到投资者投入的现金投资为 500 000 元。相关的借贷关系如图 2.19 所示。

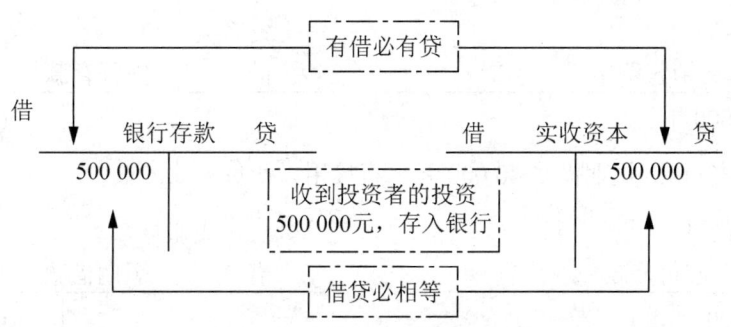

图 2.19 借贷记账的关系

根据复式记账的原理,对于任何一项经济业务所引起的会计要素的变化,都必须以相等的金额,在两个或两个以上相互联系的账户中进行记录。在借贷记账法下,不同性质的账户具体结构不同,资产类账户、费用成本类账户借方记录增加额,贷方记录减少额或转出额,负债类、所有者权益类账户,收益类账户贷方记录增加额,借方记录减少额或转出额。按复式记账的原理和借贷记账法账户结构特点,记录经济业务都要以借贷相反的方向,以相等的金额同时在两个或两个以上相互联系的账户中进行记录。也就是说,记入一个账户的借方,同时要记入另一个或几个账户的贷方,记入一个或几个账户的贷方,同时要记入另一个账户的借方,并且记入借贷双方的金额是相等的,这样,就形成了借贷记账法的"有借必有贷,借贷必相等"的记账规则。

下面以中南公司 3 月份发生的经济业务为例,说明借贷记账法的记账规则。

【例 2-1】 国家增加 500 000 元投资,款项存入银行。

资产类账户			所有者权益类账户	
借	银行存款	贷	借 实收资本	贷
(1) 500 000				(1) 500 000

【例 2-2】 企业购入固定资产,共计支出银行存款 300 000 元。

资产类账户			资产类账户	
借	固定资产	贷	借 银行存款	贷
(2) 300 000				(2) 300 000

【例 2-3】 赊购材料 100 000 元(不考虑增值税)。

资产类账户			负债类账户	
借	原材料	贷	借 应付账款	贷
(3) 100 000				(3) 100 000

【例 2-4】 以银行存款 50 000 元，归还欠款。

负债类账户			资产类账户		
借	应付账款	贷	借	银行存款	贷
(4) 50 000					(4) 50 000

【例 2-5】 从银行转账支付广告费 100 000 元。

损益类账户			资产类账户		
借	销售费用	贷	借	银行存款	贷
(5) 100 000					(5) 100 000

【例 2-6】 从银行借入短期借款 40 000 元，直接用以偿付欠款。

负债类账户			负债类账户		
借	应付账款	贷	借	短期借款	贷
(6) 40 000					(6) 40 000

【例 2-7】 生产产品领用材料 40 000 元。

成本类账户			资产类账户		
借	生产成本	贷	借	原材料	贷
(7) 40 000					(7) 40 000

【例 2-8】 产品全部加工完成，已验收入库，实际成本 30 000。

资产类账户			成本类账户		
借	库存商品	贷	借	生产成本	贷
(8) 30 000					(8) 30 000

【例 2-9】 销售产品收入 20 000 元(不考虑增值税)，已收到 10 000 存入银行，尚有 10 000 未收到。

资产类账户			资产类账户			损益类账户		
借	银行存款	贷	借	应收账款	贷	借	主营业务收入	贷
(9)10 000			(9) 10 000					(9) 20 000

【例 2-10】 结转已销售产品成本 18 000 元。

损益类账户			资产类账户		
借	主营业务成本	贷	借	库存商品	贷
(10)18 000					(10)18 000

【例 2-11】 计算本月应交所得税 10 000 元，尚未交纳。

损益类账户			负债类账户		
借	所得税费用	贷	借	应交税费	贷
(11)10 000					(11)10 000

第 2 章　会计科目、账户和复式记账

【例 2-12】 计算分配给投资者利润 100 000 元，尚未实际发放。

所有者权益类账户				负债类账户		
借	利润分配	贷		借	应付股利	贷
(12)100 000						(12)100 000

5. 账户的对应关系和会计分录

1) 会计分录的含义

会计分录是对每项经济业务应借和应贷的账户及其金额的一种记录，会计分录是账户记录的依据。

会计分录按照所涉及的账户分为简单会计分录和复合会计分录两类，简单会计分录是指存在"一借一贷"账户对应关系的分录，复合会计分录是指存在"一借多贷"、"多借一贷"或"多借多贷"账户对应关系的分录。"一借一贷"、"一借多贷"、"一贷多借"和"多借多贷"以总账科目为准。

在编制会计分录时，要注意不能将不同性质的经济业务合并编制成多借多贷的会计分录。

在实际工作中，会计分录编制在记账凭证上。

2) 账户对应关系与对应账户

采用借贷记账法，在每一项经济业务发生时，都以相等的金额在两个或两个以上账户中相互联系地进行记录，从而在有关账户之间形成应借、应贷的关系。账户之间的应借、应贷的相互关系，称为账户的对应关系。存在着对应关系的账户，称为对应账户。例如，企业以银行存款购入固定资产，就要在"固定资产"的借方和"银行存款"的贷方进行记录，这样"固定资产"与"银行存款"的账户之间就形成了对应关系，"固定资产"是"银行存款"的对应账户，反之亦然。掌握账户的对应关系很重要，通过分析账户的对应关系可以了解经济业务的内容，还可以检查经济业务的处理是否合理。

3) 会计分录的内容、格式及书写要求

会计分录的三要素为：登记的借贷方向、登记的账户名称和登记金额。会计分录的书写要求：借在上、贷在下；借、贷之间错开一个字的空间；金额分列两排写，同时要注意金额后不要写"元"。例如：

借：银行存款　　　　　　　　　　　　　　　300 000
　　贷：实收资本　　　　　　　　　　　　　　300 000

由于左上的科目总是借方科目，后退一定间隔的科目总是贷方科目，借贷方已经通过上下之间的边距间隔而得到显示，故有教科书也以省略借、贷记账符号的方式表示会计分录，如上例可表示为：

银行存款　　　　　　　　　　　　　　　　　300 000
　　实收资本　　　　　　　　　　　　　　　　300 000

为了保证账户记录的正确，在各项经济业务发生之后不直接记入账户，而是先根据经济业务内容，运用借贷记账法的记账规则，编制会计分录后再登记入账。在实际工作中，会计分录编制在记账凭证上。

4) 会计分录的步骤

(1) 要对所处理的会计业务,判断其引起了哪些会计要素的变化,通过此步确定具体表达这个要素的会计科目或账户。

(2) 根据会计科目表(要预先熟悉)的分类,确定所处理会计业务中涉及的会计科目的属性,即这些会计科目是归属于哪类,是资产类、负债类、共同类、所有者权益类、成本费用类还是收益类。

(3) 确定这些科目在所处理的会计业务中的变化方向,即是增加的还是减少的。

最后,通过前3步分析确定借方和贷方账户,并确定每个账户的金额。

【例2-13】 现将例2-1所举中南公司3月经济业务的会计分录分析如下。

(1) 国家增加500 000元投资,款项存入银行。

这项业务的发生引起企业实收资本的变动,同时还引起了企业银行存款的变动;根据科目表,实收资本属于所有者权益类科目,银行存款属于资产类科目;企业收到国家(以所有者身份)投资款,引起企业实收资本的增加,金额是500 000元,这笔钱入到中南公司账上后导致企业银行存款增加500 000元;根据前面所讲的账户结构知道,实收资本这个所有者权益科目增加记录在这个账户的贷方,而银行存款作为资产科目,增加记录在这个账户的借方,两个账户记录的金额都是500 000元,因此,这项业务可以编制以下会计分录:

借:银行存款　　　　　　　　　　　　　　　　　500 000
　　贷:实收资本　　　　　　　　　　　　　　　　500 000

(2) 购入固定资产,共计支出银行存款300 000元。

这项业务的发生引起企业固定资产的变动,同时还引起了企业银行存款的变动;根据科目表,固定资产和银行存款都属于资产类科目;这项业务引起企业固定资产的增加,金额是300 000元,同时导致企业银行存款减少300 000元;根据前面所讲的账户结构知道,固定资产这个资产类科目增加记录在这个账户的借方,而银行存款作为资产科目,减少记录在这个账户的贷方,两个账户记录的金额都是300 000元,因此,这项业务可以编制以下会计分录:

借:固定资产　　　　　　　　　　　　　　　　　300 000
　　贷:银行存款　　　　　　　　　　　　　　　　300 000

(3) 同城赊购原材料100 000元(不考虑增值税),已经入库。

这项业务的发生引起企业原材料的变动,同时还引起了企业应付账款的变动;根据科目表,原材料属于资产类科目,应付账款属于负债类科目;这项业务引起企业原材料的增加,金额是100 000元,赊购引起的应付账款这项负债增加100 000元;根据前面所讲的账户结构知道,原材料这个资产类科目增加记录在这个账户的借方,应付账款这个负债账户的增加记录在这个账户的贷方,两个账户记录的金额都是100 000元,因此,这项业务可以编制以下会计分录:

借:原材料　　　　　　　　　　　　　　　　　　100 000
　　贷:应付账款　　　　　　　　　　　　　　　　100 000

(4) 以银行存款50 000元,归还欠款。

这项业务的发生引起企业应付账款的变动,同时还引起了企业银行存款的变动;根据科目表,应付账款属于负债类科目,银行存款属于资产类科目;这项业务引起企业应付账款的减少(还债)，金额是 50 000 元，同时导致企业银行存款减少 50 000 元；根据前面所讲的账户结构知道，应付账款这个负债类科目减少记录在这个账户的借方，而银行存款作为资产科目，减少记录在这个账户的贷方，两个账户记录的金额都是 50 000 元，因此，这项业务可以编制以下会计分录：

  借：应付账款   50 000
    贷：银行存款   50 000

(5) 从银行转账支付广告费 100 000 元。

这项业务的发生引起企业销售费用(广告的目的是为了销售产品)的变动，同时还引起了企业银行存款的变动；根据科目表，销售费用属于损益类中的费用科目，银行存款属于资产类科目；这项业务引起企业销售费用的增加，金额是 100 000 元，同时导致企业银行存款减少 100 000 元；根据前面所讲的账户结构知道，销售费用这个费用科目增加记录在这个账户的借方，而银行存款作为资产科目，减少记录在这个账户的贷方，两个账户记录的金额都是 100 000 元，因此，这项业务可以编制以下会计分录：

  借：销售费用   100 000
    贷：银行存款   100 000

(6) 从银行借入短期借款 40 000 元，直接用以偿付欠款。

这项业务的发生引起企业应付账款的变动，同时还引起企业短期借款的变动；根据科目表，应付账款和短期借款都属于负债类科目；这项业务引起企业应付账款的减少(还债)，金额是 40 000 元，同时导致企业短期借款增加 40 000 元；根据前面所讲的账户结构知道，应付账款和短期借款作为负债类科目，减少记录在这个账户的借方，增加记录在这个账户的贷方，两个账户记录的金额都是 40 000 元，因此，这项业务可以编制以下会计分录：

  借：应付账款   40 000
    贷：短期借款   40 000

(7) 生产产品领用材料 40 000 元。

这项业务的发生引起企业原材料的变动，同时还引起了企业生产成本的变动；根据科目表，原材料属于资产类科目，生产成本属于成本类科目；这项业务引起企业原材料的减少，金额是 40 000 元，同时导致企业生产成本增加 40 000 元；根据前面所讲的账户结构知道，原材料这个资产类科目减少记录在这个账户的贷方，而生产成本作为成本类科目，增加记录在这个账户的借方，两个账户记录的金额都是 40 000 元，因此，这项业务可以编制以下会计分录：

  借：生产成本   40 000
    贷：原材料   40 000

(8) 产品全部加工完成，已验收入库，实际成本 30 000 元。

这项业务的发生引起企业生产成本的变动，同时还引起了企业库存商品的变动；根据科目表，生产成本属于成本类科目，库存商品属于资产类科目；这项业务引起企业生产成本的减少(结转)，金额是 30 000 元，同时导致企业库存商品增加 30 000 元；根据前面所讲的账户结构知道，生产成本这个成本类科目减少记录在这个账户的贷方，而库存商品作为资产类科目，增加记录在这个账户的借方，两个账户记录的金额都是 30 000 元，因此，这项业务可以编制以下会计分录：

```
借：库存商品                                   30 000
    贷：生产成本                               30 000
```

(9) 销售产品收入 20 000 元(不考虑增值税)，已收到 10 000 元存入银行，尚有 10 000 元未收到。

这项业务的发生引起企业主营业务收入的变动，同时还引起了企业银行存款和应收账款的变动；根据科目表，主营业务收入属于损益类中的收入科目，银行存款和应收账款属于资产类科目；这项业务引起企业主营业务收入的增加，金额是 20 000 元，同时导致企业银行存款和应收账款各增加 10 000 元；根据前面所讲的账户结构知道，主营业务收入这个收入类科目增加记录在这个账户的贷方，而银行存款和应收账款作为资产科目，增加记录在这两个账户的贷方，这两个账户记录的金额都是 10 000 元，因此，这项业务可以编制以下会计分录：

```
借：银行存款                                   10 000
    应收账款                                   10 000
    贷：主营业务收入                           20 000
```

(10) 结转已销产品成本 18 000 元。

这项业务的发生引起企业主营业务成本的变动，同时还引起了企业库存商品的变动；根据科目表，主营业务成本属于损益类中的费用科目，库存商品属于资产类科目；这项业务引起企业主营业务成本的增加，金额是 18 000 元，同时导致企业库存商品减少 18 000 元；根据前面所讲的账户结构知道，主营业务成本这个费用类科目增加记录在这个账户的借方，而库存商品作为资产科目，减少记录在这个账户的贷方，两个账户记录的金额都是 18 000 元，因此，这项业务可以编制以下会计分录：

```
借：主营业务成本                               18 000
    贷：库存商品                               18 000
```

(11) 计算本月应交所得税 10 000 元，尚未缴纳。

这项业务的发生引起企业所得税费用的变动，同时还引起了企业应交税费的变动；根据科目表，所得税费用属于损益类科目，应交税费属于负债类科目；这项业务引起企业所得税费用的增加，金额是 10 000 元，同时导致企业应交税费增加 10 000 元；根据前面所讲的账户结构知道，应交税费这个负债类科目增加记录在这个账户的贷方，而所得税费用作为损益类科目，增加记录在这个账户的借方，两个账户记录的金额都是 10 000 元，因此，这项业务可以编制以下会计分录：

```
借：所得税费用                                 10 000
    贷：应交税费                               10 000
```

(12) 计算分配给投资者利润 100 000 元，尚未实际发放。

这项业务的发生引起企业利润分配(可分配利润)的变动，同时还引起了企业应付股利的变动；根据科目表，应付股利属于负债类科目，利润分配属于所有者权益类科目；这项业务引起企业应付股利的增加，金额是 100 000 元，同时导致企业利润分配(可分配利润)减少 100 000 元；根据前面所讲的账户结构知道，应付股利这个负债类科目增加记录在这个账户的贷方，而利润分配作为所有者权益科目，减少记录在这个账户的借方，两个账户记录的金额都是 100 000 元，因此，这项业务可以编制以下会计分录：

借：利润分配   100 000
    贷：应付股利   100 000

从以上例子可以看出，正确判断一项会计业务所涉及的会计账户是正确做出会计分录的起点，这一步判断错了，不可能做出正确的分录；同时，要正确判断企业经济业务所涉及的账户的变化方向；还要牢记各账户的归属和结构，即所涉及的会计科目是属于资产类、负债类、所有者权益类、成本费用类还是收入类，各类账户具有什么样的结构，即借方和贷方记录增加还是减少，这样才能正确确定各账户的方向；当然，各账户的金额也不能判断错了。作为初学者，一定要严格地对一项会计业务所涉及的全部账户做出正确判断，独立确认每个账户的方向，不要在确定一个账户的基础上猜测其他账户的记账方向，以免犯下错误。通过第 3 章、第 4 章的学习，应对制造企业的基本业务熟练掌握，为以后的专业学习打下基础。

6. 试算平衡

试算平衡是根据"资产=负债+所有者权益"的平衡关系，按照记账规则的要求，通过汇总计算和比较，来检查账户记录的正确性、完整性的一种验证方法。

企业在一定的生产经营期间会发生种类繁多的经济业务，经济业务发生以后，按照借贷记账法的记账规则，编制会计分录，并据以记入有关账户中，账户的记录是否正确、完整，期末可以通过试算平衡进行检验。

在一定会计期间发生的经济业务，按照"有借必有贷、借贷必相等"的记账规则编制会计分录，并据以全部记入账户以后，所有账户的借方发生额合计与所有账户贷方发生额合计必然相等，这种平衡关系可以用公式表示如下：

    所有账户借方发生额合计=所有账户贷方发生额合计   (2-3)

在借贷记账法下，资产类账户的期末余额在借方，负债及所有者权益类账户的余额在贷方，根据会计方程式存在以下公式：

    所有账户的借方期末余额合计=所有账户的贷方期末余额合计   (2-4)

本期期末余额转入下一会计期间，就是下期期初余额，所以

    所有账户借方期初余额合计=所有账户贷方期初余额合计   (2-5)

期末，在结算(不是结账)出各个账户的本期发生额和月末余额后，就可以根据公式进行试算平衡。试算平衡一般是通过编制试算平衡表进行的。

【例 2-14】为简化问题，假定中南公司各账户期初余额为 0。根据编制的会计分录，将 3 月份发生的如例 2-1 所示的业务全部记入相应账户(金额前序号表示业务序号，余额上方栏合计数为 3 月份发生额)。

借	实收资本	贷	借	银行存款	贷
	(1) 500 000		(1) 500 000		(2) 300 000
	余额：500 000		(9) 10 000		(4) 50 000
					(5) 100 000
			510 000		450 000
			余额：60 000		

借	固定资产	贷		借	应付账款	贷
(2)300 000				(4) 50 000	(3) 100 000	
余额：300 000				(6) 40 000		
				90 000	100 000	
					余额：10 000	

借	应收账款	贷		借	原材料	贷
(9)10 000				(3) 100 000	(7) 40 000	
余额：10 000				余额：60 000		

借	销售费用	贷		借	应交税费	贷
(5) 100 000					(11)10 000	
余额：100 000					余额：10 000	

借	短期借款	贷		借	生产成本	贷
	(6) 40 000			(7) 40 000	(8) 30 000	
	余额：40 000			余额：10 000		

借	主营业务收入	贷		借	库存商品	贷
	(9) 20 000			(8) 30 000	(10)18 000	
	余额：20 000			余额：12 000		

借	所得税费用	贷		借	主营业务成本	贷
(11)10 000				(10)18 000		
余额：10 000				余额：18 000		

借	利润分配	贷		借	应付股利	贷
(12)100 000					(12)100 000	
余额：100 000					余额：100 000	

根据账户记录编制试算平衡表，见表 2-5。

表 2-5 中，所有账户借方发生额合计数等于贷方发生额合计数，所有账户借方余额合计数等于贷方余额合计数。即使这样，也无法肯定账户记录就是正确的，如经济业务被漏记或重记；一笔经济业务借贷双方金额发生同样的错误、会计分录中借贷方向刚好做反；误用账户名称；过账时入错账户等，很多错误刚好抵消，其总的表现为正确。这些错误都不是试算平衡就能发现的，只能通过日常复核和检查来控制。但若试算不能平衡，则可以肯定账簿记录有错误，必须立即进行更正。

第2章 会计科目、账户和复式记账

表 2-5 总分类账户试算平衡表

2007 年 3 月 31 日

会计科目	期初余额		本期发生额		期末余额	
	借方	贷方	借方	贷方	借方	贷方
银行存款	0		510 000	450 000	60 000	
应收账款	0		10 000		10 000	
原材料	0		100 000	40 000	60 000	
库存商品	0		30 000	18 000	12 000	
生产成本	0		40 000	30 000	10 000	
固定资产	0		300 000		300 000	
短期借款		0		40 000		40 000
应付账款		0	90 000	100 000		10 000
应交税费		0		10 000		10 000
应付股利		0		100 000		100 000
实收资本		0		500 000		500 000
利润分配		0	100 000			100 000
主营业务收入				20 000		20 000
主营业务成本	0		18 000		18 000	
所得税费用	0		10 000		10 000	
销售费用	0		100 000		100 000	
合 计	0	0	1 308 000	1 308 000	680 000	680 000

 本章小结

本章介绍了会计科目与账户、复式记账原理、借贷记账法和账户分类等有关基础知识,重点讲述了复式记账原理和借贷记账法,在借贷记账法下如何编制会计分录和进行试算平衡等是财务会计最基础也是最重要和关键的内容。

 阅读材料

现代信息技术环境下借贷记账法的改革

1. 借贷记账法的缺陷及对会计信息化的影响

1) 记账符号"借"和"贷"不是经济业务事项的客观反映

借贷记账法是以"借"和"贷"作为记账符号的一种复式记账法,它起源于中世纪商业资本比较发达的意大利地中海一带城市。最初"借"和"贷"二字是从借贷资本家的角度来解释的,表示人与人之借贷关系。以后随着社会经济的发展,这种记账方法广泛地应用于各行各业。"借"、"贷"两字逐渐失去了其字面含义,而成为纯粹的记账符号和会计学上的一个专有名词。也正是这两个专用名词,成为经济业务核算与会计核算的分水岭,使人们在经济生活中对会计产生了神秘感,认为"借"、"贷"两字高深莫测,特别是对于发生的经济业务事项在进行会计确认时,必须记入一个或几个账户的借方同时记入另一个或另几个账户的贷方。这时的"借"和"贷"已经不是经济业务事项的客观反映。而是会计处理的特殊要求,使对经济业务事项的描述和会计借贷处理之间产生了断层,不便于推进在信息技术条件下的业务和账务处理一体化,也不便于自动记账和进行实时控制。

2) 账户的性质决定金额的记账方向不利于会计确认

在借贷记账法下所有账户的左方均为"借方",右方均为"贷方",但对反映资金存在及耗用形态的资产、费用账户与反映资金形成和收入的资金来源和收入账户,规定了不同的登记方向。这样虽然符合会计等式中会计要素在会计等式左右两边的分布,但在经济业务发生进行会计确认时,除了明确经济业务发生引起相关账户金额的增加或减少外,还要明确账户的性质才能决定账户的记账方向。对于发生的经济业务进行会计确认时,总是先明确涉及的账户,然后确定经济业务发生引起相关账户金额的增加或减少,最后再根据账户性质决定记账方向。在手工操作的情况下,会计人员长期工作中形成了思维定势,问题还不大。但是在信息技术条件下,经济业务的发生,引起相关账户的增减变化,如果在明确相关账户金额增加或减少的同时,还必须明确账户的性质,然后才能在借贷相反的方向进行会计确认,则导致在借贷记账法下进行会计确认比较复杂,人为地增加了会计确认的难度,不利于高效、准确地进行会计确认,限制了会计信息化作用的发挥。

3) "借"、"贷"成为业务核算与会计核算的鸿沟

任何经济业务事项的发生,都从客观上引起两个或两个以上会计科目的增减变化,从记录经济业务性质的角度来看,描述经济业务属性的数据项主要有时间、内容、关联方、数量、单价、金额、业务员、客户性质等,按照复式记账原理还应指明经济业务引起的相关项目的变化性质是增加还是减少,也就是明确会计记账方向。在借贷记账法下必须把经济业务发生引起相关项目发生增减变化的实质,转化为会计用以记账的"借"、"贷"符号,在这种转化的过程中,"借"和"贷"变成了业务核算与会计核算的鸿沟,不利于业务和账务处理一体化,而且在转化的过程中过滤掉一些对企业管理非常重要的信息,只保留了会计核算所需要的一些信息,人为地割裂了业务信息与会计信息之间的内在联系,不便于业务信息与会计信息的集成,也不利于在现代信息技术条件下数据库的构建和数据挖掘的有效实施,会计信息的决策有用目标难以在现代信息技术条件下真正得以实现。

4) 账户不固定分类影响会计信息的明晰性

2. 借贷记账法的改革思路及 I/O 记账法的基本原理

任何经济业务和事项的发生引起相关会计要素的变化自然不外乎增加(Increase)和减少(Decrease)两种情况,而从信息流程的角度来看不外乎信息的输入(Input)和输出(Output)两种情况。针对上述列示的借贷记账法的缺陷,从有利于业务核算与会计核算的平滑衔接、有利于根据经济业务发生引起各会计要素变化的自然属性进行会计确认、有利于会计信息的明晰和会计信息处理的规范出发,放弃"借"和"贷"作为会计记账符号,改为以"入"和"出"为记账符号,这种以"入(In)"和"出(Out)"作为记账符号直接反映经济业务发生引起相关会计要素金额发生增减变化的复式记账方法,称为"入出记账法",为了便于国际协调,本书把这种记账方法称为 I/O 记账法。(I/O 记账法的基本原理这里不做阐述。)

(节选自郭德贵同名论文,财经论丛 2006 年第四期,79-83 页)

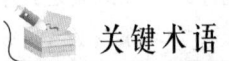

关键术语

会计科目　账户　借贷记账法　试算平衡　会计分录　对应账户　账户分类

习　题

【思考题】

1. 什么是会计科目？什么是账户？二者有什么区别和联系？
2. 会计科目设置应遵循哪些原则？
3. 什么是复式记账？它的理论依据是什么？它与单式记账比较有什么优点？
4. 什么是账户结构？试述借贷记账法的账户结构特点。
5. 借贷记账法的记账规则是什么？
6. 什么是试算平衡？在借贷记账法下如何进行试算平衡？

【练习题】

一、单项选择题

1. 会计科目是(　　)。
   A. 会计要素的名称　　　　　B. 报表的项目
   C. 账簿的名称　　　　　　　D. 账户的名称
2. 设置会计科目要保持(　　)。
   A. 永久性　　　　　　　　　B. 相对稳定性
   C. 适用性　　　　　　　　　D. 固定性
3. 企业的会计科目必须反映(　　)的特点。
   A. 会计对象　　　　　　　　B. 会计职能
   C. 会计本质　　　　　　　　D. 会计定义
4. 账户结构一般分为(　　)。
   A. 左右两方　　　　　　　　B. 上下两部分
   C. 发生额、余额两部分　　　D. 前后两部分
5. 会计科目是对于会计对象的具体内容进行分类核算的(　　)。
   A. 标志　　　　　　　　　　B. 账户
   C. 结果　　　　　　　　　　D. 指标

二、判断题

1. 设置会计科目是根据会计对象的具体内容和经济管理的要求，事先规定分类核算的项目或标志的一种专门方法。　　　　　　　　　　　　　　　　　　　　　　　　(　　)
2. 所有的账户都是依据会计科目开设的。　　　　　　　　　　　　　　　　　　(　　)
3. 设置会计科目是将性质相同的信息给予约定的代码。　　　　　　　　　　　　(　　)
4. 所有账户的左边均记录增加额，右边均记录减少额。　　　　　　　　　　　　(　　)
5. 会计科目是根据不同单位经济业务的特点设置的。　　　　　　　　　　　　　(　　)
6. 通过试算平衡检查账簿记录后，若左右平衡就可以肯定记账没有错误。　　　　(　　)
7. 企业的货币资金是一种资产，因此将其划分成一个类别。　　　　　　　　　　(　　)

8. 收益类账户应反映企业收入的取得、费用的发生和利润的形成情况。（　）

9. 一个账户的借方如果用来记录增加额，其贷方一定用来记录减少额。（　）

10. 在复式记账法下，账户记录的结果可以反映一项经济业务的来龙去脉。（　）

【业务题】

根据以下资料编制会计分录(不考虑税金的处理)。

资料：

1. 投资者投资 150 000 元，存入银行。

2. 以银行存款 50 000 元偿还银行短期借款。

3. 购进设备 30 000 元，以银行存款支付。

4. 向银行借款 100 000 元，偿还前欠货款。

5. 收回前欠的货款 30 000 元，存入银行。

6. 从银行提取现金 1 000 元备用。

7. 某职工借款 1 200 元作为暂借差旅费。

8. 销售产品 70 000 元，货款存入银行。

9. 以银行存款 8 000 元支付厂部水电费。

10. 以银行存款 30 000 元购买材料。

第3章 借贷记账法的运用

教学目标

通过本章的学习,了解会计确认和计量的原则和意义,了解会计确认和会计计量的基本内容及会计处理基础。熟悉制造企业的基本业务流程,理解企业筹资业务内容、所涉及账户的结构和用途,熟练掌握制造企业基本经济业务包括资金筹集业务、生产准备业务、产品生产业务、产品销售业务、财务成果的确定和利润分配、往来业务与对外投资的会计处理。

教学要求

知识要点	能力要求	相关知识
会计确认与计量	(1) 了解会计确认和计量的含义 (2) 熟练掌握权责发生制和收付实现制 (3) 理解会计计量的各种计价方法	(1) 会计确认和计量对会计信息质量的影响 (2) 企业会计准则及应用指南 (3) 企业会计制度
制造企业经营业务	(1) 掌握制造业企业的基本业务流程 (2) 理解制造业企业的主要经营活动及特征	(1) 企业组织会计和其他组织会计的差异 (2) 制造业企业的资金流动的表现形式
企业筹资业务	(1) 了解各种融资金融工具的特征 (2) 理解所有者投入资金和债务筹资的差异 (3) 掌握筹资活动的核算 (4) 学会编制各种业务的会计分录	(1) 股票、债券等金融工具知识 (2) 企业会计制度 (3) 实收资本和资本公积的差异 (4) 筹资活动中利息费用的跨期摊提问题
生产过程业务	(1) 了解生产过程基本业务的内容 (2) 理解和掌握核算生产过程所用账户 (3) 熟练掌握生产过程业务的核算	(1) 相关企业会计准则应用指南 (2) 企业会计制度

续表

知识要点	能力要求	相关知识
销售过程经济业务	(1) 了解销售过程基本业务的内容 (2) 理解和掌握核算销售过程所用账户 (3) 熟练掌握生产过程业务的核算	(1) 相关企业会计准则及应用指南 (2) 企业会计制度
财务成果和利润分配	(1) 了解财务成果形成和分配基本业务 (2) 理解和掌握所用账户 (3) 熟练掌握各种业务的核算	(1) 公司法对利润分配的规定 (2) 企业所得税法 (3) 相关企业会计准则及应用指南 (4) 企业会计制度
往来业务与对外投资	(1) 了解往来业务、对外投资基本业务 (2) 理解和掌握所用账户 (3) 熟练掌握各种业务的核算	(1) 相关企业会计准则应用指南 (2) 企业会计制度

■ 引 例

老张是一家工程队的老板，而自己的儿子是一家公司的财务主管，有一次老张承包了一项工程建设，由于甲方资金紧张，要求作为乙方的老张先垫付一部分材料款。老张要求自己的财务部门将所支付的资金计入到当前成本，而老张公司的会计建议老张先将该部分资金作为预付账款处理，老张的儿子也持有同样的观点。老张百思不得其解，觉得既然自己已经付钱了就算自己的支出了，怎么会计和儿子要将其计入预付账款呢？真是自己老了，两代人有代沟了。

3.1 会计确认与会计计量

3.1.1 会计确认

会计确认是按照规定的标准和方法，辨认和确定经济信息是否作为会计信息进行正式记录并列入财务报表的过程。会计核算过程实质上是一个信息变换、加工和传输的过程，会计确认是信息变换的关键环节。

1. 初次确认和再次确认

在众多的经济业务中，有些是会计核算和监督的内容，有些则不属于会计核算和监督的范围，如企业根据各自的生产经营活动签订的购销合同、机器设备的利用情况、职工的构成等。如果不加以确认，将所有的经济信息一并进行会计处理，势必影响会计提供信息的价值。因此，在会计核算系统正式接收、记录经济业务的有关数据之前，应进行必要的确认，以排除不属于会计核算范围的经济数据。一项经济业务是否属于会计核算范围，受到会计假设、会计目标和会计信息质量等因素的制约。只有能够经过确认输入会计核算系统的经济数据，通过会计特有的方法进行分类、加工、记录、整理，最后汇总编制成财务报表，才可为管理者提供有助于经营管理的会计资料。因此，为保证会计提供信息的使用价值，在会计核算系统正式输出信息之前，应进行必要的确认，简化合并一些非重要的经济数据，突出重要的数据。会计确认可分为初次确认和再次确认。

1) 初次确认

初次确认是指对输入会计核算系统的原始经济信息进行确认。这类原始的经济信息的载体就是伴随经济业务发生的原始凭证。所以初次确认是从审核及填制原始凭证开始,对经济业务所产生的原始数据及其内容,诸如经济业务的种类、执行单位、经手人、时间、地点、业务的数量、单价、金额等,进行具体的识别、判断、选择和归类,以便对其进行正式的记录。初次确认要依据会计目标或会计核算的特定规范要求,筛选掉多余的或不可接受的数据,将筛选后有用的原始数据进行分类,运用复式记账法编制记账凭证,将经济数据转化为会计信息,并登记有关账簿。初次确认实际上是经济数据能否转化为会计信息,并进入会计核算系统的筛选过程。初次确认的标准主要是发生的经济业务能否用货币计量,如果发生的经济业务能够用货币计量,则通过了初次确认可以进入会计核算系统;如果发生的经济业务不能用货币计量,则摒弃在会计核算系统之外。

2) 再次确认

再次确认是指对会计核算系统输出的经过加工的会计信息进行确认。经过初次确认的原始数据,借助于会计的核算方法转化为账簿资料。为了便于管理者使用,账簿资料还要依据管理者的需要,继续进行加工、浓缩、提炼,或加以扩充、重新归类、组合,这就是会计再次确认。再次确认是依据管理者的需要,确认账簿资料中的哪些内容应列入财务报表,或是在财务报表中应揭示多少财务资料和何种财务资料。会计再次确认还包括对已确认过的经济数据在日后由于变动影响的再次确认,如企业购入的各种存货,经初次确认后,以实际成本记录在账簿中,若物价发生变动,按照谨慎性原则核算时,需对变动影响再次确认。再次确认实际上是对已经形成的会计信息再提纯、再加工,以保证其真实性及正确性,满足各会计信息使用者的需要。再次确认的标准主要是会计信息使用者的需要,会计输出的信息应是能够影响会计信息使用者决策的信息。

很明显,初次确认与再次确认是不一样的。初次确认决定着经济信息能否转换成会计信息进入会计核算系统,而再次确认则是对经过加工的信息再提纯。经过初次确认和再次确认,可以保证会计信息的真实性和有用性。

2. 会计确认标准

确认的标准有以下几个方面。

1) 可定义性

一般地,凡是企业经营活动过程中能够用货币计量的经济信息都属于会计确认的范围。但这只是一个抽象的概念。在具体会计工作中具有会计信息属性的经济信息应该可以具体化为会计要素,即资产、负债、收入、费用、所有者权益、利润等,按照这些要素的定义和特征加以确认,就是可定义性。也就是说,首先应确认发生的经济业务能否进入会计核算系统,然后对能够进入会计核算系统的经济业务按照会计要素的定义将其具体确认为某一会计要素。

2) 可计量性

可计量性是会计确认的核心问题。在可定义性的基础上,经济信息必须能够量化、能够以货币计量、能够保证经过确认后的信息具有质的统一性,可以进行比较和加工。

3) 经济信息的可靠性

会计信息要真实可靠，首先是如实地、完整地反映应当反映的交易或事项，而且这些交易或事项必须是根据它们的实质和不带偏向的经济现实，而不仅仅根据它们的法律形式进行核算和反映。为此，在会计确认时，要认真审核原始凭证所记载的经济数据是否真实，辨别有关经济数据能否加以查证，输入的经济数据能否有可信的证据。但在大多数情况下，必须估计成本或价值，如暂估料款。使用合理的估计，不会降低确认的可靠性，若无法做出合理的估计，就不能作为会计要素加以确认。

4) 经济信息的相关性

将相关性的概念作为确认的标准，是因为各方面信息使用者的需要不同。针对信息使用者的具体需要，排除不相关的数据，增进信息的可用性，如在财务报表中增加补充资料以满足不同使用者的需要。资料如果不适当地拖延，就可能失去其相关性。为保证其相关性，会计人员应及时地提供资料。

在上述确认标准中可定义性和可计量性是主要的标准。如果会计信息主要反映企业经营管理者的受托责任时，会计确认更强调信息的可靠性；如果会计信息主要是为满足会计信息使用者的需要，会计确认更强调会计信息的相关性。因此，进行会计确认时应在可靠性和相关性之间权衡，以保证输出的信息能满足各方面的需要。

3. 会计要素的确认

按照上述会计确认的标准，可以对会计要素一一加以确认，为了讲述方便，这里仅在本节对确认会计要素的标准作简单介绍。

1) 资产的确认

资产要素是会计六要素中的核心要素，是企业赖以存在的基础。在我国的企业会计准则中，资产被定义为：过去的交易或者事项形成的、由企业拥有或者控制的、预期会给企业带来经济利益的资源。在资产的具体确认过程中，必须按照3个重要的标准来进行衡量：其一，企业所拥有或控制的资产首先应符合资产的定义，如果不符合资产的定义，不能将其确认为资产。其二，与该资产有关的经济利益很可能流入企业。如果一项支出已经发生，但在本会计期间及以后的会计期间都不会形成经济利益流入企业，这项支出不能作为资产，只能将其确认为费用。其三，该资产的成本或者价值能够可靠地计量。凡是作为资产的，必须能够可靠地计量其成本或价值，若不能准确地计量，能使用合理的估计，也可以确认为资产。

2) 负债的确认

在我国的企业会计准则中，负债被定义为：企业过去的交易或者事项形成的、预期会导致经济利益流出企业的现时义务。在负债的具体确认中，应该按以下的标准来进行判断：其一，是一项现时义务的偿还，这种偿还是由于过去的交易或事项发生而引起的，未来交易或事项发生可能形成的偿还债务，不能作为现时负债加以确认。其二，与该义务有关的经济利益很可能流出企业，一项债务的偿还，企业必须付出债权人能够接受的资产或劳务，因而使企业所拥有的带来经济利益的资源流出。其三，未来流出的经济利益的金额能够可靠地计量。作为负债，一般都有一个到期偿还的确切金额，即使没有确切的金额，也能合理地估计偿还金额。

3) 所有者权益的确认

在我国的企业会计准则中，所有者权益被定义为：企业资产扣除负债后由所有者享有的剩余权益。公司的所有者权益又称为股东权益。所有者权益的来源包括所有者投入的资本、直接计入所有者权益的利得和损失、留存收益等。也就是企业的所有者对企业净资产享有所有权。净资产就是资产总额减去负债以后的余额，它不可能像资产、负债那样可以单独确认，其确认需依附于资产、负债的确认，资产、负债的确认标准即为所有者权益的确认标准。

4) 收入的确认

收入是企业补偿费用开支、取得赢利的源泉。在我国的企业会计准则中，收入被定义为：企业在日常活动中形成的、会导致所有者权益增加的、与所有者投入资本无关的经济利益的总流入。销售收入的确认应该按照以下标准来判断：其一，关系到未来经济利益的增加，企业取得收入很可能形成企业经济利益的流入；其二，企业转移了商品所有权上的全部风险和报酬，并且没有保留对其的继续管理权。其三，收入及相关的费用能够可靠地进行计量。在进行具体会计操作时，收入的确认包括入账时间和入账金额两个方面。由于商品交换(买卖)的复杂性，收入确认的时间是不同的，可以大概分成以下3种情况。

(1) 销售前对收入的确认。这种确认适用于生产经营活动的最终结果比较确定并可以预计、在计量及收取货款方面无重大风险的情况，如长期工程合同是根据完工进度来确认收入的。

(2) 销售时对收入的确认。这种确认适用于企业已经发出货物、提供劳务的情况。相应的经济利益能够流入企业，这时收入已经确定或无重大的不确定性。

(3) 销售后对收入的确认。这种确认是因为款项收回有很大的不确定性，收入的价格还不能做出精确的估计，收入的入账金额要考虑抵减项目(销售折扣、折让、销售退回)，要以收入净额来入账。

5) 费用的确认

在我国的企业会计准则中，费用被定义为：企业在日常活动中发生的、会导致所有者权益减少的、与向所有者分配利润无关的经济利益的总流出。费用与收入是相对应的概念，费用是为得到收入而付出的代价。企业在正常的生产经营活动中发生的各项耗费就是费用，而与企业营业活动无关的耗费就是损失。确认费用的标准包括：其一，发生的支出应符合费用的定义。其二，费用应与收入配比确认，即将费用与所取得的收入按照其联系采用一定的配比方法确认。其三，费用的发生会引起经济利益流出企业。

6) 利润的确认

在我国的企业会计准则中，利润被定义为：企业在一定会计期间的经营成果。包括收入减去费用后的净额、直接计入当期利润的利得和损失等。利润不能像收入、费用那样单独确认，它的确认只能依附于一定期间的收入和费用的确认。

3.1.2 会计计量

1. 会计计量与会计确认

会计计量是根据被计量对象的计量属性，选择运用一定的计量基础和计量单位，确定应记录项目金额的会计处理过程。如前所述，企业经济业务中大量的原始经济信息要通过初次确认输入会计核算系统，在会计核算系统内运行的会计信息要经过再次确认，以保证信息的正确性、有用性。在会计确认中离不开计量，只有经过计量，应输入的数据才能被正式记录，应输出的数据才能最终被列入财务报表。会计确认与会计计量总是不可分割地联系在一起，未经确认，就不能进行计量；没有计量，确认也就失去了意义。会计核算的全过程离不开计量，初次确认的经济数据通过计算、汇总、比较、衡量与分配等复杂的计量，在有关的凭证、账簿中进行归集，并使之系统化、条理化；再次确认的经济数据通过传递、输出、汇总等计量，在有关的财务报表中加以确定。从这个意义上看，会计核算也可以看成是会计计量的过程。

会计计量过程包括两方面的内容：①被计量对象的实物数量计量；②被计量对象的货币表现。这两方面的内容又转换为确定会计计量单位、计量基础，以及二者相结合的计量模式。

2. 会计计量单位

会计计量单位是指计量尺度的量度单位。会计计量尺度的选择经历了漫长的发展过程，从最早的某些象征性符号，如结绳记事的"结"向各种实物量度、劳动量度进化；到了商品经济社会，各种形形色色的实物量度已经无法对企业的经济活动进行全面的、综合的反映，即使劳动量度也难以对众多的经济活动进行综合的反映，于是货币作为商品内在价值尺度的必然表现形式，取代了实物量度单位和劳动量度单位，成为会计统一的计量尺度。会计计量虽然是以货币计量为主的，但也不排除以实物量度、劳动量度作为辅助量度。

当货币作为会计记账的通用标准后，解决了计量单位的问题。但同时也给会计带来了新的问题，即货币具有名义货币和实际购买力货币的两重性，会计计量时应选用哪种货币。一般情况下，会计计量以法定的名义货币作为计量单位。

3. 会计计量基础

会计计量基础是指所用量度的经济属性，即按什么标准来记账，如历史成本、重置成本、可变现净值、现值和公允价值等。

1) 历史成本

在历史成本计量下，资产按照购置时支付的现金或者现金等价物的金额，或者按照购置资产时所付出的公允价值计量。负债按照因承担现时义务而实际收到的款项或者资产的金额，或者承担新义务的合同金额，或者按照日常活动中为偿还债务预期需要支付的现金或者现金等价物的金额计量。

2) 重置成本

在重置成本计量下，资产按照现在购买相同或者相似资产所需支付的现金或者现金等价物的金额计量。负债按照现在偿付该项债务所需支付的现金或者现金等价物的金额计量。

3) 可变现净值

在可变现净值计量下，资产按照其正常对外销售所能收到现金或者现金等价物的金额扣减该资产至完工时估计将要发生的成本、估计的销售费用及相关税费后的金额计量。

4) 现值

在现值计量下，资产按照预计从其持续使用和最终处置中所产生的未来净现值流入量的折现金额计量。负债按照预计期限内需要偿还的未来净现金流出量的折现金额计量。

5) 公允价值

公允价值是指在公平交易过程中，熟悉情况的交易双方自愿进行资产交换或负债清偿的金额。公允价值的确定条件是公平交易；交易的双方对所进行的交易活动是熟悉的，而且交易双方都是自愿的。在此基础上确定的资产金额和债务金额都属于公允价值。

各种计量基础的选择取决于会计信息使用者的需要，由于各种不同的会计信息使用者对会计信息的需求不同，因此，计量基础的选择也就存在差别。企业会计的计量，通常以历史成本为基础，而且会计持续经营、会计分期以及货币计量等假设都是以历史成本作为基础的。以历史成本为计量基础，比较可靠、简便，符合会计核算真实性等原则。但在市场经济条件下，历史成本也存在着一定的缺陷，因此，企业有时也与其他计量基础相结合使用，如存货价值的确定以历史成本为基础，如果可变现净值较低时，就按照成本与可变现净值孰低原则计量。现代会计计量虽以货币计量为主，但不排除使用劳动量度、实物量度计量，如存货可按货币量和实物量两种量度计量。也就是说，以货币计量为主导计量，以劳动计量、实物计量为辅助计量，从两个不同角度来反映交易或事项。

4. 会计计量单位与会计计量基础的组合

会计计量单位与会计计量基础的组合是实施会计计量的重要条件，对于同一交易或事项进行会计确认与计量，如果采用不同的计量单位和计量基础，就会产生不同的计量结果。通常将计量单位与计量基础的不同组合，称为计量模式。如历史成本/名义货币、历史成本/不变购买力、现行成本/名义货币、现行成本/不变购买力等计量模式。不同的计量模式表现出不同程度的相关性和可靠性，究竟选择何种计量模式取决于会计报告的要求。

3.1.3 会计处理基础

1. 会计处理基础的概念

所谓会计处理基础就是指处理会计业务的基本出发点。之所以要设定会计处理基础，是因为在经济活动过程中会大量地频繁地发生着各种各样的会计事项，在这些会计事项中，有属于本期的，有不属于本期而为跨期的，如企业在一定会计期间为进行生产经营活动而发生的费用和收入有以下几种情况：可能在本期付出了费用，收到了货币资金；也可能付出了费用，未收到货币资金，也可能未付出费用，收到了货币资金，这就形成了本期实际得到的收入可能与本期支付的费用有关，也可能与本期支付的费用无关，同样，本期支付的费用可能与本期收入有关，也可能与本期收入无关，如何把收入和费用在时间上加以配合呢？这就是处理会计业务的出发点，即会计处理基础，只有确定了这种出发点才能正确计算本期盈亏。会计处理基础有两种，一种叫权责发生制或叫应收应付制，或叫应计制；另一种叫收付实现制或实收实付制，或叫现金收付基础。

2. 会计处理基础的选择

收付实现制是以款项的实收实付为计算标准来确定本期收益和费用，凡是本期收入的收益款项和付出的费用款项，不论是否属于本期的收益和费用，均作为本期的收益和费用处理，期末不需要对收益和费用进行调整。收付实现制可以简单地概括为，以现金的实际收支来确认收支，一般不考虑交易者权利交易的履行情况。而权责发生制是以收益和费用是否发生为标准来确定收益和费用，凡属于本期的收益和费用，不论其款项是否收付，均作为本期的收益和费用处理。反之，不属于本期的收益和费用，即使款项已在本期收付也不作为本期的收益和费用处理。权责发生制也可以简单地概括为，以交易双方之间交易活动所涉及的权利和责任的产生和履行为标准确认收入和费用，一般不考虑现金收支的影响。

权责发生制与收付实现制的共同之处在于二者都是会计确认收益和费用归属期的基本原则，但权责发生制是以权利的取得和责任的承担作为确认收益和费用的基本标准，即取得收取货款的权利或承担费用的责任就可确认收益和费用。收付实现制是以实际收付现金为确认收益和费用的基本标准。权责发生制是依据持续经营和会计分期两个基本前提来正确划分不同会计期间资产、负债、收入、费用等会计要素的归属，并运用一些诸如应收、应付、预提、待摊等项目来记录由此形成的资产和负债等会计要素。企业经营活动不是一次性行为而是多次重复进行，其损益的记录也是分期进行的，每期的损益计算就理应反映所有属于本期的真实经营业绩，而收付实现制显然不能完全做到这一点。例如，一家企业在某年 1 月份收到客户的预付货款 200 000 元，当月给客户发出一半的货物，在月末确认该企业当月收入时，如果按照权责发生制原则，只能将 100 000 元确认为当期收入；如果采用收付实现制原则，应该将 200 000 元都计入当期收入。

权责发生制和收付实现制是会计确认的两种原则，在企业经营的整个生命周期内，任何一种记账原则对企业利润都不会产生影响。但是，就某一具体会计期间而言，采用会计确认的原则不同，产生的会计信息就不同。权责发生制与收付实现制相比较，收付实现制简单易行，适合业务简单的经济活动；权责发生制更能反映出收入和费用的内在关系，能更加准确地反映特定会计期间实际的财务状况和经营业绩。非营利组织的会计核算一般采用收付实现制，企业组织采用权责发生制。

3.2 制造企业基本经济业务

3.2.1 制造企业经营过程中的基本业务

工业企业(制造企业)生产经营活动从业务流程来看，主要是以生产过程为中心，实现供应过程、生产过程和销售过程的统一；从价值形态来看，是经济要素交换和商品交换的统一。这一过程包括取得货币资金、组织生产资料供应、组织产品生产、组织产品销售和财务成果的形成与分配等方面。货币资金的取得主要是通过所有者投资和向银行借款，以确保生产所需的资金，它是生产经营活动的开始。组织生产资料供应主要是以购买设备、原材料等，以保证生产所需的基本条件，即保证生产经营的设备更新和原材料的供应，以及其他方面的正常供给和需要。产品的生产和销售也是企业生产经营过程中的两个环节，其不断发生最后形成了一定的经营成果，供企业分配。所以，从上面工业企业生产经营的各个方面来看，它实际上是资金的运动，是资金占用形态的相互转化。制造企业的简单业务流程如图 3.1 所示。

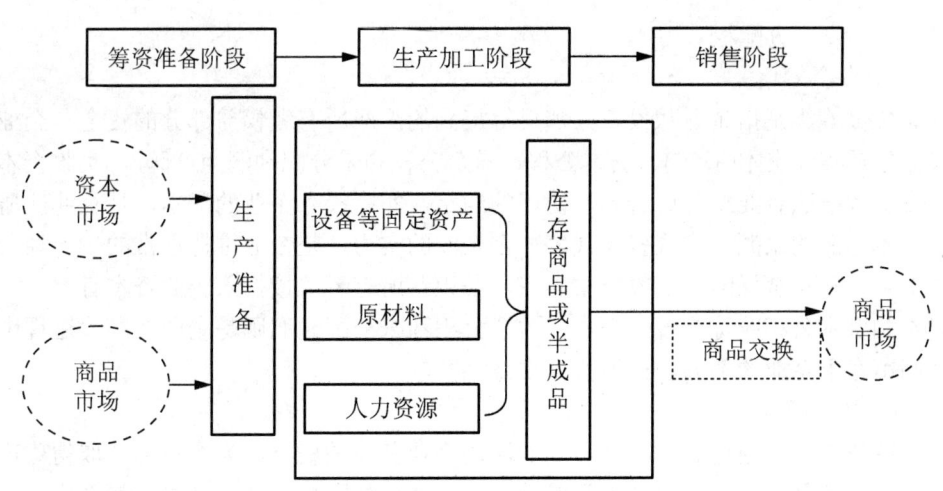

图 3.1 制造企业的简单业务流程

在供应过程，企业用其取得的货币资金购买各种材料，形成货币资金向材料储备资金的转化。

在生产过程，企业要发生各种耗费，如投入原材料，支付生产工人工资，负担固定资产的损耗费用等，从物质形态上看，它是将原材料等消耗以形成产成品等，但从资金运动角度看，实际上是将储备资金、货币资金转化成了生产资金，并向产成品资金转化。

在销售阶段，企业将生产出来的产成品销售出去，取得销售收入，从资金运动的角度看，这是将占用在产成品上的资金形态转化成了货币资金形态。

企业在生产经营过程中所获得的各项收入遵循配比原则抵偿了各项成本、费用后的差额，形成企业的所得即利润。企业实现的利润，一部分要以企业所得税的形式上缴国家，形成国家的财政收入；另一部分即税后利润，要按照规定的程序进行合理的分配。如果是发生了亏损，还要按照规定的程序进行弥补。通过利润分配，一部分资金要退出企业，一部分资金要以公积金等形式继续留在企业参与企业的资金周转。

所以，工业企业从采购材料到实现销售完成了一次主要的经营活动，也实现了一次资金循环，这种经营活动的不断进行，便形成了企业资金的周转。

3.2.2 资金筹集业务

1. 资金筹集渠道

对于任何一个企业而言，其资产形成的资金来源主要有两条渠道：一是投资人的投资及其在经营过程中所形成的增值，形成投资人的权益，该部分业务可以称为权益资金筹集业务；二是从债权人借入的资金，形成债权人的权益，该部分业务可以称为负债资金筹集业务。投资者将资金投入企业进而对企业资产的要求权形成企业的所有者权益，债权人将资金借给企业进而对企业资产的要求权形成企业的负债。会计上一般将债权人的要求权和投资人的要求权统称为权益。但是，这两种权益又存在着一定的区别：二者性质不同、最终是否需要偿还和偿还期限不同、享受的权利不同、对象不同。企业的所有者权益是与投资人的投资行为相伴而生的，企业的所有者对企业的经营活动承担着最终的风险，同时，也享有最终的剩余分配权。

1) 权益资金筹集

权益资金筹集是指企业从投资人那里筹集到的形成所有者权益部分的资金，企业的所有者权益包括实收资本(股本)、资本公积、盈余公积和未分配利润 4 部分。实收资本是指企业的投资者按照企业章程或合同、协议的约定，实际投入企业的资本，是企业注册登记的法定资本总额的来源。实收资本代表一个企业的实力，是企业维持正常的生产经营活动的最基本条件和资金保障。实收资本和资本公积跟所有者直接投入企业资本有关，一般将实收资本和资本公积统称为投入资本；盈余公积和未分配利润则是企业在经营过程中所实现的利润留存于企业的部分，称为留存收益。

2) 负债资金筹集

负债筹资主要是通过金融活动和商业活动企业获得的资金，当企业为了取得生产经营所需的资金、商品或劳务等而向银行借款或向其他单位赊购材料商品时，就形成了企业同其他经济实体之间的债务关系。其中前一部分构成了融资活动形成的债务，后一部分构成了商业活动形成的债务。负债一般按其偿还期限的长短可以分为流动负债和长期负债，本节主要介绍短期借款、长期借款和应付债券。

2. 账户设置

1) 实收资本

股份有限公司应通过"股本"科目进行核算，股份有限公司以外的其他各类企业应通过"实收资本"科目进行核算。该账户用来核算企业实际收到投资者投入的资本，其贷方登记投资者投入资本的增加、资本公积和盈余公积转增的资本及由于分派股票股利而增加的股本，其借方登记实收资本的减少(发还的股本或回购股票的面值等)。期末余额一般在贷方，表示实收资本的实有额。该账户应按投资者设置明细账进行明细核算。

2) 资本公积

资本公积是企业收到投资者超出其在注册资本或股本中所占份额的部分及直接计入所有者权益的利得或损失。为了核算企业资本公积的增减变动情况，企业应设置"资本公积"科目进行总账核算。

我国不允许企业折价发行股票。当股份公司溢价发行股票时，实际收到的认股款中，面值部分列为实收资本或股本，溢价部分仍然属于公司的所有者权益，归股东所有，但需反映在"资本公积"账户中，而筹集资本过程中发生的如发行股票的手续费等发行费用，则应冲减资本公积。资本公积可用来转增实收资本。"资本公积"科目贷方登记资本公积的增加数，借方登记资本公积的减少数，期末贷方余额表示资本公积金实际结存数。资本公积科目可按"资本溢价"(或"股本溢价")和"其他资本公积"进行明细核算。

3) 短期借款

短期借款是指向银行或其他金融机构借入的期限在 1 年以内(含 1 年)的各种借款。为反映短期借款的借入和偿还情况，企业应设置"短期借款"科目进行总账核算。该科目贷方登记取得借款的本金额；借方登记偿还借款的本金额；期末贷方余额表示尚未偿还的借款本金额。短期借款利息费用一般情况下应计入"财务费用"科目，并通过"应付利息"科目反映借款利息的计提和结算情况。

第3章 借贷记账法的运用

4) 长期借款

长期借款是指向银行或其他金融机构借入的期限在1年以上(不含1年)的各种借款，一般用于固定资产的购建、改扩建工程、大修理工程、对外投资等。该科目贷方登记借入的长期借款本金；借方登记企业归还的长期借款，长期借款账户的期末余额在贷方，表示企业期末尚未归还的长期借款本息。本科目可按贷款单位和贷款种类，分别设置"本金"、"利息调整"等科目进行明细核算。

5) 应付债券

应付债券指企业为筹集长期资金而发行的一种书面凭证。债券有票面金额，称为面值，还需要约定利率、还本付息期限与方式。债券可以高于、等于或低于面值发行。一般在应付债券科目下设置"面值"、"应计利息"、"利息调整"等明细科目。该科目贷方登记应付债券的本金和利息，借方登记归还的债券本金和利息；期末贷方余额表示尚未归还的债券本金和利息。债券应按期计提利息，对于分期付息，到期一次还本的债券，按其票面利率计算确定的应付未付利息记入"应付利息"科目，对于到期一次还本付息的债券，按其票面利率计算确定的应付未付利息记入"应付债券——应计利息"科目。

6) 应付利息及应付股利

应付利息及股利是指企业因对外债权或股权筹资而应支付的利息或现金股利，包括应付利息、应付股利。

应付利息是指企业按合同约定应支付的利息，包括因短期借款、长期借款及发行企业债券而发生的利息。应付股利是指企业经过股东大会或者类似机构决议确定分配给投资者的现金股利或利润。这两个科目的贷方均登记计提的应付利息或股利，借方登记实际支付数，期末贷方余额反映企业尚未支付的利息或股利。

3. 主要会计处理

1) 权益性筹资会计处理

【例3-1】 某股份公司经批准，发行普通股20 000 000股，每股面值1元，股款30 000 000元已全部存入银行。

这项经济业务一方面使得公司的银行存款增加30 000 000元；另一方面使得公司股东对公司的股本投资增加20 000 000元，资本公积增加10 000 000元。会计分录为：

```
借：银行存款                           30 000 000
    贷：股本                                   20 000 000
        资本公积——股本溢价                     10 000 000
```

【例3-2】 甲、乙、丙共同出资设立中南有限责任公司，注册资本为2 000 000元，甲出资1 000 000元，乙出资600 000元，丙出资400 000元。款项已汇入中南公司账户。

这项经济业务一方面使得中南公司的银行存款增加2 000 000元；另一方面使得公司股东对公司的股本投资增加2 000 000元。会计分录为：

```
借：银行存款                            2 000 000
    贷：实收资本——甲                           1 000 000
              ——乙                             600 000
              ——丙                             400 000
```

【例3-3】 收到甲公司投入不需要安装的设备一套入股,合约确认其价值为 2 000 000 元,不允许抵扣的增值税进项税额为 340 000 元。

这项业务一方面使得公司的固定资产增加 2 340 000 元;另一方面使得公司的实收资本增加 2 340 000 元。固定资产的增加,应记入"固定资产"账户的借方,实收资本的增加,应记入"实收资本"账户的贷方。其会计分录为:

  借:固定资产   2 340 000
    贷:实收资本——甲公司   2 340 000

【例3-4】 收到乙公司作为资本投入的一批原材料,合约确认其价值为 1 000 000 元,允许抵扣的增值税进项税额 170 000 元。

  借:原材料   1 000 000
    应交税费——应交增值税(进项税额)   170 000
    贷:实收资本——乙公司   1 170 000

【例 3-5】 收到丙公司作为资本投入的专利权及土地使用权,投资合约确定的价值分别为 500 000 元和 1 500 000 元。

  借:无形资产——专利权   500 000
      ——土地使用权   1 500 000
    贷:实收资本——丙公司   2 000 000

一般情况下,企业实收资本应相对固定不变,但在某些特定情况下,实收资本也可能发生增减变化。我国企业法人登记管理条例中规定,除国家另有规定外,企业的注册资金应当与实收资本相一致,当实收资本比原注册资本变动幅度超过 20%时,应向原登记主管机关申请变更登记,不得擅自改变注册资本或抽逃资金。

一般增加实收资本主要有 3 个途径:投资者追加投资、资本公积金转增资本和盈余公积金转增资本。接受投资者追加投资的会计处理与前述接受投资相同。由于资本公积和盈余公积均为所有者权益,其转增资本本质是所有者权益内部科目的变化。

【例3-6】 承例3-2因扩大经营规模需要,经批准,中南公司按原出资比例将资本公积 2 000 000元和盈余公积 1 000 000元转增资本。其中甲占50%,乙占30%,丙占20%。

  借:资本公积   2 000 000
    盈余公积   1 000 000
    贷:实收资本——甲   1 500 000
        ——乙   900 000
        ——丙   600 000

股份有限公司可采用收购本公司股票并注销的方式实现减少资本。具体业务的处理待后续课程讲解。

2) 债权性筹资会计处理

【例3-7】 中南公司 1 月 1 日向银行借入半年期借款 100 000 元,年利率为 7.2%,款项已经到账。根据借款协议,本金到期一次归还,利息按季支付。中南公司有关会计处理如下:

① 借入款项时

  借:银行存款   100 000
    贷:短期借款   100 000

② 1、2月末预提应计利息，作相同会计处理
借：财务费用　　　　　　　　　　　　　　　600
　　贷：应付利息　　　　　　　　　　　　　　　600
③ 3月末支付一季度利息，3月份利息不再预提，直接列为财务费用，同时冲销1、2月份预提的借款利息1 200元
借：财务费用　　　　　　　　　　　　　　　600
　　应付利息　　　　　　　　　　　　　　1 200
　　贷：银行存款　　　　　　　　　　　　　1 800
第二季度的利息处理方法与以上同。
④ 归还本金时
借：短期借款　　　　　　　　　　　　　100 000
　　贷：银行存款　　　　　　　　　　　　100 000

注意：实际工作中，由于银行一般于每季末收取短期借款利息，企业的短期借款利息一般采用月末预提的方式进行核算。短期借款利息属于筹资费用，月末预提时应记入"财务费用"，同时记入"应付利息"这个负债账户。季末时可不预提，直接列为财务费用。

【例3-8】中南公司2010年1月1日向银行借入3年期借款2 000 000元,年利率为7.2%(到期一次还本付息,不计复利),款项已经到账。款项用于生产线后期建设及运行,生产线建造时间估计为14个月,2010年2月初开始动工,2011年3月底完工,并办理竣工结算手续,工程成本除负担的利息费用外,共计1 500 000元,2011年4月生产线投入使用。中南公司有关会计处理如下：

① 借入款项时
借：银行存款　　　　　　　　　　　　2 000 000
　　贷：长期借款　　　　　　　　　　　2 000 000
② 2010年1月末计提长期借款利息
借：管理费用　　　　　　　　　　　　　12 000
　　贷：应付利息　　　　　　　　　　　　12 000
③ 2010年2月至2011年3月，每月末计提长期借款利息
借：在建工程　　　　　　　　　　　　　12 000
　　贷：应付利息　　　　　　　　　　　　12 000
④ 工程完工时
借：固定资产　　　　　　　　　　　　1 668 000
　　贷：在建工程　　　　　　　　　　　1 668 000
⑤ 2011年4月至2012年11月，每月末计提长期借款利息
借：财务费用　　　　　　　　　　　　　12 000
　　贷：应付利息　　　　　　　　　　　　12 000

⑥ 2012年12月末还本付息,当月利息直接计入财务费用,不再计提,前面共35个月共计提利息12 000×35=420 000元

　　借:财务费用　　　　　　　　　　　　　　　　　12 000
　　　　长期借款　　　　　　　　　　　　　　　　2 000 000
　　　　应付利息　　　　　　　　　　　　　　　　　420 000
　　　　贷:银行存款　　　　　　　　　　　　　　　　　　2 432 000

注意: 如果长期借款用于购建固定资产的,在固定资产尚未达到预定可使用状态之前,所发生的应当资本化的利息支出,计入在建工程;固定资产达到预定可使用状态后发生的利息支出,以及按规定不能予以资本化的利息支出,计入财务费用。

【例3-9】 中南公司2010年1月1日按面值发行3年期、年利率为7.2%,到期一次还本付息、面值总额为1 000 000元的债券,用于配套工程建设(已于1月开工,建设期一年,工程完工处理略),发行成功,款项已经到账,中南公司相关会计处理如下:

① 发行债券时
　　借:银行存款　　　　　　　　　　　　　　　　1 000 000
　　　　贷:应付债券——面值　　　　　　　　　　　　　1 000 000

② 2010年12月末计提债券利息
　　借:在建工程　　　　　　　　　　　　　　　　　 72 000
　　　　贷:应付债券——应计利息　　　　　　　　　　　　72 000

③ 2011年和2012年应计提债券利息,每年年末进行计提
　　借:财务费用　　　　　　　　　　　　　　　　　 72 000
　　　　贷:应付债券——应计利息　　　　　　　　　　　　72 000

④ 债券到期,还本付息(3年利息共计72 000×3=216 000元)
　　借:应付债券——面值　　　　　　　　　　　　　1 000 000
　　　　　　　　——应计利息　　　　　　　　　　　　216 000
　　　　贷:银行存款　　　　　　　　　　　　　　　　　1 216 000

3.2.3 生产准备业务

　　企业筹集到所需要的资金后,就要为生产经营做必要的准备工作。制造企业生产经营的准备,从广义上讲有对生产需要用的加工对象——原材料的准备;生产经营工具——机器设备的准备;生产经营主体——人力资源的准备。狭义上的生产供应过程主要是对生产经营工具的机器设备和生产经营对象的原材料的准备。

　　生产准备阶段是生产设备的准备过程及有关生产用原材料的采购和储备过程,在这个过程中,企业一方面要根据供应计划和合同规定,及时地采购材料并验收入库;另一方面要与供应单位进行货款和各种采购费用的结算,正确地计算材料的采购成本。生产准备阶段较为重要的就是准备劳动资料即构建固定资产和准备劳动对象(购买原材料等工作)。

1. 账户设置

　　企业一般需要设置"材料采购"、"材料成本差异"、"原材料"、"在途物资"、

"应交税费——应交增值税"、"工程物资"、"在建工程"、"固定资产"、"应付账款"、"预付账款"、"应付票据"等科目。

"材料采购"账户。材料按计划成本核算的企业应设置此科目。该账户的性质属于资产类，用来核算企业采购材料的买价和采购费用，计算确定材料实际采购成本和结转入库材料的计划成本，并据以计算确定购入材料成本差异额的账户。其借方登记购入材料的买价和运杂费等实际成本和结转入库材料实际成本小于计划成本的节约差异，贷方登记验收入库材料的计划成本和结转入库材料的实际成本大于计划成本的超支差异，期末余额在借方，表示尚未运达企业或者已经运达企业但尚未验收入库的在途材料的成本。在"材料采购"账户下面，应按材料类型设置材料采购明细账，以具体反映各类材料的采购成本。

"材料成本差异"账户。材料按计划成本核算的企业应设置此科目。该账户是原材料的调整账户，用来核算企业已入库各种材料的实际成本与计划成本的差异。借方登记超支差异及发出材料应分配的节约差异，贷方登记节约差异及发出材料应负担的超支差异。期末余额如在借方，表示库存材料实际成本大于计划成本的超支差异；如为贷方余额，表示库存材料实际成本小于计划成本的节约差异。

"原材料"账户。该账户的性质属于资产类，用来反映和监督各种材料的收发结存情况的账户，借方登记验收入库材料成本，贷方登记领用材料成本，期末借方余额表示期末库存材料的实际或计划成本。"原材料"账户应按材料的保管地点、材料类型或规格等分设明细账，以反映每种材料的收发结存情况。

"在途物资"账户。材料按实际成本核算的企业应设置此科目。该账户的性质属于资产类，用来核算企业已经结算但尚未到达或尚未验收入库的原材料成本。"在途物资"科目的借方登记材料采购的实际成本；贷方登记已验收入库的原材料的实际成本，期末借方余额反映已结算但尚未验收入库的在途物资的实际成本。此处所指的实际成本包括材料的买价及采购过程中发生的税费，包括采购过程中发生的运输费、包装费、装卸费、保险费、仓储费等，材料在运输途中发生的合理损耗，材料入库之前发生的整理挑选费用，按规定应计入材料采购成本中的各种税金，如国外进口材料支付的关税，但不包括国内采购时支付的增值税，以及其他费用，如大宗物资的市内运杂费等。这里需要注意的是市内零星运杂费、采购人员的差旅费以及采购机构的经费等不构成材料的采购成本，而是计入期间费用。"在途物资"科目，应按供货单位设置明细科目，进行明细分类核算。

"应交税费——应交增值税"账户，该账户的性质属于负债类，专门用来核算企业的增值税的明细账户，其下设"进项税额"和"销项税额"等专栏。其中进项税额表示企业购进应税产品等而向销售企业支付的增值税款，在该明细账的借方登记；销项税额表示企业销售应税产品等而向购买企业收回的增值税款，在该明细账户的贷方登记，最后通过销项税额抵扣进项税额，则为纳税企业应交纳的增值税额。

"工程物资"账户核算企业为在建工程而准备的各种物资的实际成本。该科目借方登记企业购入工程物资的成本，贷方登记领用工程物资的成本，期末借方余额，反映企业为在建工程准备的各种物资的成本。

"在建工程"账户核算企业基建、更新改造等在建工程发生的支出，借方登记企业各项在建工程的实际支出，贷方登记完工工程转出的成本，期末借方余额反映企业尚未达到预定可使用状态的在建工程的成本。

"固定资产"账户核算固定资产的原价,借方登记增加的固定资产原价,贷方登记减少的固定资产原价,期末余额在借方,表示期末固定资产的账面原价。固定资产应按取得时的实际成本作为入账价值,取得时的实际成本包括买价、进口关税、运输费和保险费等相关费用,以及使固定资产达到预定可使用状态之前所必要的支出,如安装费、调试费等。固定资产应按种类设置明细账,进行明细分类核算。一般的固定资产从投入使用的次月起要按月提取折旧,计入"累计折旧"账户。累计折旧属于资产类账户,是固定资产的备抵账户。

"应付账款"账户。该账户的性质属于负债类,用于核算企业与供应单位结算货款时相应发生的结算债务的增减变动及其结余情况的账户。其贷方登记债务的增加,借方登记债务的偿还,期末贷方余额表示尚未清偿的债务,也应按债权人(供应单位)名称分设明细账,进行明细核算。

"预付账款"账户。该账户的性质属于资产类,用来核算企业按照合同规定向供应单位预付购料款而与供应单位发生的结算债权的增加变动及其结余情况的账户。其借方登记结算债权的增加即预付款的增加,贷方登记受到供应单位提供的材料物资而应冲销的预付款债权即预付款的减少。期末余额一般在借方,表示尚未结算的预付款的结余额。该账户应按照供应单位的名称设置明细账户,进行明细分类核算。

"应付票据"账户。该账户的性质属于负债类,是用来核算企业单位采用商业汇票结算方式购买材料物资等开出、承兑的商业汇票的增减变动及其结余情况的账户。其贷方登记企业开出、承兑商业承兑汇票的增加,借方登记到期商业汇票的减少。期末余额在贷方,表示尚未到期的商业汇票的期末结余额。该账户不设明细分类账,但要设置"应付票据备查簿"登记其具体内容。

2. 主要账务处理

【例3-10】 中南公司2010年10月10日甲企业购入A材料10吨,每吨1 500元,运杂费500元,进项税额为2 550元(增值税为17%)货款及运费以银行存款支付。10月18日A材料运抵企业,验收入库。(原材料按实际成本计价。)

2010年10月10日购入A材料会计处理:

借:在途物资　　　　　　　　　　　　　　　　　　　　15 500
　　应交税费——应交增值税(进项税额)　　　　　　　　 2 550
　贷:银行存款　　　　　　　　　　　　　　　　　　　　18 050

2010年10月18日材料入库,将在途物资转入原材料账户,会计处理为:

借:原材料——A材料　　　　　　　　　　　　　　　　 15 500
　贷:在途物资　　　　　　　　　　　　　　　　　　　　15 500

【例3-11】 中南公司用银行存款购入甲材料16 500千克,发票注明其价款为297 000元,增值税进项税额50 490元。款项尚未支付。另用现金9 900元支付该批甲材料的运杂费(该企业材料按计划成本核算)。

这项经济业务的发生,一方面使得公司的材料采购支出增加计306 900元,其中:买价297 000元、采购费用9 900元,增值税进项税额增加50 490元;另一方面使得公司的银行存款减少计347 490(297 000+50 490)元,现金减少9 900元。涉及"材料采购"、"应交税费"、"银行存款"和"现金"4个账户。材料采购支出的增加是资产的增加,应记入"材料采购"账户的借方,增值税进项税额的增加是负债的减少,应记入"应交税费——应交增值税"账户的借方,银行存款、现金的减少都是资产的减少,都应记入"应付账款"账户的贷方。会计分录为:

借:材料采购——甲材料　　　　　　　　　　306 900
　　应交税费——应交增值税(进项税额)　　　50 490
　贷:应付账款　　　　　　　　　　　　　　347 490
　　库存现金　　　　　　　　　　　　　　　9 900

【例3-12】 承前例,上述甲材料验收入库,其计划成本为300 000元,结转该批甲材料的计划成本和差异额。

由于该批甲材料的实际成本为306 900元,计划成本为300 000元,因而可以确定甲材料的超支差异额为6 900(306 900-300 000)元。结转验收入库材料的计划成本时,使得公司的材料采购支出(计划成本)减少300 000元,库存材料计划成本增加300 000元;结转入库材料成本超支差异额时,使得库存材料成本超支差异额增加6 900元,材料采购支出减少6 900元。涉及"原材料"、"材料采购"、"材料成本差异"3个账户,库存材料成本的增加是资产的增加,应记入"原材料"账户的借方,采购成本的结转是资产的减少,应记入"材料采购"账户的贷方。会计分录为:

借:原材料——甲材料　　　　　　　　　　300 000
　贷:材料采购——甲材料　　　　　　　　　300 000
借:材料成本差异　　　　　　　　　　　　　6 900
　贷:材料采购——甲材料　　　　　　　　　6 900

假如例题中甲材料的计划成本为310 000元,则可以确定甲材料成本的节约差异额为3 100(306 900-310 000)元。会计分录为:

借:原材料——甲材料　　　　　　　　　　310 000
　贷:材料采购——甲材料　　　　　　　　　310 000
借:材料采购——甲材料　　　　　　　　　3 100
　贷:材料成本差异　　　　　　　　　　　　3 100

【例3-13】 2010年10月19日中南公司从前进工厂购入一台不需要安装的设备,该设备的买价为125 000元,增值税专用发票上注明增值税款21 250元,包装运杂费等2 000元,中南公司以开出承兑的商业汇票支付货款。

这项经济业务,一方面使得公司固定资产取得成本增加127 000(125 000+2 000)元,计入"固定资产"账户的借方,增值税进项税额增加21 250元,使得公司的应付票据增加148 250元,计入"应付票据"账户的贷方。其会计分录为:

借:固定资产　　　　　　　　　　　　　　127 000
　　应交税费——应交增值税(进项税额)　　21 250
　贷:应付票据　　　　　　　　　　　　　148 250

【例3-14】 2010年10月21日中南公司向湘中公司预定一台设备,并用银行存款561 600元预付设备的货款,2010年10月28日有中南公司收到该设备,相关发票等凭证显示其买价480 000元,增值税81 600元,另用银行存款支付运杂费等5 000元,设备需进行安装。

2010年10月21日中南公司向湘中公司预付货款这一事项，一方面使得中南公司获得了一项债权561 600元，应计入"预付账款"账户的借方；另一方面又使得中南公司的银行存款减少561 600元，应计入"银行存款"账户的贷方。其会计分录为：

  借：预付账款——湘中公司   561 600
    贷：银行存款   561 600

2010年10月28日有中南公司收到该设备这一事项，一方面使得公司的在建工程支出增加了485 000元(480 000+5 000)，计入"在建工程"账户的借方，增值税进项税额增加81 600元，计入"应交税费——应交增值税(进项税额)"的借方；另一方面使得公司的银行存款减少5 000元，计入"银行存款"账户的贷方。也使得预付账款减少561 600元，计入"预付账款"账户的贷方。其会计分录为：

  借：在建工程   485 000
    应交税费——应交增值税(进项税额)   81 600
    贷：银行存款   5 000
      预付账款——湘中公司   561 600

【例3-15】 中南公司用银行存款购入一批用于建造厂房的工程物资，有关发票等凭证显示其买价500 000元，增值税85 000元，包装运杂费等5 000元，货已验收入库。

这项经济业务的发生，一方面使得公司的工程物资增加590 000(500 000+85 000+5 000)元，计入"工程物资"账户的借方；另一方面使得公司的银行存款减少590 000元，计入"银行存款"账户的贷方。其会计分录为：

  借：工程物资   590 000
    贷：银行存款   590 000

注意：购入的工程物资用于建造不动产时，其包含的增值税进项税额不能抵扣，应计入工程物资的成本。

【例3-16】 承例3-14、例3-15，该公司在上述设备的安装过程中发生的安装费用如下：领用本公司的工程物资12 000元(不含增值税)，应付本公司安装工人的工资20 000元，提取的职工福利费2 800元。

设备在安装过程中发生的安装费也构成了企业固定资产安装工程支出。这些经济业务的发生，一方面使得公司固定资产安装工程支出(安装费)增加了34 800(12 000+20 000+2 800)元，计入"在建工程"账户的借方；另一方面使得公司的工程物资减少12 000元，应付职工薪酬——应付工资增加了20 000元，应付福利费增加了2 800元，分别计入各账户的贷方。其会计分录为：

  借：在建工程   34 800
    贷：工程物资   12 000
      应付职工薪酬——应付工资   20 000
          ——应付福利费   2 800

【例3-17】 承例3-14～例3-16，上述设备安装完毕，达到预定可使用状态，并经验收合格办理竣工决算手续，现已交付使用，结转工程成本。

固定资产安装完毕，达到预定可使用状态，说明该固定资产的取得成本已经形成，就可以将该工程全部支出转入"固定资产"账户,其工程的全部成本为 519 800(485 000+34 800) 元。这项经济业务的发生;一方面使得固定资产取得成本增加 519 800 元,计入"固定资产"账户的借方;另一方面使得公司的在建工程成本减少 519 800 元,在建工程支出的结转是资产的减少,应计入"在建工程"账户的贷方。其会计分录为:

  借:固定资产   519 800
   贷:在建工程   519 800

■ 引　例

老李是一位从事商贸经营企业的会计,每天的商品进出计算量很大,小黄是一位制造加工企业的成本核算员。有一天,小黄和老李谈起工作,说自己一天到晚就是核算成本,计算工作量太大了。听到小黄的抱怨,老李觉得:我一个老会计,主管整个公司业务也没有觉得有多少超负荷工作,而你只是一个成本核算工作者,有多少工作呢? 小黄也觉得老李不理解制造企业的业务,没有必要跟他做过多的理论。 如果你已经掌握了制造性企业的会计知识,你是怎么认为的?

3.2.4　产品生产业务

制造企业的主要经济活动是生产符合社会需要的产品,产品的生产过程同时也是生产的耗费过程。企业在生产经营过程中发生的各项耗费,是企业为获得收入而预先垫支并需要得到补偿的资金耗费,因而也是收入形成、实现的必要条件。企业要生产产品就要发生各种生产费用,这些费用最终都要归集、分配到一定种类的产品上去,从而形成各种产品的成本。

生产费用按其计入产品成本方式的不同,可以分为直接费用和间接费用。直接费用是指企业生产产品过程中实际消耗的直接材料、直接人工和其他直接支出。间接费用是指企业为生产产品和提供劳务而发生的各项间接支出,也称为制造费用。上述各个项目是生产费用按其经济用途所进行的分类,在会计上一般将其称为成本项目。各个产品成本项目的具体构成内容包括以下几个方面。

(1) 直接材料是指企业在生产产品和提供劳务的过程中所消耗的、直接用于产品生产,构成产品实体的各种原材料及主要材料、外购半成品及有助于产品形成的辅助材料等。

(2) 直接人工是指企业在生产产品和提供劳务过程中,直接从事产品生产的工人工资、津贴、补贴等。

(3) 其他直接支出是指企业发生的除直接材料费用和直接工资费用以外的与生产产品和提供劳务有直接关系的各项费用。如按生产工人工资总额和规定的比例计算提取的职工福利费。

(4) 制造费用是指企业为生产产品和提供劳务而发生的各项间接费用,其构成内容比较复杂,包括间接的工资费、福利费、折旧费、修理费、办公费、水电费、机物料消耗、季节性停工损失等。

制造费用包括的具体内容可以分为如下 3 部分。

① 第一部分是间接用于产品生产的费用,如机物料消耗费用,车间生产用固定资产的折旧费、修理费、保险费、车间生产用的照明费、劳动保护费等。

② 第二部分是指间接用于产品生产，但管理上不要求或者不便于单独核算，引入没有单独设置成本项目进行核算的某些费用，如生产工具的摊销费、设计制图费、试验费及生产工艺用的动力费等。

③ 第三部分是车间用于组织和管理生产的费用，如车间管理人员的工资及福利费，车间管理用的固定资产折旧费、修理费，车间管理用具的摊销费，车间管理用的水电费、办公费、差旅费等。

在会计核算过程中，必须按照划分收益性支出和资本性支出原则、历史成本原则、权责发生制原则的要求对各项费用的发生额及其应归属的期间加以确认和计量，并按照各项费用的构成内容和经济用途进行正确的反映。因此，在产品生产过程中费用的发生、归集和分配及产品成本的形成，就构成了产品生产业务核算的主要内容。

1. 账户设置

为了反映和监督生产过程中各项生产费用发生的情况，正确、及时地计算产品成本，需要设置"生产成本"、"制造费用"、"应付职工薪酬"、"累计折旧"、"库存商品"等账户。

"生产成本"账户。该账户的性质属于成本类，用于归集和核算产品生产过程中所发生的各项生产费用，确定产品实际生产成本。借方登记应计入产品生产成本的全部生产费用，包括直接计入产品生产成本的直接材料费、直接人工费和其他直接支出，以及期末按照一定的方法分配计入产品生产成本的制造费用；贷方登记结转完工入库产品实际成本。期末如有余额在借方，表示尚未完工产品(在产品)的生产成本。为了确定每一种产品的成本，该账户应按产品品种分别开设明细分类账进行明细核算。

"制造费用"账户。该账户的性质属于成本类，用于核算为组织和管理生产的部门(分厂和车间)范围内为组织和管理产品生产活动而发生的各项间接生产费用的账户，包括管理人员和技术人员工资及福利费，生产用厂房和机器设备的折旧费、维修费、保险费、水电费、办公费、机物料消耗等。由于这些费用是在各生产部门内的各产品生产中共同发生的，又由于这些费用是间接用于产品生产，所以应先在"制造费用"账户归集，期末再分配转入"生产成本"账户和所属的明细分类账户。"制造费用"账户借方登记上述各项费用的实际发生数，贷方登记期末分配结转至"生产成本"账户借方应计入产品制造成本的制造费用的金额，除季节性生产企业，期末该账户一般无余额。"制造费用"账户应按各生产部门设置明细分类账户，进行明细分类核算。

"应付职工薪酬"账户。应付职工薪酬是指企业根据有关规定应付给职工的各种薪酬，包括职工工资、奖金、津贴和补贴，职工福利费，医疗、养老、失业、工伤、生育等社会保险费，住房公积金，工会经费，职工教育经费，非货币性福利等因职工提供服务而产生的义务。为了核算企业职工薪酬，企业应设置"应付职工薪酬"科目进行总账核算。该科目贷方登记企业已分配计入有关成本费用的职工薪酬金额；借方登记企业实际发放的职工薪酬金额。本科目可按"工资"、"职工福利"、"社会保险费"、"住房公积金"、"公费经费"、"职工教育经费"、"非货币性福利"、"解除职工劳动关系补偿"等进行明细核算。

"库存商品"账户。该账户的性质是资产类账户，用来核算企业库存的外购商品、自制产品(产成品)、自制半成品等的实际成本(或计划成本)的增减变动及其结余情况的账户。其借方登记验收入库商品成本的增加,包括外购、资产、委托加工等;贷方登记库存商品成本的减少(发出)。期末余额在借方,表示库存商品成本的期末结余额。"库存商品"账户应按照商品的种类、名称以及存放地点等设置明细账和进行明细分类核算。

2. 生产过程经济业务的核算

【例3-18】 以中南公司2010年10月为例,假设其发生如下经济业务。

(1) 为了生产甲产品领用A材料8吨,每吨1 600元,B材料20吨,每吨1 000元;为生产乙产品领用C材料30吨,每吨850元,D材料20吨,每吨500元。产品生产车间一般耗用领用C材料5吨,每吨850元。

由于生产领用材料,直接形成产品的生产成本,车间耗用材料属于制造费用,该经济业务应作如下会计分录:

借:生产成本——甲产品	32 800
——乙产品	35 500
制造费用	4 250
贷:原材料——A材料	12 800
——B材料	20 000
——C材料	29 750
——D材料	10 000

(2) 编制本月份工资结算单,其中:

生产甲产品生产工人工资	130 000
生产乙产品生产工人工资	100 000
车间管理人员工资	8 000
厂部管理人员工资	12 000
合计:	250 000元

由于生产工人工资直接形成产品成本,而车间管理人员工资需间接分配,应先计入"制造费用"账户,厂部管理人员工资应进入"管理费用"账户,则该项业务应作如下会计分录:

借:生产成本——甲产品	130 000
——乙产品	100 000
制造费用	8 000
管理费用	12 000
贷:应付职工薪酬——应付工资	250 000

(3) 以银行存款发放本月职工工资250 000元。

借:应付职工薪酬——应付工资	250 000
贷:银行存款	250 000

(4) 提取本月份生产车间的固定资产折旧费23 400元。

生产车间的固定资产折旧费应属于制造费用,故该项业务应作如下会计分录:

借:制造费用	23 400
贷:累计折旧	23 400

(5) 生产车间发生水电费共 3 050 元，以银行存款支付。

生产车间水电费应属于制造费用，故该项业务应作如下会计分录：

借：制造费用　　　　　　　　　　　　　　　　3 050
　　贷：银行存款　　　　　　　　　　　　　　　　　3 050

(6) 分配结转本月发生的制造费用共计 38 700 元。假设制造费用按原材料消耗比例在甲乙产品之间分配，则甲产品应负担 38 700×[32 800/(32 800+35 500)]=18 583.74 元，乙产品应负担 20 116.26(38 700-18 583.74)元。

制造费用是最终产品成本的一个组成内容，在月末应从其贷方转出，转入"生产成本"账户的借方，从而构成产品成本。该项业务应作如下会计分录：

借：生产成本——甲产品　　　　　　　　　　　18 583.74
　　　　　　——乙产品　　　　　　　　　　　20 116.26
　　贷：制造费用　　　　　　　　　　　　　　　　38 700

(7) 月末，甲产品投产的 50 件全部完工，并验收入库，乙产品没有完工。

月末，产品完工应结转其生产成本，以反映完工入库的产成品的实际成本增加，若没有完工则留待下一个月继续加工，全部完工时再结转其实际成本。该项经济业务应作如下会计分录：

甲产品应结转的实际成本=32 800+130 000+18 583.74=181 383.74 元。

借：库存商品——甲产品　　　　　　　　　　　181 383.74
　　贷：生产成本——甲产品　　　　　　　　　　　181 383.74

3.2.5 产品销售业务

企业通过产品生产过程，生产出符合要求、可供对外销售的产品。企业所创造的价值最终必须通过市场交换才能实现，所以销售是企业经营的一个关键环节，通过销售过程，将生产出来的产品销售出去，实现它们的价值。

1. 销售过程核算的主要内容

1) 产品销售收入的确认

销售过程的核算首先需要解决的就是销售收入的确认的问题。收入的确认实际上就是解决收入在何时入账和以什么金额入账。企业生产经营活动所获得的收入应当以权责发生制为基础，根据收入实现原则加以确认与计量。按照《企业会计准则 14 号——收入》第四条的要求，企业销售商品收入的确认必须同时符合以下条件：企业已将商品所有权上的主要风险和报酬转移给购货方；企业既没有保留通常与所有权相联系的继续管理权，也没有对已售出的商品实施有效控制；收入的金额能够可靠计量；经济利益很可能流入企业；与已销产品相关的、已经发生的或将发生的成本能够可靠计量。

一般来说，产品销售收入的时间确认，因销售方式的不同而不同，下面列举几种一般的情况。

(1) 交款提货销售。在收到货款或获取收款权利并将发票账单和提货单交付买方后确认收入。

(2) 预收货款销售。在向订货方提供产品，即产品发出时确认收入。

(3) 委托他人销售产品。在收到受托方的代销清单时确认收入。

2) 与购货方的款项结算

企业销售产品后，应及时办理款项结算并收回货款。常见的结算方式主要有现款结算，即销售产品后同时收到购货方支付的现金款项；支票、商业汇票等票据结算方式；赊销方式，即销货后暂时未收到款项；从预收款中抵扣或是抵扣先前往来业务中欠对方的款项等。

3) 销售成本、费用的确认

企业在销售过程中通过销售商品等，一方面减少了库存的存货，另一方面作为取得主营业务收入而垫支的资金，表明企业发生了费用，把这项费用称为主营业务成本。将销售发出的商品成本转为主营业务成本，应遵循配比原则，也就是说，主营业务成本的结转不仅应与主营业务收入在同一会计期间加以确认，而且应与主营业务收入在数量上保持一致。主营业务成本的计算公式如下：

本期应结转的主营业务成本=本期销售商品的数量×库存商品的单位成本

上式中库存商品单位成本的确定，应考虑期初库存的商品成本和本期入库的商品成本情况，可以分别采用先进先出法、加权平均法、个别计价法等方法来确定。

企业在销售商品产品过程中，实现了商品的销售额，就应该向国家税务机关缴纳各种销售税金及附加，包括消费税、营业税、城市维护建设税、资源税及教育费附加等。这些税金及附加应按税法规定计算并进行相应的会计处理。

2. 账户设置

为了全面正确地反映和监督企业在销售过程中有关产品销售收入的形成、销售货款的结算、销售成本和销售费用的发生及企业有关税金的核算情况，企业应设置"主营业务收入"、"主营业务成本"、"营业税金及附加"、"其他业务收入"、"其他业务成本"、"销售费用"、"应交税费"、"应收账款"、"应收票据"、"预收账款"等账户。

"主营业务收入"账户。该账户是收益类账户，是用来核算企业销售产品和提供劳务所实现的收入的账户。其贷方登记企业实现的产品销售收入，即主营业务收入的增加，借方登记发生销售退回和销售折让时应冲减本期的主营业务收入和期末转入"本年利润"账户的主营业务收入额(按净额结转)，结转后该账户期末无余额。"主营业务收入"账户应按产品类型或品种设置明细账户，进行明细分类核算。

"主营业务成本"账户。该账户的性质是损益类，是用于核算已经销售的产品的实际生产成本及其结转情况的账户。其借方登记已销售产品的实际生产成本，贷方登记期末转入"本年利润"账户的结转数，经过结转之后，该账户期末无余额。"主营业务成本"账户应按照产品类别或品种设置明细分类账户，进行明细分类核算。

"营业税金及附加"账户。该账户的性质是损益类。是用来核算企业因经营主要业务(包括销售商品、提供劳务等)而应由主营业务负担的各种税金及附加的计算及其结转情况的账户。其借方登记按照有关的计税依据计算出的各种税金及附加额，贷方登记期末转入"本年利润"账户的主营业务税金及附加额。经过结转之后，该账户期末没有余额。

"其他业务收入"账户。该账户的性质是损益类，是用来核算企业除主营业务以外的其他业务收入(如销售材料、提供劳务取得的收入)的实现及其结转情况的账户。其贷方登记其他业务收入的实现即增加，借方登记期末转入"本年利润"账户的其他业务收入额，经过结转之后，期末没有余额。本账户应按照其他业务的种类设置明细账户，进行明细分类核算。

"其他业务成本"账户。该账户的性质是损益类，是用来核算企业除主营业务以外的其他业务支出及其转销情况的账户。其借方登记其他业务支出包括材料销售成本、提供劳务的成本费用以及相关的税金及附加等的发生及其他业务支出的增加，贷方登记期末转入"本年利润"账户的其他业务支出额，经过结转后，期末没有余额。本账户应按照其他业务的种类设置明细账户，进行明细分类核算。

"销售费用"账户。该账户的性质是损益类，是用于核算产品销售过程中发生的费用的账户。其借方登记销售费用的发生数，贷方登记销售费用在期末转入"本年利润"账户的结转数，期末无余额，"销售费用"账户应按费用科目设置明细分类账户，进行明细分类核算。

"应收账款"账户。该账户的性质是资产类，是用于核算企业与购货方货款结算时有关债权的账户，代购买单位垫付的各种款项也在该账户中核算。其借方登记由于销售商品以及提供劳务等而发生的应收账款的增加数，包括应收取的价款、税款和代垫款等，贷方登记已经收回的应收账款即应收账款的减少数。期末余额如果在借方，表示企业尚未收回的应收账款；期末余额如果在贷方，表示预收的账款。"应收账款"账户应按照债务人(用户)设置明细账，加强其明细核算。

"应收票据"账户。该账户的性质是资产类，是用于核算企业与购货方进行货款结算时收到的商业汇票(包括商业承兑汇票和银行承兑汇票)的账户。借方登记企业收到的商业汇票的面值，贷方登记企业因商业汇票到期收回的票款或因背书转让等情况而减少的商业汇票的面值。期末余额在借方，表示企业持有的尚未到期的商业汇票的面值。企业应设置应收票据备查簿，对商业汇票进行详细记录。

"预收账款"账户。该账户的性质是负债类，用来核算企业按照合同的规定预收购买方单位订货款的增减变动及其结余情况。其贷方登记预收购买单位订货款的增加数，借方登记销售实现时冲减的预收货款。期末余额如果在贷方，表示企业预收款的结余额，期末余额如果在借方，表示购货单位应补付给本企业的款项。本账户应按照购货单位设置明细账户，进行明细分类核算。

3. 主要会计处理

【例3-19】 中南公司2010年10月份发生下列经济业务，并作分录如下。

(1) 向甲企业销售A产品50件，每件4 500元，共计价款225 000元，增值税额38 250元，货已发出，货款及相关税额通过银行收讫。

产品销售收入已经实现，则应在其账户贷方登记，同时登记银行存款借方，则应作如下会计分录：

借：银行存款　　　　　　　　　　　　　　　　　263 250
　　贷：主营业务收入　　　　　　　　　　　　　225 000
　　　　应交税费——应交增值税(销项税额)　　 38 250

(2) 向乙企业销售B产品10件，每件12 000元，共计价款120 000元，发生增值税额20 400元，货已发出，但货款及税额均未收到。

由于产品销售收入已经实现,故应在"主营业务收入"账户的贷方登记,同时由于货款及税金未收到,债权增加,在"应收账款"账户借方登记,则该经济业务应作如下会计分录:

  借:应收账款——乙企业   140 400
    贷:主营业务收入   120 000
      应交税费——应交增值税(销项税额)   20 400

(3) 向丙企业销售 C 产品 150 件,每件不含税售价 240 元,共计价款 36 000 元,应收取的增值税款为 6 120 元,收到丙公司签发的一张包含全部应收款项的期限为 6 个月的不带息商业承兑汇票。

由于产品销售收入已经实现,故应在"主营业务收入"账户的贷方登记,同时由于货款及税金未收到,债权增加,且收到的是商业承兑汇票,应在"应收票据"账户借方登记,则该经济业务应作如下会计分录:

  借:应收票据——丙企业   42 120
    贷:主营业务收入   36 000
      应交税费——应交增值税(销项税额)   6 120

(4) 向丁企业销售 D 产品 100 件,每件 1 500 元,共计价款 150 000 元,发生增值税额 25 500 元,货已发出,该款项已于 9 月份收取。

由于产品销售收入已经实现,故应在"主营业务收入"账户的贷方登记,且款项已于 9 月份收取并计入"预收账款"贷方,发货后钱货两清,故冲减"预收账款"。则该经济业务应作如下会计分录:

  借:预收账款——丁企业   175 500
    贷:主营业务收入   150 000
      应交税费——应交增值税(销项税额)   25 500

(5) 以银行存款支付产品包装及运输费共计 2 000 元,则该项经济业务应作如下会计分录:

  借:销售费用   2 000
    贷:银行存款   2 000

(6) 以银行存款支付广告公司广告费 15 000 元。则该项经济业务应作如下会计分录:

  借:销售费用   15 000
    贷:银行存款   15 000

(7) 计算本月应缴纳的产品消费税共计 83 400 元。则该项经济业务应作如下会计分录:

  借:营业税金及附加   83 400
    贷:应交税费——应交消费税   83 400

(8) 计算并结转本月已售 50 件 A 产品的成本 200 000 元。

产品成本的结转在销售后应从"库存商品"账户的贷方转入"主营业务成本"账户的借方,则该项经济业务应作如下会计分录:

  借:主营业务成本——A 产品   200 000
    贷:库存商品——A 产品   200 000

(9) 销售一批原材料,开出的增值税专用发票上注明售价20 000元,增值税税额为3 400元,款项23 400元已由银行收妥。该批材料的实际成本为12 000元。

① 销售原材料取得收入

借：银行存款　　　　　　　　　　　　　　　　　　　23 400
　　贷：其他业务收入　　　　　　　　　　　　　　　　20 000
　　　　应交税费——应交增值税(销项税额)　　　　　　 3 400

② 结转已销原材料的实际成本

借：其他业务成本　　　　　　　　　　　　　　　　　　12 000
　　贷：原材料　　　　　　　　　　　　　　　　　　　12 000

3.2.6　财务成果业务

财务成果是指企业在一定会计期间所实现的最终经营成果,也就是企业所实现的利润或亏损总额。利润是按照配比原则的要求,将一定时期内存在因果关系的收入与费用进行配比而产生的结果,收入大于费用支出的差额部分即为利润,反之则为亏损。利润是综合反映企业在一定时期生产经营成果的重要指标。企业各方面的情况,诸如劳动生产率的高低、产品是否适销对路、产品成本和期间费用的节约与否,都会通过利润指标得到综合反映。财务成果是一个计算的结果,而正确计算盈亏的关键在于合理地确认企业的收入和费用,并使二者正确地配比。企业实现的利润,要按照国家的有关规定进行分配。因此,利润形成和利润分配,便形成了财务成果核算的主要内容。

1. 利润形成的会计处理

利润是企业在一定会计期间的经营成果,包括收入减去费用后的净额、直接计入当期利润的利得或损失等。利润是衡量企业经营状况的一项综合性指标。

1) 利润的构成

(1) 利润总额。利润总额一般包括营业利润、营业外收支净额两个部分。用公式表示如下：

$$\text{利润总额}=\text{营业利润}+\text{营业外收入}-\text{营业外支出} \tag{3-1}$$

其中：营业外收入是企业取得的与其日常活动无直接关系的各项利得,不是企业经营资金耗费所产生的,不需要企业付出对应的代价,是一种经济利益的净流入,包括盘赢利得(如盘盈的现金)、罚没收入及无法支付的应付款项等。营业外支出是企业发生的与其日常活动无直接关系的各项损失,是一种经济利益的净流出,包括盘亏损失(如盘亏固定资产所产生的净损失)、罚款支出、公益性捐赠支出、非常损失等。

(2) 营业利润。营业利润是企业利润的主要来源,用公式表示如下：

$$\text{营业利润}=\text{营业收入}-\text{营业成本}-\text{营业税金及附加}-\text{管理费用}-\text{销售费用}$$
$$-\text{财务费用}-\text{资产减值损失}+\text{公允价值变动损益}+\text{投资收益} \tag{3-2}$$

$$\text{营业收入}=\text{主营业务收入}+\text{其他业务收入} \tag{3-3}$$

$$\text{营业成本}=\text{主营业务成本}+\text{其他业务成本} \tag{3-4}$$

(3) 净利润。企业实现了利润总额之后,首先应向国家缴纳所得税,所得税后的利润即为净利润,净利润是企业取得的利润总额减去企业应缴纳的所得税后的差额。所得税是

第 3 章 借贷记账法的运用

企业根据国家税法规定,对企业取得的利润进行有关调整后,乘以所得税税率而计算的结果。净利润的计算公式为

$$净利润 = 利润总额 - 所得税费用 \quad (3\text{-}5)$$
$$所得税费用 = 应纳税所得额 \times 所得税税率 \quad (3\text{-}6)$$
$$= (利润总额 \pm 调整项目) \times 所得税税率 \quad (3\text{-}7)$$

由于会计准则和税法的目的不同,对收入、费用、资产、负债等确认的时间和范围也不同,因此导致会计利润与应纳税所得额之间产生差异。应纳税所得额要在利润总额(即税前利润)的基础上按照国家规定进行相应调整确定。假定不存在纳税调整事项,则应交所得税即是当期所得税费用。

2) 账户设置

为了反映和监督利润总额的构成部分、形成过程,企业还应设置"管理费用"、"财务费用"、"资产减值损失"、"营业外收入"、"营业外支出"、"所得税费用"、"投资收益"和"本年利润"等账户。

"管理费用"账户。该账户的性质是损益类,是用来核算企业行政管理部门为组织和管理企业的生产经营活动而发生的各项费用的账户。管理费用包括董事会和行政管理部门在企业的经营管理中发生的,或者应当由企业统一负担的公司经费(包括行政管理部门职工工资、修理费、物料消耗、低值易耗品、办公费和差旅费等)、业务招待费、职工教育经费、研究与开发费、无形资产摊销、计提的坏账准备和存货跌价准备、咨询费、诉讼费、办公费、差旅费、劳动保险费、待业保险费、工会经费、财产及特种行为税金(印花税、土地使用税、车船使用税、房产税等)、技术转让费、厂产资源补偿费、存货跌价准备、排污费、董事会费、存货盘亏或盘盈(不包括应当计入营业外支出的存货损失)及其他管理费用。其借方登记发生的各项管理费用,贷方登记期末转入"本年利润"账户的管理费用额,经过结转之后,本账户期末没有余额。管理费用账户应按照费用项目设置明细账户,进行明细分类核算。

"资产减值损失"账户。该账户的性质是损益类,资产减值损失是指企业在资产负债表日,经过对资产的测试,判断资产可收回金额低于账面价值而计提资产减值损失准备所确认的相应损失,包括坏账准备、存货跌价准备、长期股权投资减值准备、持有至到期投资减值准备、固定资产减值准备、无形资产减值准备等项目。为核算企业计提各项资产减值准备所形成的损失,应设置"资产减值损失"账户,借方登记计提各项资产减值准备形成的损失;贷方登记损失的冲回或转销;期末应将余额从"资产减值损失"科目转入"本年利润"科目,结转后无余额。本科目可按资产减值损失的项目进行明细核算。

"财务费用"账户。该账户的性质是损益类,用来核算企业为筹集所需要资金而发生的各项费用,包括银行借款的利息支出(减存款利息收入)以及相关手续费等。其借方登记发生的各项财务费用,贷方登记冲减的财务费用和期末转入"本年利润"账户的财务费用,经结转后,该账户期末没有余额。"财务费用"账户应按照费用项目设置明细账户,进行明细分类核算。

"营业外收入"账户。该账户的性质是损益类,是用来核算企业各项营业外收入的实现和结转情况的账户。其贷方登记营业外收入的实现即营业外收入的增加数,借方登记会计期末转日"本年利润"账户的营业外收入额,经过结转之后,该账户期末无余额。该账户

也可分设明细账，进行明细核算。

"营业外支出"账户。该账户的性质是损益类，是用来核算企业各项营业外支出的发生及其转销情况的账户。其借方登记营业外支出的发生即营业外支出的增加，贷方登记期末转入"本年利润"账户的营业外支出额，经过结转之后，该账户期末无余额。该账户应按支出项目分设明细账，进行明细核算。

"所得税费用"账户。该账户的性质是损益类，是用来核算企业有关所得税情况的账户，根据国家规定，企业的生产经营所得和其他所得都要缴纳企业所得税，该账户借方反映企业计算应交纳的所得税的数额，贷方反映其结转到"本年利润"账户的结转数，该账户结转后期末一般无余额。

"本年利润"账户。该账户的性质是所有者权益类，是用来核算企业利润的形成的账户，贷方登记会计期末转入的各项收入，包括"主营业务收入"、"其他业务收入"、"投资收益"、"营业外收入"等账户的结转数，借方登记会计期末转入的各项支出，包括"主营业务成本"、"主营业务税金及附加"、"销售费用"、"管理费用"、"财务费用"、"其他业务成本"、"营业外支出"、"所得税费用"等账户的结转数，以及年末利润的结转数(结转至"利润分配"账户)。该账户年内期末余额如果在贷方，表示实现的累计净利润，如果在借方，表示累计发生的亏损。年末应将该账户的余额转入"利润分配"账户(如果是净利润，应自该账户的借方转入"利润分配"账户的贷方，如果是亏损，应自该账户的贷方转入"利润分配"账户的借方)，经过结转之后，该账户年末没有余额。关于"本年利润"账户的核算内容，应结合利润形成的核算方法"账结法"和"表结法"加以理解。

"投资收益"账户。该账户的性质是损益类，是用来核算企业对外投资所获得收益的实现或损失的发生及其结转情况的账户。其贷方登记实现的投资收益和期末转入"本年利润"账户的投资净损失，借方登记发生的投资损失和期末转入"本年利润"账户的投资净收益。经过结转之后该账户期末没有余额。"投资收益"账户应按照投资的种类设置明细分类账户，进行明细分类核算。

3) 主要会计处理

【例3-20】 中南公司2010年12月发生下列经济业务，并作如下分录：

(1) 12月10日，通过非营利组织向农村义务教育捐款100 000元。

借：营业外支出　　　　　　　　　　　　　　　100 000
　　贷：银行存款　　　　　　　　　　　　　　　　　　100 000

(2) 12月31日经过测试发现存货减值15 000元。

该项业务的发生，一方面增加资产减值损失，另一方面增加存货跌价准备。其会计处理如下：

借：资产减值损失　　　　　　　　　　　　　　15 000
　　贷：存货跌价准备　　　　　　　　　　　　　　　　15 000

(3) 12月31日对2009年平价购入的200 000元G公司债券计提10%的利息，该债券期限3年，分年付息，到期还本。

该项业务的发生，一方面增加应收利息，另一方面增加投资收益。其会计处理如下：

借：应收利息　　　　　　　　　　　　　　　　20 000
　　贷：投资收益　　　　　　　　　　　　　　　　　　20 000

(4) 12月31日按有关规定转销确实无法支付的应付账款6 000元。

该项业务的发生,一方面减少应付账款,另一方面增加营业外收入。其会计处理如下:

借:应付账款　　　　　　　　　　　　　　　6 000
　　贷:营业外收入　　　　　　　　　　　　　　　　6 000

(5) 中南公司2010年利润总额(税前利润)为1 800 000元,所得税税率为25%,假定公司不存在纳税调整差异。

该项业务的发生,一方面增加所得税费用;另一方面增加应交所得税。金额为1 800 000×25%=450 000元。其会计处理如下:

借:所得税费用　　　　　　　　　　　　　　450 000
　　贷:应交税费——应交所得税　　　　　　　　　450 000

(6) 中南公司2010年损益类科目的年末未结转前余额见表3-1。(该公司年末一次结转损益类科目。)

表3-1　损益类科目年末未结转前余额表　　　　　　　　　　单位:元

科目名称	借方	贷方
主营业务收入		10 000 000
主营业务成本	8 000 000	
其他业务收入		700 000
其他业务成本	400 000	
营业税金及附加	100 000	
销售费用	600 000	
管理费用	800 000	
财务费用	300 000	
资产减值损失	150 000	
投资收益		800 000
公允价值变动损益		600 000
营业外收入		100 000
营业外支出	50 000	
所得税费用	450 000	

① 结转各项收益至本年利润。

借:主营业务收入　　　　　　　　　　　　10 000 000
　　其他业务收入　　　　　　　　　　　　　　700 000
　　投资收益　　　　　　　　　　　　　　　　800 000
　　公允价值变动损益　　　　　　　　　　　　600 000
　　营业外收入　　　　　　　　　　　　　　　100 000
　　贷:本年利润　　　　　　　　　　　　　　12 200 000

② 结转各项费用或损失至本年利润。

借:本年利润　　　　　　　　　　　　　　10 850 000
　　贷:主营业务成本　　　　　　　　　　　　8 000 000

其他业务成本	400 000
营业税金及附加	100 000
销售费用	600 000
管理费用	800 000
财务费用	300 000
资产减值损失	150 000
营业外支出	50 000
所得税费用	450 000

③ 将"本年利润"科目转入"利润分配——未分配利润"科目。

则该项经济业务应作如下会计分录：

借：本年利润　　　　　　　　　　　　　1 350 000
　　贷：利润分配——未分配利润　　　　　　　　1 350 000

2. 利润分配的会计处理

企业若在年度内实现净利润，应按照国家的有关规定进行分配，利润的分配过程和结果，不仅关系到所有者的合法权益是否得到保障，而且还关系到企业能否长期、稳定地发展。

1) 利润分配的内容和程序

企业当期实现的净利润，加上年初未分配利润(或减去年初未弥补亏损)和其他转入后的余额，为可供分配的利润。其公式为

$$\text{企业可供分配利润}=\text{当年实现的净利润}+\text{年初未分配利润}$$
$$(-\text{年初未弥补亏损})+\text{其他转入} \tag{3-8}$$

企业利润分配的内容和程序如下。

(1) 提取法定盈余公积。法定盈余公积应按照净利润的一定比例提取。公司制企业(包括国有独资公司、有限责任公司和股份有限公司，下同)按《公司法》规定以净利润的10%提取；非公司制企业法定盈余公积的提取比例可以超过10%。企业提取的法定盈余公积累计超过其注册资本的50%时，可以不再提取。

(2) 提取任意盈余公积。公司制企业提取法定盈余公积后，经过股东大会决议，可以提取任意盈余公积；非公司制企业也可经类似权力机构批准，提取任意盈余公积。任意盈余公积的提取比例由企业视情况而定。

(3) 向投资者分配利润。可供分配利润减去提取的法定盈余公积和任意盈余公积后的部分为可供投资者分配的利润，按一定的比例和要求在投资者之间进行分配。

上述分配剩余的利润即为未分配利润(或未弥补亏损)，是以后期间可供分配利润的组成部分。

2) 账户设置

为了反映和监督企业利润分配情况，企业应设置"利润分配"、"盈余公积"、"应付股利"等账户。

"利润分配"账户。该账户的性质是所有者权益类，是用来核算企业一定时期内经过利润分配或亏损弥补以及历年结转的未分配利润(或为弥补亏损)情况的账户。其借方登记实

际分配的利润额,包括提取的盈余公积金和分配给投资人的利润以及年末从"本年利润"账户转入的全年累计亏损额;贷方登记用盈余公积金弥补的亏损额等其他转入数以及年末从"本年利润"账户转入的全年实现的净利润额。年内期末余额如果在借方,表示已分配的利润额,年末余额如果在借方,表示未弥补的亏损额;期末余额如果在贷方,表示未分配利润额。"利润分配"账户一般应设置以下几个主要的明细科目:"提取法定盈余公积"、"提取法定公益金"、"应付优先股股利"、"提取任意盈余公积"、"应付普通股股利"、"未分配利润"等。年末,应将"利润分配"账户下的其他明细科目的余额转入"未分配利润"明细科目,经过结转后,除"未分配利润"明细科目有余额外,其他各个明细科目均无余额。

"盈余公积"账户。该账户的性质是所有者权益类,是用来核算企业从税后利润中提取的盈余公积金包括法定盈余公积、法定公益金和任意盈余公积的增减变动及其结余情况的账户。其贷方登记提取的盈余公积金即盈余公积金的增加,借方登记实际使用的盈余公积金即盈余公积金的减少。期末余额在贷方,表示结余的盈余公积金。"盈余公积"应设置下列明细科目:"法定盈余公积"、"法定公益金"、"任意盈余公积"。

"应付股利"账户。该账户的性质是负债类,是用来核算企业按照董事会或股东大会决议分配给投资人股利(现金股利)或利润的增减变动及其结余情况的账户。其贷方登记应付给投资人股利(现金股利)或利润的增加,借方登记实际支付给投资人的股利(现金股利)或利润即应付股利的减少。期末余额在贷方,表示尚未支付的股利(现金股利)或利润。这里需要注意的是企业分配给投资人的股票股利不在本账户核算。

"应付利润"账户。该账户的性质是负债类,是用来核算企业向投资者或其他联营单位分配的利润,贷方表示企业应该分配的利润数,借方表示企业实际支付的利润数,期末贷方余额表示企业应该支付而目前尚未支付的利润数,该账户可按有关投资者的名称分设明细账,进行明细核算。

3) 主要会计处理

【例3-21】 承例3-20,假定中南公司分别按净利润的10%和5%计提法定盈余公积和任意盈余公积,并宣告分派现金股利50 000元。

(1) 按规定提取法定盈余公积、任意盈余公积。

借:利润分配——提取法定盈余公积　　　　　135 000
　　　　　——提取任意盈余公积　　　　　　 67 500
　贷:盈余公积——提取法定盈余公积　　　　　135 000
　　　　　——提取任意盈余公积　　　　　　 67 500

(2) 宣告发放现金股利。

借:利润分配——应付股利　　　　　　　　　　50 000
　贷:应付股利　　　　　　　　　　　　　　　50 000

(3) 结转利润分配的各明细账户。

该项经济业务应作如下会计分录:

借:利润分配——未分配利润　　　　　　　　 252 500
　贷:利润分配——提取法定盈余公积　　　　　135 000
　　　　　——提取任意盈余公积　　　　　　 67 500
　　　　　——应付股利　　　　　　　　　　 50 000

此时,"利润分配——未分配利润"科目的余额为:1 350 000-252 500=1 097 500元。

3.2.7 对外投资业务

投资是指企业为了获得收益或实现资本增值向被投资单位投放资金的经济行为。投资有广义和狭义之分,广义的投资包括企业对外投资和对内投资,对外投资是将资金投放于企业外部接受投资的单位,包括股权投资和债权投资等;对内投资是将资金投放于企业内部生产要素,如固定资产投资、无形资产投资等。狭义的投资仅指企业的对外投资。本章所阐述的投资是指企业对外的投资。

1. 对外投资业务分类

企业对外投资按投资方式可分为股票投资、债券投资及其他投资。股票投资是以认购其他公司股票的形式,对其他单位所进行的投资;债券投资是以购买债券的形式,对其他单位所进行的投资;其他投资是除购买股票和债券等有价证券以外,以其他形式对其他企业进行的投资。股票、债券、基金可以从发行市场(一级市场)购入,也可以从转让市场(二级市场)购入。股票、债券、基金投资均属于基本金融工具投资,此外,投资者也可以投资国债期货、远期合同以及股指期货等衍生金融工具。

对外投资按投资人持有意图不同及在活跃市场上是否有报价大致可以分为:交易性金融资产、可供出售金融资产、持有至到期投资及长期股权投资等类型。交易性金融资产是指企业以赚取差价为目的从二级市场购入股票、债券和基金,这些为了近期出售而持有的金融资产,持有交易性金融资产的目的,不是为了对被投资企业进行控制,而是为了赚取一个差价,交易性金融资产存在活跃的交易市场,市场上有报价,以公允价值计量;持有至到期投资是指到期日固定、回收金额固定或可确定,且企业有明确意图和能力持有至到期的非衍生金融资产,实务中一般核算债券投资;可供出售金融资产是指初始确认时即被指定为可供出售的非衍生金融资产,以及不能划入交易性金融融资产或持有至到期投资的金融资产,既可以核算股票投资也可以核算债券投资和基金投资;长期股权投资是指通过投资取得被投资单位的股份,该股份可以是上市交易的股票,也可以是未上市交易的股权,企业对其他单位的股权投资,通常是为长期持有,以期通过股权投资达到控制被投资单位,或对被投资单位施加重大影响,或为了与被投资单位建立密切关系,以分散经营风险。

本章内容只重点介绍交易性金融资产和长期股权投资的基本业务会计处理,具体包括投资的取得、股利和利息的处理、投资的期末计量和投资的处置等。其他内容放在其他课程中学习。

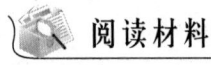 阅读材料

公 允 价 值

公允价值是资产在交易中形成的交易价格,从事这项交易的双方应该是自愿的、无相互关联的、而且对这项交易有着足够的认识。

公允价值是一种有限制条件的交易价值,这种有限制条件的交易称之为公允交易,构成公允交易的条

件如下：①交易双方必须有足够的相关信息和对信息进行分析处理的知识能力；②交易双方是自愿的；③交易是无利益关联的。

因此，公允价值即为公平市场的交易价格，其实质是市场对计量客体价值的确定。以公允价值作为计量属性，是我国新会计准则的一个显著变化点。

2. 账户设置

为了核算对外投资的取得、收取现金股利或利息及对外投资的处置等业务，企业应设置"交易性金融资产"、"公允价值变动损益"、"长期股权投资"、"投资收益"、"应收股利"、"应收利息"等科目。

"交易性金融资产"属于资产类科目。该科目核算企业为交易目的而持有的股票投资、债券投资、基金投资等交易性金融资产的公允价值。借方登记交易性金融资产的取得成本、资产负债表日其公允价值高于账面余额的差额等；贷方登记资产负债表日其公允价值低于账面余额的差额，以及企业出售交易性金融资产时结转的成本和公允价值变动损益。企业应按照交易性金融资产的类别和品种，分别设置"成本"、"公允价值变动"等明细科目进行核算。

"公允价值变动损益"核算企业交易性金融资产等公允价值变动形成的应计入当期损益的利得或损失。贷方登记资产负债表日企业持有的交易性金融资产等的公允价值高于账面余额的差额；借方登记资产负债表日企业持有的交易性金融资产等的公允价值低于账面余额的差额。

"长期股权投资"属于资产类科目。长期股权投资包括企业持有的对其子公司、合营企业及联营企业的权益性投资及企业持有的对被投资企业不具有控制、共同控制或重大影响，在活跃市场中没有报价、公允价值不能可靠地加以计量的权益性投资。该科目的借方登记长期股权投资的增加；贷方登记长期股权投资的减少；期末借方余额反映企业持有的长期股权投资的账面余额。企业能对本投资单位实施控制的长期股权投资或对被投资单位不具有共同控制或重大影响且在活跃市场中没有报价、公允价值不能可靠计量的长期股权投资，应采用成本法核算；对被投资单位具有共同控制或重大影响的长期股权投资，应采用权益法核算。本科目可按被投资单位进行明细核算。

"投资收益"科目核算企业持有交易性金融资产等期间取得的投资收益以及处置交易性金融资产等实现的投资收益或投资损失，贷方登记企业出售交易性金融资产等实现的投资收益及长期股权投资采用成本法核算的，企业应按被投资单位宣告发放的现金股利或利润中属于本企业的部分，长期股权投资采用权益法核算的，应按被投资单位实现的净利润或经调整的净利润计算应享有的份额；借方登记企业出售交易性金融资产等发生的投资损失。期末将全部的投资损益结转到本年利润后无余额。

"应收股利"科目核算企业应收取的现金股利和应收取其他单位分配的利润。借方登记企业取得的投资中已宣告但尚未发放的现金股利，持有期间被投资单位宣告发放的现金股利，应享有的份额。贷方登记实际收到的股利。本科目期末借方余额，反映企业尚未收回的现金股利或利润。

"应收利息"科目核算企业交易性金融资产、持有至到期投资、可供出售金融资产、发放贷款、存放中央银行款项、拆出资金、买入返售金融资产等应收取的利息。借方登记企业取得的投资或其他金融资产中已到付息期但尚未领取及持有期间的利息。贷方登记实际收到的利息。本科目期末借方余额,反映企业尚未领取的利息。

3. 主要会计处理

1) 交易性金融资产会计处理

企业取得交易性金融资产时,应按其取得时的公允价值作为其初始确认金额,记入"交易性金融资产——成本"科目。取得时所支付的价款中包含了已宣告发放的现金股利或已到付息期但尚未领取的债券利息的,应单独确认为应收项目,记入"应收股利"或"应收利息"。取得交易性金融资产时所发生的相关交易费用(如支付给代理机构、咨询公司、券商等的手续费和佣金及其他必要支出)应当在发生时直接计入(冲减)投资收益。

在资产负债表日,交易性金融资产应按照公允价值计量,公允价值与账面余额之差计入当期损益。企业应当在资产负债表日按照交易性金融资产公允价值与其账面余额的差额,借或贷记"交易性金融资产——公允价值变动"科目,贷或借记"公允价值变动损益"科目。

出售交易性金融资产时,应当将出售时的公允价值与其初始入账价值之间的差额确认为投资收益,同时调整公允价值变动损益。企业应按实际收到的金额,借记"银行存款"等科目,按该交易性金融资产的账面余额,贷记"交易性金融资产"科目,按其差额,贷记或借记"投资收益"科目。同时,将原计入该金融资产的公允价值变动转出,转入到投资收益账户中,即借记或贷记"公允价值变动损益"科目,贷记或借记"投资收益"科目。

【例3-22】中南公司2010年6月1日,从二级市场购入M公司股票10万股,并将其划分为交易性金融资产。从证券资金账户支付股票价款1 010 000元及手续费2 500元,该股票价款中含已经宣告但未发放的现金股利10 000元。

① 购买股票时

借:交易性金融资产——成本　　　　　　　　　　　　1 000 000
　　应收股利　　　　　　　　　　　　　　　　　　　　10 000
　　贷:其他货币资金——存出投资款　　　　　　　　　1 010 000

② 支付交易费用时

借:投资收益　　　　　　　　　　　　　　　　　　　　2 500
　　贷:其他货币资金——存出投资款　　　　　　　　　　2 500

【例3-23】承上例,2010年6月30日,中南公司购买的M公司股票的市场价格为每股12元。2010年12月31日,市场价格为11.8元。

① 2010年6月30日,确认购入的M公司股票的公允价值变动损益

借:交易性金融资产——公允价值变动　　　　　　　　200 000
　　贷:公允价值变动损益　　　　　　　　　　　　　　200 000

② 2010 年 12 月 31 日，确认购入的 M 公司股票的公允价值变动损益

借：公允价值变动损益　　　　　　　　　　　　20 000
　　贷：交易性金融资产——公允价值变动　　　　　　20 000

【例 3-24】　2011 年 1 月 20 日，出售购入的 M 公司股票，回收资金 1 300 000 元，已到存款账户。

① 出售交易性金融资产。

借：银行存款　　　　　　　　　　　　　　　1 300 000
　　贷：交易性金融资产——成本　　　　　　　　1 000 000
　　　　　　　　　　　——公允价值变动　　　　　180 000
　　　　投资收益　　　　　　　　　　　　　　　120 000

② 确认公允价值变动损益为投资收益。

借：公允价值变动损益　　　　　　　　　　　　180 000
　　贷：投资收益　　　　　　　　　　　　　　　180 000

2) 长期股权投资会计处理

按对被投资企业的控制力和影响力，长期股权投资的核算方法有两种：成本法和权益法。本书仅仅讲解按成本法核算长期股权投资的情况。

以支付现金取得的长期股权投资，应当按照实际支付的购买价款作为初始投资成本，包括直接相关的费用、税金和其他必要支出。

取得的长期股权投资实际支付的价款中包含的已宣告但尚未发放的现金股利或利润，作为应收股利处理，不计入长期股权投资的成本。

【例 3-25】　某公司发生如下经济业务，并作分录如下。

(1) 2010 年 2 月 20 日，购入子公司 W 公司股票 100 万股，每股价格 5 元，购买时每股含已宣告但未发放的现金股利为 0.1 元(不含税)，购买时发生相关税费 10 000 元。均以存款支付。

① 购入子公司股票时

借：长期股权投资　　　　　　　　　　　　　4 910 000
　　应收股利　　　　　　　　　　　　　　　　100 000
　　贷：银行存款　　　　　　　　　　　　　　5 010 000

② 实际收到股利时

借：银行存款　　　　　　　　　　　　　　　　100 000
　　贷：应收股利　　　　　　　　　　　　　　　100 000

(2) 2011 年 3 月 20 日，将购入的 P 公司股票 10 万股以每股 6 元的价格转让，支付相关税费 10 000 元，收到款项 590 000 元，已到公司银行账户。该长期股权投资的账面价值为 550 000 元，原先按成本法核算。

借：银行存款　　　　　　　　　　　　　　　　590 000
　　贷：长期股权投资　　　　　　　　　　　　　550 000
　　　　投资收益　　　　　　　　　　　　　　　40 000

本章小结

本章介绍了会计信息确认和计量的方法,重点讲述了会计计量的权责发生制和收付实现制的比较,在权责发生制下,对制造企业的筹资业务和生产供应业务进行了比较详细的讲解。还介绍了制造性企业一些基本会计业务的处理方法,讲述了确认和计量的标准和原则,根据权责发生制原则,较为系统地介绍了制造性企业的供应过程、生产过程、销售业务、利润的形成和分配、对外投资业务等经营活动。

阅读材料

长期股权投资核算方法、范围及其转换

1. 成本法

1) 成本法的适用范围

成本法的适用范围为:投资企业能够对被投资单位实施控制即企业对子公司的长期股权投资;投资企业对被投资单位不具有共同控制或重大影响,并且在活跃市场中没有报价、公允价值不能可靠计量的长期股权投资。

2) 成本法的核算方法

采用成本法核算的长期股权投资应当按照初始投资成本计价。追加或收回投资应当调整长期股权投资的成本。被投资单位宣告分派的现金股利或利润,确认为当期投资收益。投资企业确认投资收益,仅限于被投资单位接受投资后产生的累积净利润的分配额,所获得的利润或现金股利超过上述数额的部分作为初始投资成本的收回。

2. 权益法

1) 权益法的适用范围

投资企业对被投资单位具有共同控制或重大影响的长期股权投资,采用权益法核算。

2) 权益法的核算方法

(1) 长期股权投资的初始投资成本大于投资时应享有被投资单位可辨认净资产公允价值份额的,不调整长期股权投资的初始投资成本;长期股权投资的初始投资成本小于投资时应享有被投资单位可辨认净资产公允价值份额的,其差额应当计入当期损益,同时调整长期股权投资的成本。

被投资单位可辨认净资产公允价值应当比照《企业会计准则第20号——企业合并》的规定确定。

(2) 投资企业取得长期股权投资后,应当按照应享有或应分担的被投资单位实现的净损益的份额,确认投资损益并调整长期股权投资的账面价值。投资企业按照被投资单位宣告分派的利润或现金股利计算应分得的部分,应相应减少长期股权投资的账面价值。

(3) 投资企业确认被投资单位发生的净亏损,应当以长期股权投资的账面价值以及其他实质上构成对被投资单位净投资的长期权益减记至零为限,投资企业负有承担额外损失的情况除外。

被投资单位以后实现净利润的,投资企业在其收益分享额弥补未确认的亏损分担额后,恢复确认收益分享额。

(4) 投资企业在确认应享有被投资单位净损益的份额时,应当以取得投资时被投资单位各项可辨认资产等的公允价值为基础,对被投资单位的净利润进行适当调整后确认。

被投资单位采用的会计政策及会计期间与投资企业不一致的,应当按照投资企业的会计政策及会计期间对被投资单位的财务报表进行调整,并据以确认投资损益。

(5) 投资企业对于被投资单位除净损益以外所有者权益的其他变动,应当调整长期股权投资的账面价值并计入所有者权益。

3. 成本法与权益法的转换

1) 权益法转为成本法

权益法改成本法的条件:投资企业因减少投资等原因对被投资单位不再具有共同控制或重大影响的,并且在活跃市场中没有报价、公允价值不能可靠计量的长期股权投资,应当改按成本法核算,并以权益法下长期股权投资的账面价值作为按照成本法核算的初始投资成本。

2) 成本法转为权益法

成本法改权益法的条件:因追加投资等原因能够对被投资单位实施共同控制或重大影响但不构成控制的,应当改按权益法核算,并以成本法下长期股权投资的账面价值或按照《企业会计准则第 22 号——金融工具确认和计量》确定的投资账面价值作为按照权益法核算的初始投资成本。

(资料来源:根据《企业会计准则第 2 号——长期股权投资》整理。)

关键术语

材料采购　　固定资产　　累计折旧　　直接费用　　间接费用　　制造成本　　库存商品　　财务成果　　支付结算
长期股权投资　　投资性房地产

案例应用分析

关于权责发生制与收付实现制的比较

企业的会计核算应当以权责发生制为基础。即凡是当期已经实现的收入和已经发生或应当负担的费用,不论款项是否收付,都应当作为当期的收入和费用;凡是不属于当期的收入和费用,即使款项已在当期收付,也不应当作为当期的收入和费用。

收付实现制是与权责发生制相对应的一种确认基础,它是以收到或支付现金作为确认收入和费用的依据。目前,我国的行政单位采用收付实现制,事业单位除经营业务采用权责发生制外,其他业务均采用收付实现制。

以下通过一个实例来说明这两种确认基础的差异,以及各自的特点。

资料:

某企业本月份发生以下经济业务。

(1) 支付上月份电费 5 000 元。

(2) 收回上月的应收账款 10 000 元。

(3) 收到本月的营业收入款项 8 000 元。

(4) 支付本月应负担的办公费 900 元。

(5) 支付下季度保险费 1 800 元。

(6) 应收营业收入 25 000 元,款项尚未收到。

(7) 预收客户货款 5 000 元。

(8) 负担上季度已经预付的保险费 600 元。

要求：

(1) 比较权责发生制与收付实现制的异同。
(2) 通过计算说明它们对收入、费用和盈亏的影响。
(3) 说明它们各有何优缺点。

习　　题

【思考题】

1. 思考和理解会计信息确认的原则。
2. 思考和理解会计信息计量。
3. 比较权责发生制和收付实现制的差异和影响。
4. 企业生产过程有哪些基本业务？
5. 企业销售过程有哪些基本业务？
6. 企业利润的形成和分配如何核算？
7. 企业对外投资有哪些基本业务？

【业务题】

一、资金筹集业务的核算

1. 目的：掌握资金筹集业务的核算。
2. 资料：中南公司 2010 年 8 月发生如下业务(假定所有借款都是当月一日借入，债券都是当月一日发行，最后一日计提利息)。

(1) 投资者投入不需要安装设备一台，此设备市场公允价值为 60 000 元，双方认可的估价金额是 50 000 元，设备已验收交付使用单位。

(2) 投资者投入原材料一批，价款为 60 000 元，增值税为 10 200 元，材料已经验收入库。

(3) 向 A 定向发行股票 1 000 000 股，每股面值 1 元，款项 1 200 000 元已经到账。

(4) 接受 B 单位作为资本投入一项专利权，双方接受的估价为 100 000 元。

(5) 为扩大资本规模，公司决定用资本公积 200 000 元和盈余公积 100 000 元转增资本。

(6) 从银行借入半年期流动资金借款为 100 000 元，年利率为 12%，2011 年 1 月份偿还。

(7) 从银行借入 2 年期工程借款为 1 000 000 元，年利率为 12%(到期一次还本付息，不计算复利)。2012 年 7 月份偿还。工程 2010 年 10 月份动工，预计 2012 年 5 月完工。

(8) 面值发行债券 300 000 元，款项 300 000 元已收到。债券年利率为 12%，到期一次还本付息，资金用于新车间建设，工程在建造期间，2010 年 12 月完工。

3. 要求：根据以上业务编制会计分录。

二、生产准备业务的核算

1. 目的：掌握生产准备业务的核算。
2. 资料：中南公司 2010 年 8 月发生如下业务。

(1) 购入需要安装设备，价款 100 000 元，增值税为 17 000 元，运输装卸费为 1 000 元；安装时支付外单位人工费为 2 000 元，耗用本企业原材料(不含增值税)500 元，工程物资 800 元；设备安装完成，验收交付使用。

(2) 从 M 公司购入原材料 A 一批，价款 60 000 元，增值税为 10 200 元，款未付，材料已经验收入库。另外现金支付运杂费为 100 元。A 原材料采用计划成本核算，该批材料计划成本为 61 000 元。

(3) 购入原材料 B 一批，价款 50 000 元，增值税为 8 500 元，款已转账支付，材料已验收入库。B 原材料采用实际成本核算。

(4) 转账支付上述购入 A 材料款项 70 200 元。

(5) 从 N 公司购入 C 材料，价税合计 234 000 元，税率 17%，签发并承兑商业汇票。

(6) 从 W 公司购入工程物资一批，价税合计 117 000 元，现金支付运费 200 元。

(7) 提取本月固定资产折旧 30 000 元，其中生产部门使用的固定资产折旧 23 000 元，销售部门 2 000 元，企业管理部门 5 000 元。

(8) 因使用不当，一台设备报废。该设备账面原价 120 000 元，已提折旧 60 000 元。拆除设备现金支付人工费 100 元，残料作为原材料入库 5 000 元，责任人张三赔偿 500 元，款未收。该项报废固定资产已经清理完毕。(假定购入时未抵扣增值税进项税额)

3. 要求：根据以上业务编制相关会计分录。

三、产品生产业务的核算

1. 目的：练习制造性企业产品生产业务。
2. 资料：中南公司 2010 年 7 月份发生下列有关经济业务。
(1) 从银行提取现金 80 000 元，准备发放工资。
(2) 以现金 80 000 元发放本月职工工资。
(3) 生产 A 产品领用下列材料：

材料名称	数量/千克	单价/元	金额/元
甲材料	8 000	33	264 000
乙材料	600	12	7 200
丙材料	1 000	18	18 000

(4) 生产 B 产品领用下列材料：

材料名称	数量(千克)	单价(元)	金额(元)
甲材料	2 000	33	66 000
乙材料	1 000	12	12 000
丙材料	900	18	16 200

(5) 7 月末，根据下列工资用途，分配结转工资费用 80 000 元：

制造 A 产品生产工人工资　　38 000 元
制造 B 产品生产工人工资　　29 000 元
车间管理人员工资　　　　　4 000 元
行政管理人员工资　　　　　9 000 元

(6) 按照规定的固定资产折旧率，计提本月固定资产折旧费 21 000 元，其中车间使用的固定资产折旧 15 000 元，行政管理部门使用的固定资产折旧 6 000 元。

(7) 以银行存款预付下半年的车间设备保险费 2 400 元。

(8) 计提应由本月份负担的银行短期借款利息 1 800 元。

(9) 摊销应由本月份负担的大修理费 400 元。

(10) 以现金支付厂部购买办公用品费 300 元。

(11) 取得银行存款利息收入 600 元。

(12) 将已预提的短期借款利息 5 400 元支付给银行。

(13) 分配并结转本月发生的制造费用(按生产工人工资比例分配)。

(14) 假设 A、B 两种产品均已完工并验收入库，结转其实际生产成本。

3. 要求：

(1) 根据上述经济业务编制会计分录。

(2) 登记"生产成本"总分类账户和"生产成本"明细分类账户。

四、销售业务的核算

1. 目的：练习销售过程的业务核算。

2. 资料：中南公司 2010 年 7 月份发生下类有关经济业务。

(1) 向振兴公司销售 A 产品 1 000 件，每件售价为 600 元，增值税率为 17%。货款已收到，并存入银行。

(2) 向黄河公司销售 B 产品 600 件，每件售价为 480 元，增值税率为 17%，货款尚未收到。

(3) 银行存款支付上述 A、B 两种产品在销售过程中发生的运输费为 1 200 元，装卸费为 300 元。

(4) 收到上述黄河公司所欠货款为 336 960 元，并存入银行。

(5) 以银行存款支付本月产品广告费为 8 000 元。

(6) 结转本月已售 A、B 两种产品的实际生产成本，其中 A 产品的单位生产成本为 420 元，B 产品的单位生产成本为 360 元。

(7) 销售甲材料 600 千克，每千克售价为 50 元，增值税率为 17%。货款已收到，并存入银行。

结转上述所售甲材料的成本为 22 800 元。

3. 要求：

(1) 根据上述经济业务编制会计分录。

(2) 列式计算主营业务利润和其他业务利润。

五、利润形成和分配业务的核算

1. 目的：练习利润形成和分配的业务核算。

2. 资料：中南公司 2010 年 12 月份发生下类有关经济业务。

(1) 销售 A 产品 10 台，收入 94 000 元存入银行。

(2) 销售 B 产品 8 台，收入 85 000 元存入银行。

(3) 用银行存款支付广告费用 7 880 元。

(4) 预提本月银行借款利息 1 250 元。

(5) 结转已销产品的生产成本 A 产品成本为 67 760 元，B 产品成本为 35 704 元。

(6) 按 10%的税率计算产品的销售税金。

(7) 销售丙材料为 1 000 公斤，收入为 7 440 元，货款已存入银行，丙材料的采购成本为 5 450 元。

(8) 盘亏设备一台，原值 7 200 元，已提折旧 5 300 元，经批准作营业外支出处理。

(9) 用银行存款支付办公费 6 500 元。

(10) 按应税所得的 25%计算应交所得税 5 554.8 元。

(11) 月末将各个收支账户的余额转入"本年利润"账户。("管理费用"账户余额为 30 080 元)

(12) 按规定提取盈余公积 1 880 元。

(13) 按规定分配给股东利润 8 000 元。

(14) 将利润分配各明细科目结转到未分配利润。

3. 要求：根据以上业务编制会计分录。

六、对外投资业务的核算

1. 目的：练习对外投资业务核算。

2. 资料：中南公司 2010 年 12 月份发生下类有关经济业务。

(1) 购入 A 上市公司股票 100 万股，归类为交易性金融资产，购买日公允价值为 1 000 万元，另支付相关交易费 20 000 元。

(2) 2010 年 2 月 6 日，购入 W 公司发行的债券，该债券 2009 年 9 月 1 日发行，面值 3 000 万元，票面利率 4.8%，债券利息按年支付。公司将此债券归类为交易性金融资产，支付 3 148 万元(其中包含已经宣告发放的利息 48 万元)，另支付交易费用 40 万元。2010 年 2 月 8 日，收到债券上年利息 48 万元。2011 年 2 月 8 日，收到 2010 年利息 144 万元。2011 年 3 月 25 日，因紧缺资金，以 2 800 万元出售该债券，期间假设债券公允价值无变动。

(3) 2010 年 12 月 20 日，购入子公司 M 公司股票 10 万股，每股价格 20 元，购买时每股含已宣告但未发放的现金股利 0.1 元(不含税)，购买时发生相关税费 2 万元。均以存款支付。

(4) 2010 年 12 月 27 日，将购入的 N 公司股票 10 万股以每股价格 12 元转让，支付相关税费 2 万元，收到款项 118 万元，已到公司银行账户。该长期股权投资的账面价值为 95 万元，原先按成本法核算。

3. 要求：根据以上业务编制会计分录。

第 4 章 会计凭证

教学目标

通过本章的学习，应着重理解会计凭证的概念，熟悉会计凭证的种类，掌握原始凭证和记账凭证的内容及填制和审核方法，了解会计凭证的作用及会计凭证传递与保管的一般要求。

教学要求

知识要点	能力要求	相关知识
会计凭证	(1) 理解会计凭证的概念 (2) 熟悉会计凭证的种类 (3) 了解会计凭证的作用	(1) 会计凭证的概念 (2) 会计凭证的分类 (3) 会计凭证的作用
原始凭证	(1) 掌握原始凭证的概念 (2) 掌握原始凭证的内容和填制方法 (3) 掌握原始凭证的审核方法	(1) 原始凭证的概念和种类 (2) 原始凭证的内容及填制 (3) 原始凭证的审核
记账凭证	(1) 掌握记账凭证的概念 (2) 熟练掌握记账凭证的填制方法 (3) 掌握记账凭证的审核方法	(1) 记账凭证的概念和种类 (2) 记账凭证的内容及填制方法 (3) 记账凭证的审核
凭证保管	(1) 了解会计凭证的传递方法 (2) 了解会计凭证保管的一般要求	(1) 会计凭证的传递 (2) 会计凭证的保管

第 4 章 会计凭证

引 例

新环公司于2009年宣布破产,在2010年9月对公司档案进行最后清理时,公司会计认为2005年以前的会计凭证早就该销毁了,现在公司已破产,这些凭证留着也没什么用,在没有经过任何请示的情况下,将其全部作为废纸卖掉了。这位会计做得对吗?为什么?

4.1 会计凭证概念、种类及作用

企业、事业、机关等单位发生的任何一项经济业务,都必须取得或填制凭证,由执行、完成该项经济业务的有关人员从外部取得或自行填制,以书面形式反映经济业务的发生或完成情况。为此,要求反映每一笔经济业务都要有凭有据,都要编制具有证明效力的书面证件,然后才能根据书面证件进行记账。如果没有凭据就收付款项或动用物资,并且进行账务处理,必然会使管理混乱、弊端丛生,影响经济活动的正常进行。

4.1.1 会计凭证的概念和种类

1. 会计凭证的概念

会计凭证是记录经济业务发生或完成情况、明确经济责任的书面证明,也是登记账簿的重要依据。会计凭证具有专门的格式、详细的内容和严格的填制要求。

会计凭证必须载明经济业务的内容、数量、金额并签名或盖章,以明确对该项经济业务的真实性、准确性所承担的责任。一切会计凭证都应经过专人进行严格的审核,只有经过审核无误的凭证,才能作为记账的依据。填制和审核会计凭证是会计核算工作的起点和基础,也是对经济业务活动进行核算和监督的基本环节,是会计核算的基本方法之一。因此,一切单位在处理任何一项经济业务时,都必须填制或取得会计凭证。例如,购买商品、材料等要由供货方开出发票;支出款项要由收款方开出收据;接收商品、材料入库要有收货单;发出商品要有发货单;发出材料要有领料单等。发票、收据、收货单、发货单、领料单等都是会计凭证。

2. 会计凭证的种类

由于不同的会计主体经济业务和管理上的要求不同,其会计凭证也不完全相同。为了了解各种不同的会计凭证,必须对会计凭证按照一定的分类标志进行区分,以便在日常会计核算中正确使用会计凭证。

会计凭证按其填制的程序和用途不同可以分为原始凭证和记账凭证两种。

1) 原始凭证

原始凭证是用来记载和证明有关经济业务实际执行和完成情况、明确经济责任的书面文件。任何企业和单位进行每一项经济活动或财务收支,都应当取得或填制原始凭证。常用的原始凭证一般有收据、借款单、材料出库单、材料入库单、差旅费报销单、支票存根、银行进账单等。原始凭证是进行会计核算的原始资料,也是填制记账凭证的重要依据。原始凭证的形式繁多,通常按凭证填制单位、凭证填制方法等不同标准进行分类。

(1) 原始凭证按填制单位的不同，可以分为自制原始凭证和外来原始凭证。

自制原始凭证是本单位经办业务的部门或人员在经济业务发生或完成时，所填制的并被本单位使用的原始凭证。常用的自制原始凭证有：材料入库单、材料出库单、成本计算单、产品入库单、产品出库单、借款单、工资计算单等。自制原始凭证(借款单)的一般格式，见表4-1。

表4-1 自制原始凭证

借 款 单

2010年1月18日

姓　名	赵　飞	工作部门	厂长办公室	职务	厂长助理
借款原因	出　　差		领导审批	同意 刘丹	
借款金额	人民币(大写)贰仟伍佰元整			现金付讫	
备　注					

会　计　　　　　　　　　　　　出　纳　　　　　　　　　　　　制　单

外来原始凭证是由业务经办人员在业务发生或者完成时从外单位取得的凭证，如购入材料和商品时由供应单位出具的发货票、银行为企业代收款项的收款通知等。

(2) 原始凭证按其填制方法的不同，可分为一次性原始凭证、累计原始凭证、汇总原始凭证和记账编制凭证。

一次性原始凭证是指一次记录一项或若干项同类经济业务的原始凭证。凭证填制手续一次完成。所有的外来原始凭证和大部分的自制原始凭证都属于一次性原始凭证，如收料单、领料单、发票等。累计原始凭证是指在一定时期内连续记录若干项同类经济业务，并将期末累计数作为记账依据的自制原始凭证。这种凭证是把经常发生的同类业务连续登记在一张凭证上，填制手续不是一次完成，需在期末才能完成。其特点是：可以随时计算发生额累计数，便于同定额、计划和预算进行比较，达到控制费用支出的目的。工业企业使用的限额领料单就是一种典型的自制累计原始凭证。

汇总原始凭证是指将一定时期内反映同类经济业务的若干张同类原始凭证加以汇总所编制的原始凭证。如根据一定期间反映同类经济业务的许多原始凭证，按照一定的管理要求，汇总编制的收入或发出材料汇总表；根据一定期间有关账户记录汇总整理而成的工资分配汇总表等。

记账编制凭证是指会计人员根据账簿记录加以整理后重新编制的原始凭证。记账编制凭证属于自制原始凭证。如固定资产折旧计算表、制造费用分配表等。记账编制凭证与上述其他原始凭证主要不同点在于：其他原始凭证一般都是依据实际发生的经济业务编制的，而记账编制凭证则是根据账簿记录加以整理后编制的。

原始凭证是证明经济业务已经执行或完成情况的书面证明,对于那些不能证明经济业务已经实际执行或完成的文件,如材料请购单、车间的派工单等,由于它们只反映预期的未来经济业务,而这些业务尚未实际执行,这些文件也就不属于原始凭证范畴,不能单独作为登记账簿的依据。

2) 记账凭证

记账凭证是会计人员根据审核后的原始凭证进行归类、整理,并确定会计分录而编制的凭证,是直接凭以登账的依据。

由于一个会计单位经济业务是多种多样的,反映经济业务原始凭证的格式和内容也是各不相同的,而且原始凭证一般都不能明确具体表明经济业务应计入的账户及其借贷方向,直接根据原始凭证登记账簿容易发生差错。因此,为了分类归纳原始凭证和便于记账,在记账之前需要对原始凭证加以归类整理,编制记账凭证,确定会计分录,据以登记账簿。记账凭证可以按照不同的标志进行分类。

(1) 记账凭证按其使用范围不同,可分为通用记账凭证和专用记账凭证。

通用记账凭证是指各类经济业务共同使用、具有统一格式的记账凭证。此类记账凭证适宜那些业务比较单纯、业务量也较少的单位。

专用记账凭证是指按照经济业务的某种特定属性定向使用的凭证。该类记账凭证按其是否反映货币资金收付业务,分为收款凭证、付款凭证和转账凭证3种。

收款凭证是指专门用于登记现金和银行存款收入业务的记账凭证。收款凭证又可根据反映的具体对象的不同区分为现金收款凭证和银行存款收款凭证。现金收款凭证是根据现金收款业务的原始凭证填制的收款凭证。银行存款收款凭证是根据银行存款收款凭证业务的原始凭证填制的收款凭证。收款凭证是登记现金日记账、银行存款日记账及有关明细账和总账等账簿的依据,也是出纳人员收讫款项的依据。

付款凭证是指专门用于登记现金和银行存款支出业务的记账凭证。付款凭证又可根据业务反映的具体对象的不同区分为现金付款凭证和银行存款付款凭证。现金付款凭证是根据现金付款业务的原始凭证填制的付款凭证。银行存款付款凭证是根据银行存款付款业务的原始凭证填制的付款凭证。付款凭证是登记现金日记账、银行存款日记账及有关明细账和总账等账簿的依据,也是出纳人员支付款项的依据。

转账凭证是指专门用于登记现金和银行存款收付业务以外的转账业务的记账凭证。转账凭证根据有关转账业务的原始凭证填制,是登记有关明细账和总账等账簿的依据。

(2) 记账凭证按其填制方法不同,可分为复式记账凭证、单式记账凭证和汇总记账凭证。

复式记账凭证是指将一项经济业务所涉及的会计科目都集中填列在一张记账凭证上。复式记账凭证能够集中反映会计科目之间的对应关系,便于了解有关经济业务的全貌,还可以减少凭证的数量,但不便于汇总每一会计科目的发生额和进行分工记账。

单式记账凭证是指按一项经济业务所涉及的每个会计科目分别填制的记账凭证。由于一张凭证只填列一个会计科目,因此使用单式记账凭证便于汇总每个会计科目的发生额和进行分工记账,但填制工作量大,在一张凭证上反映不出经济业务的全貌,不便于查账。

汇总记账凭证是将许多同类记账凭证定期加以汇总后填制的凭证。如将收款凭证、付款凭证或转账凭证按一定的时间间隔分别汇总,编制汇总收款凭证、汇总付款凭证和汇总转账凭证;又如,将一段时间的记账凭证按相同会计科目的借方和贷方分别汇总,编制的记账凭证汇总表等。

3) 原始凭证和记账凭证的主要区别

(1) 原始凭证能证明经济业务已经发生或已经完成情况，而记账凭证不具备此项功能。

(2) 原始凭证一般不必运用规定的会计科目按复式记账要求做成会计分录，而记账凭证必须具备这个内容。

4.1.2 会计凭证的作用

会计凭证的填制和审核，对于如实反映经济业务的内容，有效监督经济业务的合理性和合法性，保证会计核算资料的真实性、可靠性、合理性，对完成会计工作，发挥会计在经济管理中的作用，具有重要意义。

(1) 填制和审核会计凭证，可以及时正确地反映各项经济业务的完成情况。对于各单位发生的任何一项经济业务，无论是货币资金的收付，还是财产物资的进出，首先都必须填制取得凭证，详细记录每一项经济业务的内容和过程，掌握第一手真实的数据资料。然后通过对这些资料的分类、汇总和审核据以登记账簿，从而及时、正确地将各项经济业务反映出来。各单位发生的每一项经济业务都必须通过会计凭证加以真实反映，使其成为反映该单位经济活动的档案资料并进行经济活动分析和会计检查的重要原始依据。

(2) 填制和审核会计凭证，可以充分发挥会计的监督作用。为了反映经济业务执行或完成情况，在会计凭证中必须详细记载各项经济业务的主要内容。由于会计凭证是对经济业务的如实反映，通过填制与审核会计凭证就可以查明每一项经济业务是否符合国家有关法律、法规和制度的规定，是否符合计划、预算。从而可以及时地发现经营管理及会计核算工作中存在的问题，有效地遏制违法违纪行为，发挥会计监督的职能作用，保证企业和单位经济活动的良性发展。

(3) 填制和审核会计凭证，可以提供记账依据。会计凭证是记账的依据，通过会计凭证的填制、审核，按一定方法对会计凭证进行整理、分类、汇总，为会计记账提供真实、可靠的依据，并通过会计凭证的及时传递，对经济业务适时地进行记录。

(4) 填制和审核会计凭证，可以加强经济管理中的责任制。经济业务发生后，要取得或填制适当的会计凭证，并证明经济业务已经发生或完成；同时要由有关的经办人员，在凭证上签字、盖章，明确业务责任人。这样一方面加强了有关人员的责任感，促使他们严格地按经济法令、规章制度办事；另一方面加强了会计人员之间的相互牵制。一旦发生了问题，可借助于会计凭证，做出正确的裁决。

4.2 原始凭证的填制和审核

一个单位的会计工作是从取得或填制原始凭证开始的。原始凭证填制的正确与否，直接影响到整个会计核算的质量。因此，各种原始凭证都要进行认真审核。审核无误的原始凭证才能作为会计核算的依据。

4.2.1 原始凭证的要素

原始凭证是在经济业务发生或完成时取得或填制，载明经济业务具体内容和完成情况的书面证明，它是进行会计核算的原始资料和主要依据。由于原始凭证必须适应经济业务的复杂性和经营管理的不同要求，因此它的内容和格式也表现为繁杂不一。例如，发票记载的是材料购买的品种、数量、单价、金额；而借款单则反映的是借款事由、金额、有关领导的审批等内容。这两种原始凭证反映的具体内容显然不同。为了能够客观反映经济业务的发生和完成情况，表明经济业务的性质，明确有关经办人员和单位的经济责任，无论各种原始凭证之间有何差异，都应该具备一些共同的基本内容，这些基本内容也就是每一原始凭证所具备的要素。原始凭证应该具备以下要素：

(1) 原始凭证的名称；
(2) 填制凭证的日期；
(3) 填制凭证单位名称或者填制人姓名；
(4) 经办人员的签名或者盖章；
(5) 接受凭证单位名称；
(6) 经济业务内容；
(7) 数量、单价和金额。

在实际工作中，各单位根据会计核算和管理的需要，可自行设计和印制适合本单位需要的各种原始凭证。但是对于在一定范围内经常发生的大量同类经济业务，应由各主管部门设计统一的凭证格式。例如，由中国人民银行设计统一的银行汇票、本票、支票；由交通部门设计统一的客运、货运单据；由税务部门设计统一的发货票、收款收据等。这样，不但可使原始凭证的内容在全国统一，便于加强监督管理，而且也可以节省各基层单位的印刷费用。

4.2.2　原始凭证的填制

1. 原始凭证的填制要求

不同类型的经济业务，其填制或取得的原始凭证的格式可能并不相同，具体的填制方法和内容也不完全一致，但在任何一张原始凭证的填制过程中，都应该符合规定的要求。

1) 填制原始凭证的基本要求

(1) 真实可靠。原始凭证是用以证明经济业务的发生或完成情况的，是编制记账凭证的依据，其内容的正确与否，直接影响到下一步的会计核算，直接影响到会计信息的真实可靠性。所以在填制原始凭证时，不允许以任何手段弄虚作假、伪造或变造原始凭证，要以实际发生的经济业务为依据，真实正确地填写。

(2) 内容完整。原始凭证中的所有项目必须填列齐全，不得遗漏或省略。尤其需要注意的是年、月、日要按照填制原始凭证的实际日期填写；原始凭证的基本内容和补充内容都应逐项填列，名称要写全，不能简化；品名或用途要填写明确，不得含糊不清。项目填列不全的原始凭证，不能作为经济业务的合法证明，也不能作为编制记账凭证的附件和依据。

(3) 填制及时。当每一项经济业务发生或完成，应立即填制原始凭证，并按规定的程序及时送交会计部门，由会计部门审核后及时据以编制记账凭证。这样既可以保证会计信息的时效性，也可以防止出现差错。

(4) 书写规范。原始凭证要用蓝色或黑色墨水书写。需要套写的凭证，必须一次套写清楚，合计的小写金额前应加注币值符号，如"￥"、"$"等。大写金额至分的，后面不加"整"字或"正"字，其余一律在末尾加"整"字或"正"字，大写金额前还应加注币值单位，注明"人民币"、"港币"、"美元"等字样，且币值单位与金额数字之间，以及金额数字之间不得留有空隙。

各种凭证不得随意涂改、刮擦、挖补，若填写错误，应采用规定的方法予以更正。对于重要的原始凭证，如支票以及各种结算凭证，一律不得涂改。对于预先印有编号的各种凭证，在填写错误后，要加盖"作废"戳记，并单独保管。

阿拉伯数字应一个一个地写，不得连笔写。阿拉伯数字金额前面应写人民币符号"￥"。人民币符号"￥"与阿拉伯数字之间不得留有空白。凡阿拉伯数字前写有人民币符号"￥"的，数字后面不再写"元"字。所有以元为单位的阿拉伯数字，除表示单价情况外，一律填写到角分，无角分的，角位和分位可写"00"，或符号"—"；有角无分的，分位应写"0"，不得用符号"—"代替。

汉字大写金额数字，一律用正楷字或行书字书写，如壹、贰、叁、肆、伍、陆、柒、捌、玖、拾、佰、仟、万、亿、元、角、分、零、整、正等易于辨认、不易涂改的字样。不得用一、二(两)、三、四、五、六、七、八、九、十、毛、另(或〇)等字样代替，不得任意自选简化字。

阿拉伯金额数字中间有"0"时，汉字大写金额要写"零"字，如￥101.50，汉字大写金额应写成人民币壹佰零壹元伍角整。阿拉伯金额数字中间连续有几个"0"时，汉字大写金额中可以只写一个"零"字，如￥1 004.56，汉字大写金额应写成：人民币壹仟零肆元伍角陆分。阿拉伯金额数字元位是"0"或数字中间连续有几个"0"，元位也是"0"，但角位不是"0"时，汉字大写金额可只写一个"零"字，也可不写"零"字，如1 320.56，汉字大写金额应写成：人民币壹仟叁佰贰拾元零伍角陆分，或人民币壹仟叁佰贰拾元伍角陆分。

2) 填制原始凭证的附加要求

原始凭证的填制除应符合上述基本要求外，对不同的情况还应符合一定的附加条件。

(1) 从外单位取得的原始凭证，必须加盖有填制单位的公章；从个人取得的原始凭证，必须有填制人员的签名或签章。自制原始凭证必须有收款人、经办人、经办部门负责人或指定人员的签名或签章。对外开出的原始凭证，必须加盖本单位公章。

(2) 凡填有大小写金额的原始凭证，大小写金额必须相符。大小写金额不一致的原始凭证，不能作为经济业务的合法证明，也不能作为有效的会计凭证。

(3) 购买实物的原始凭证，必须有验收证明。实物购入以后，要按照规定办理验收手续，这有利于明确经济责任，保证账实相符，防止盲目采购，避免物资短缺和流失。

(4) 支付款项的原始凭证，必须有收款单位和收款人的收款证明，不能仅以支付款项的有关凭证如银行汇款凭证等代替，以防止舞弊行为的发生。

(5) 一式几联的原始凭证，必须注明各联的用途，只能以其中一联作为报销凭证；一式几联的发票和收据，必须用双面复写纸套写，或本身具备复写功能，并连续编号。作废时，应在各联加盖"作废"戳记，连同存根一起保存，不得缺联，不得销毁。

第4章 会计凭证

(6) 发生销货退回及退款时，必须填制退货发票，附有退货验收证明和对方单位的收款收据，不得以退货发票代替收据。

(7) 职工因公借款，应填写正式借据，必须附在记账凭证之后。借据是此项借款业务的原始凭证，是办理有关会计手续、进行相应会计核算的依据。在收回借款时，应当另开收据或退还借据的副本，不得退还原借据。

(8) 经上级有关部门批准的经济业务，应当将批准文件作为原始凭证附件。如果批准文件需要单独归档的，应当在凭证上注明批准机关名称、日期和文件字号。

(9) 发现原始凭证有错误的，应当由开出单位重开或者更正。在更正处加盖开出单位的公章。原始凭证金额有错误的，应当由开出单位重开，不得在原始凭证上更正。

2. 原始凭证的填制方法

1) 外来原始凭证的填制方法

(1) 普通发货票的填制。普通发货票是企业的外来原始凭证。当企业或单位从外单位购入材料物资或接受劳务时，由销货单位开具普通发货票，用以证明企业某项经济业务完成情况。普通发货票一般一式三联，一联留存有关业务部门；一联做会计机构的记账凭证；一联作购货单位的结算报销凭证。

【例4-1】 2010年1月30日，大华公司向新城公司购A材料10件，单价为每件100元。同时取得新城公司开出的普通发票，见表4-2(税务监制章略)。

表4-2 普通发票

长沙市商业统一发票　　　　　发票代码：150000520041
发　票　联　　　　　　　　发票号码：00343756

购货单位：大华公司　　2010年1月30日

品名及规格	计量单位	数量	单价	金额							备注
				万	千	百	十	元	角	分	
A材料	件	10	100		1	0	0	0	0	0	
金额合计(大写)	⊕ 万壹仟零佰零拾零元零角零分			￥	1	0	0	0	0	0	

第二联 报销凭证

收款单位盖章　　　　开票：王珊　　　　收款：李好

(2) 增值税专用发票的填制。增值税专用发票是一般纳税人于销售货物时开具的销货发票，一般一式四联，销货单位和购货单位各两联。其中留销货单位的两联，分别留存有关业务部门和会计机构记账用；交购货单位的两联分别用作购货单位的结算凭证和税款抵扣凭证。增值税专用发票一般用机器打印。

【例4-2】 2010年1月15日，大华公司向联谊公司购进B材料2吨，每吨500元。计价款1 000元，增值税税款170元。同时取得三峡钢厂开出的增值税专用发票，见表4-3(税务监制章略)。

表4-3 增值税专用发票

增值税专用发票

开票日期：2010年1月15日　　　　　　　　　　　　　　NO.001792

购货单位	名称	大华公司	纳税人登记号	291810002156168
	地址电话	芙蓉路5号 88518948	开户银行及账号	长沙工行营业部 8894-168

商品或劳务名称	计量单位	数量	单价	金额 百十万千百十元角分	税率%	税额 百十万千百十元角分
B材料	吨	2	500	1 0 0 0 0 0	17	1 7 0 0 0
合计				¥ 1 0 0 0 0 0		¥ 1 7 0 0 0
价税合计（大写）	佰　拾⊕万壹仟壹佰柒拾零元零角零分					¥1 170.00

销货单位	名称	联谊公司	纳税人登记号	491810005156294
	地址电话	古曲路91号 87514514	开户银行及账号	长沙市工行营业部 14-914

第二联 发票联 购货方记账

收款人：李武　　　　　　　　　　　　　　　　　开票单位：联谊公司(章)

(3) 银行结算凭证的填制。银行结算凭证是企业单位通过银行收付款项，凭以划拨资金的原始凭证。一般由付款单位或付款单位开户银行填制。下面以转账支票为例说明银行结算凭证的填制方法。

【例4-3】 2010年1月23日，收到兴旺公司转账支票一张，支付货款10 000元，见表4-4(支票的有关印章略)。

表4-4 支票

中国工商银行转账支票

Ⅵ Ⅰ 01210495

出票日期(大写)贰零壹零年拾贰月贰拾叁日　　　付款行名称：长沙工行营业部
收款人：大华公司　　　　　　　　　　　　　　　出票人账号：98-968

人民币（大写）	壹万元整。	百	十	万	千	百	十	元	角	分
				¥ 1	0	0	0	0	0	0

用　途：购货欠款　　　　　　　　　科目(借)_____
上列款项请从我账户内支付　　　　　对方科目(贷)_____
　　　　　　　　　　　　　　　　　转账日期　　年　月　日
出票人签章(已盖章)　　　　　　　　复核　　　记账

2) 自制原始凭证的填制方法

(1) 收料单的填制。收料单是记录材料入库的一种原始凭证，属于自制一次性凭证。当企业购进材料验收入库时，由仓库保管人员根据购入材料的实际验收情况，按实收材料

第4章 会计凭证

的数量填制"收料单"。收料单一式三联,一联留仓库,据以登记材料物资明细账和材料卡片;一联随发票账单到会计处报账;一联交采购人员存查。

【例4-4】 2010年1月9日大华公司向连云钢厂购进钢板20吨,每吨1 000元,运杂费700元。材料货款及运费以银行存款付讫。仓库保管员将薄板验收后填制"收料单",见表4-5。

表4-5 收料单

收 料 单

供货单位:连云钢厂　　　　　　　2010年1月9日　　　　　凭证编号:0203
发票编号:2456　　　　　　　　　　　　　　　　　　　　　　收料仓库:一号仓库

材料类别	材料编号	型号及规格	计量单位	数 量		金　额(元)			
				应收	实收	单价	买价	运杂费	合计
钢材	0018	钢板	吨	20	20	1000	20000	700	20700
备注:						合　　计		¥20 700	

第二联

仓库负责人:李林　　　记账:任飞　　　仓库保管员:李民　　　收料人:王伟

(2) 领料单的填制。领料单是记录并据以办理材料领用和发出的一种原始凭证。属于自制一次性凭证。企业发生材料出库业务,由领用材料的部门及经办人和保管材料的部门填制,以反映和控制材料发出状况,明确经济责任。领料单一般一式三联,一联由领料单位留存或领料后由发料人退回领料单位;一联由仓库发出材料后,作为登记材料明细分类账的依据;一联交财会部门作为编制材料领用记账凭证的依据。

【例4-5】 2010年1月17日,大华公司三车间,从一号材料仓库领出ϕ10mm圆钢200千克,单位价格3.00元。仓库保管员对领料单进行审核后在"实发栏"填写数量,领发料双方在领料单上签章,见表4-6。

表4-6 领料单

领 料 单

领料单位:三车间　　　　　　　　2010年1月17日　　　　　凭证编号:6666
用　　途:甲产品　　　　　　　　　　　　　　　　　　　　　发料仓库:一号仓库

材料类别	材料编号	型号及规格	计量单位	数 量		单价	金额(元)
				请领	实领		
钢材	048	ϕ10mm圆钢	千克	200	200	3.00	600.00
备注:						合　　计	¥600.00

第二联

领料单位负责人:李维　　　记账:王芳　　　发料人:曹萍　　　领料人:赵萍

(3) 限额领料单的填制。限额领料单是一种一次开设、多次使用的累计领料凭证，是自制凭证。在有效期间内只要领用材料不超过限额，就可以连续领发材料。它适用于经常领用、并规定有领用限额的材料业务。限额领料单应在每月开始前，由生产计划部门根据生产作业计划和材料消耗定额，按照每种材料、分别用途编制，通常一式两联：一联送交仓库据以发料；另一联送交领料部门据以领料。领发材料时，仓库应按领料单内所列材料品名、规格在限额内发放，同时把实发数量和限额结余数填写在仓库和领料单位持有的两份限额领料单内，并由领发料双方在两份限额领料单内签章。月末结出实物数量和金额，交由会计部门据以记账；如有结余材料，应办理退料手续。

【例4-6】 2010年1月上旬，大华公司一车间领钢板7 800千克。领用记录见表4-7。

表4-7 限额领料单

限额领料单

领料单位：一车间　　　　　　　　2010年1月10日　　　　　　凭证编号：4588
用　　途：生产乙产品　　　　　　　　　　　　　　　　　　发料仓库：三号仓库

材料类别	材料编号	型号及规格	计量单位	单价	领用限额（千克）	实际领用	
						数量	金额(元)
黑色金属	0018	钢板	公斤	1.00	8 000	7 800	7 800

日期	请领		实发			限额结余	退库	
	数量	领料单位负责人(签章)	数量	发料人	领料人		数量	退料单号
3	2 000	(略)	1 500	(略)	(略)	6 000		
5	2 500	(略)	1 500	(略)	(略)	3 500		
8	2 000	(略)	1 500	(略)	(略)	1 500		
10	1 300	(略)	1 300	(略)	(略)	200		

供应部门负责人：王欢　　　　生产部门负责人：李波　　　　记账：李志勇

(4) 制造费用分配表的填制。会计实务中，有一部分原始凭证是根据账簿记录进行整理编制而成的。如企业将制造费用计入生产成本时，需要编制制造费用分配表，合理地将费用归集到成本对象中去。

【例4-7】 大华公司一车间2010年1月生产A、B两种产品，本月发生制造费用80 000元。A产品本月统计生产工时40 000，B产品本月统计生产工时60 000。该车间一直按产品生产工时比例分配制造费用。本月制造费用的分配见表4-8。

(5) 发料凭证汇总表的填制。工业企业在生产过程中领发材料比较频繁、业务量大、同类凭证也较多。为了简化核算手续，需要编制发料凭证汇总表。编制时间根据业务量的大小确定，可5天、10天、15天或1个月汇总编制一次。发料凭证汇总表的格式见表4-9。

表4-8 制造费用分配表

制造费用分配表

2007年1月31日　　　　　　　　　　　　　　　　　　　　　单位：元

产 品 名 称	分配标准/工时	分 配 率	分 配 金 额
A	40 000	0.8	32 000
B	60 000	0.8	48 000
合　　计	100 000	0.8	80 000

会计负责人：杨楠　　　　复核：李方　　　　　　　制单：蔡敏

表4-9 发料凭证汇总表

发料凭证汇总表

年　月　日　　　　　　　　　　　　　　　　　　　　　单位：元

会 计 科 目		领料部门	原　材　料	燃　　料	合　　计
生产成本	基本生产车间	一车间	200 000	10 000	210 000
		二车间	250 000	50 000	300 000
		小　计	450 000	60 000	510 000
	辅助生产车间	供电车间	12 000	28 000	40 000
		锅炉车间	18 000	32 000	50 000
		小　计	30 000	60 000	90 000
制 造 费 用		一车间	8000	24 000	32 000
		二车间	12 000	6 000	18 000
		小　计	20 000	30 000	50 000
管 理 费 用		公司行政部门	10 000	20 000	30 000
合　　计			510 000	170 000	680 000

会计负责人：　　　　　　复核：　　　　　　　制表：

(6) 库存商品验收单的填制。库存商品验收单是商品流通企业购进商品验收入库的自制原始凭证。"库存商品验收单"的格式见表4-10。

表4-10 库存商品验收单

收　货　单

商品类别：C类　　　　开单日期：2010年1月17日　　　字第55号
收货地点：三号库　　　　　　　　　　　　　　　收货日期：2010年1月19日
交货单位：武陵贸易公司　　　　　　　　　合同：字第35号

货　号	商品名称	单　位	应 收 数 量	实 收 数 量	单　价	金　额
G963	NQB-78	件	60	60	100	6 000
备注：			附单据3张			

仓库保管员：李娜　　　记账：何勇　　　收货人：方红

4.2.3 原始凭证的审核

原始凭证填制或取得后,要及时送交财会部门,由会计主管或指定的人员进行审核和核对。为了正确反映经济业务的发生或完成情况,充分发挥会计的监督作用,保证原始凭证的合理性、合法性和真实性,会计负责人或经其指定的审核人员必须认真地、严格地审核原始凭证。审核原始凭证不但是保证会计资料真实可靠的重要措施,而且是发挥会计监督作用的重要手段,必须严肃认真地进行。

1. 原始凭证审核的内容

原始凭证的审核主要应从以下 5 个方面进行。

1) 真实性

即审核它是否如实地反映了经济业务的本来面貌,是否具备成为本单位合法原始凭证的条件。主要包括:内容记载是否清晰;经济业务发生的时间、地点和填制的日期是否准确;经济业务的内容及其数量方面(实物数量、计量单位、单价、金额)是否与实际情况相符等。特别要注意的是数字、文字有无伪造、涂改、重复使用和大头小尾、各联之间数字是否相符等情况。

2) 正确性

即审核发生经济业务后取得的原始凭证是否在计算方面存在失误。经审核后确定的原始凭证,凡在计算方面失实者,不能作为内容正确的会计凭证。如业务所涉及实物或劳务量与单价的乘积与金额不符,金额合计的阿拉伯数字与汉字大写数字不符等。

3) 完整性

主要审核原始凭证的各项基本内容是否填写齐全,是否有漏项情况;数字是否清晰、日期是否完整;有关签名或盖章是否齐全;凭证联次是否正确;原始凭证的手续是否完备,是否须经上级有关部门或领导批准的经济业务,审批手续是否按规定履行。

4) 合法性

主要审核原始凭证所记录的经济业务是否合法。主要包括:凭证内容是否符合国家的有关法令、行政政策、规章和制度的有关规定;是否符合计划、预算的规定;有无违法乱纪的行为,有无弄虚作假、营私舞弊、伪造涂改凭证的现象。

5) 合理性

主要审核经济业务活动是否符合提高经济效益的要求;是否符合规定的开支标准;是否符合勤俭节约的原则。例如,财产物资的收发、领退、报废等是否按规定办理手续;各项费用的开支是否符合会计制度中成本开支范围与标准;有没有巧设名目滥发奖金、津贴、补助、或者随意购买国家控购商品,挥霍浪费。

2. 原始凭证审核结果的处理

经过审核的原始凭证,应根据具体情况分别处理。

(1) 对于符合要求的原始凭证,应及时办理各种必要的会计手续。

(2) 对于真实、合法但内容不完整、手续不完备、计算有错误或填写不符合要求的原始凭证,应退回经办单位或经办人补办手续,更正错误或重新填制。

(3) 对于不真实、不合法的原始凭证,会计人员应拒绝办理,并及时向单位领导汇报(必要时,可以向上级机关反映),进行严肃处理。会计机构和会计人员对违法收支不予制止和纠正,又不报告的,也应承担相应的责任。

审核原始凭证是一项政策性很强的工作,它涉及能否正确处理国家、企业和个人之间的经济关系,有时也会涉及个人经济利益问题,财会工作的许多矛盾也会在审核原始凭证工作中暴露出来,会计人员应该特别注意做好此项工作。

4.3 记账凭证的填制和审核

由于原始凭证只能表明经济业务的具体内容,而且种类繁多、数量庞大、格式不一,因而不便凭以直接入账。为了做到分类反映经济业务的内容,必须按会计核算方法的要求,将其归类、整理,编制记账凭证,指明经济业务应记入的账户名称及应借应贷的金额,作为记账的直接依据。

4.3.1 记账凭证的要素

记账凭证是由财会部门根据审核无误的原始凭证加以归类整理而填制的,记载经济业务的简要内容,确定会计分录,作为登记账簿直接依据的一种会计凭证。在实际工作中,不同单位所使用记账凭证会因对会计核算需要的繁简程度不同而存在差异,但作为记账凭证要具备完整的内容或要素,其基本内容一般包括以下几个方面。

(1) 凭证名称,即收款凭证、付款凭证、转账凭证或记账凭证。
(2) 记账凭证的填制日期,通常以年、月、日表示。
(3) 经济业务内容摘要,摘要即摘录其主要内容。
(4) 会计科目的名称,包括对应的一级科目和明细科目。
(5) 金额,按照借贷记账法的规则,每一笔经济业务的发生,其借方金额与贷方金额永远是相等的。
(6) 所附原始凭证的张数。
(7) 有关责任人的签名或盖章,包括填制凭证人员、稽核人员、记账人员、会计机构负责人员、会计主管人员签名或盖章。收付款的记账凭证还应由出纳人员签名或盖章。
(8) 记账凭证编号。

4.3.2 记账凭证的填制

1. 记账凭证填制方法

1) 通用记账凭证的填制

通用记账凭证又称"记账凭证"或"记账凭单",是一种适合于任何经济业务的记账凭证。

在借贷记账法下，将经济业务所涉及的会计科目全部填列在凭证内，将各会计科目所应记的金额填列在"借方金额"或"贷方金额"栏内。借、贷方金额合计数应相等。账页栏或"√"栏内标明所登记的账簿页数或注明"√"以示登记入账。制单人应在填制凭证完毕后签名盖章，并填写所附原始凭证的张数。

【例4-8】 大华公司2010年1月1日向连云钢厂购买钢板一批，价格10 000元，增值税进项税额1 700元，款项暂欠。会计人员根据有关原始凭证填制的通用记账凭证见表4-11。

表4-11 通用记账凭证

记 账 凭 证

2010年1月1日　　　　　　　　　字第3号

摘要	会计科目	子细目	借方金额 √ 十 万 千 百 十 元 角 分	贷方金额 √ 十 万 千 百 十 元 角 分	
购钢板	材料采购	钢板	1 0 0 0 0 0 0		附件2张
	应交税费	应交增值税进项税额	1 7 0 0 0 0		
	应付账款	连云钢厂		1 1 7 0 0 0 0	
合计			¥ 1 1 7 0 0 0 0	¥ 1 1 7 0 0 0 0	

会计主管：　　　记账：　　　出纳：　　　复核：李杰　　　制单：张敏

2) 专用记账凭证的填制

(1) 收款凭证的填制。收款凭证应根据审核无误的现金和银行存款收入业务的原始凭证填制。它是出纳人员办理收款业务的依据，也是会计人员登记现金日记账、银行存款日记账以及其他相关账簿的依据。收款凭证的特点表现为表头所列科目为借方科目。在借贷记账法下，根据收入业务的经济性质，借方科目内应填列"现金"或"银行存款"科目，而贷方栏目内应填列借方科目的对应科目；贷方金额栏填写金额数目；合计栏既表明贷方金额又表明借方金额；账页栏或"√"栏内标明所登记的账簿页数或注明"√"以示登记入账。收款凭证编号可按"收字××号"统一编号；也可以按现金收入业务以"现收字××号"顺序编号；银行存款收入业务以"银收字××号"顺序编号。附件张数是指附在记账凭证后面的原始凭证件数；最后是有关人员的签字或盖章。

【例4-9】 大华公司2010年1月28日收到职工李梅归还的借款1 000元。会计人员根据有关单据填制收款凭证，见表4-12。

第4章 会计凭证

表 4-12 收款凭证

收 款 凭 证

借方科目：库存现金　　　2010 年 1 月 28 日　　　现收字第 76 号

摘　要	会 计 科 目	子 细 目	贷 方 金 额								
			√	十	万	千	百	十	元	角	分
职工还款	其他应收款	李梅				1	0	0	0	0	0
合　　　　　　　计			￥			1	0	0	0	0	0

附件 1 张

会计主管：　　记账：　　出纳：张武　　复核：钱小　　制单：陈新

(2) 付款凭证的填制。付款凭证的填制依据是审核无误的有关现金和银行存款付出业务的原始凭证。在借贷记账方法下，付款凭证填制方法与收款凭证大致相同，区别在于表头表内所列科目相反，付款凭证左上角表头反映的是贷方科目；表内栏中反映的是借方科目及其金额。

【例 4-10】 大华公司 2010 年 1 月 30 日以银行存款偿还借款 60 000 元。根据有关单据填制付款凭证，见表 4-13。

需要注意的是：对于现金和银行存款之间相互划转的业务，如从银行提取现金，或将现金存入银行，为了避免重复记账，只编制付款凭证，不编制收款凭证。即当发生从银行提取现金的业务时，只编制银行存款付款凭证；当发生将现金存入银行的业务时，只编制现金付款凭证。

表 4-13 付款凭证

付 款 凭 证

贷方科目：银行存款　　　2010 年 1 月 30 日　　　银付字第 89 号

摘　要	会 计 科 目	子 细 目	借 方 金 额								
			√	十	万	千	百	十	元	角	分
还借款	短期借款	工商银行			6	0	0	0	0	0	0
合　　　　　　　计			￥		6	0	0	0	0	0	0

附件 1 张

会计主管：　　记账：　　出纳：张武　　复核：钱小　　制单：陈新

(3) 转账凭证的填制。转账凭证是根据审核无误的有关转账业务的原始凭证填制的。在转账凭证中总账科目和明细科目栏填列有关经济业务涉及的一级科目和所属明细科目，借方科目反映的金额，记在借方科目同行借方金额栏内，贷方科目反映的金额，记在与贷方科目同行的贷方金额栏内；在合计栏内，借方金额应该等于贷方金额。转账凭证的编号是按"转字第×号"编制的。

【例 4-11】 2010 年 1 月 31 日，中南公司结转本月所得税 90 000 元。根据有关单据填制转账凭证，见表 4-14。

表 4-14 转账凭证

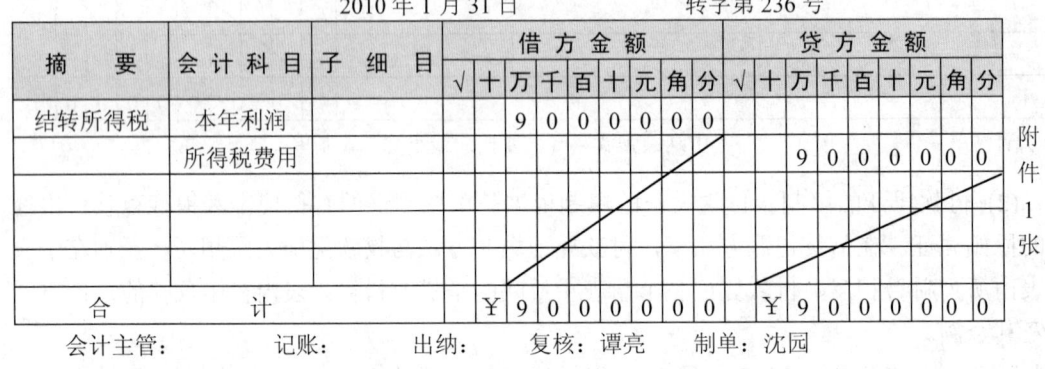

2. 记账凭证的填制要求

记账凭证填制的正确与否，直接关系到记账的真实性和正确性。所有各种记账凭证的填制必须符合下列要求。

1) 填制依据合法

填制记账凭证必须以审核无误的原始凭证为依据。记账凭证可以根据每一张原始凭证填制，或者根据若干张同类原始凭证汇总填制，也可以根据原始凭证汇总表填制。但不同内容和类别的原始凭证不能汇总填列在一张记账凭证上。以自制的原始凭证或者原始凭证汇总表代替记账凭证使用的，也必须具备记账凭证所应有的内容。

2) 填制日期正确

由于发生的收付款业务要在当日记入日记账，所以，填制收、付款凭证的日期应是货币资金的实际日期，但与原始凭证所记载的日期不一定相同；而转账凭证是以收到原始凭证的日期作为填制记账凭证的日期，但经济业务发生的实际日期应在摘要栏上注明。

3) 摘要简明确切

摘要栏是对经济业务的简要说明，填写时既要简明，又要确切。对于收付款业务要写明收付款对象的名称、款项内容、使用银行支票的，还应填写支票号码；对于购买材料、商品业务，要写明供应单位名称和主要品种、数量；对于往来业务，应写明对方单位、业务经手人、发生时间等内容。

4) 账户对应清楚

会计科目使用必须正确,应借、应贷账户的对应关系必须清楚。编制会计分录要先借后贷,可以填制一借多贷、多借多贷或多借一贷的会计分录。如果某项经济业务本身需要编制一套多借多贷的会计科目时,为了反映该项经济业务的全貌,可以采用多借多贷的会计科目对应关系,不必人为地将一项经济业务所涉及的会计科目分开,编制两张记账凭证。

5) 金额准确规范

记账凭证的金额必须与原始凭证的金额相等;金额的登记方向必须正确、符合数字书写规定。在填写金额数字时,阿拉伯数字书写要规范,应平行对准借贷栏次和科目栏次,防止错栏串行;金额的数字要填写到分位,如果角位、分位没有数字要写"00"字样,如 369.00 元;如果角位有数字,分位没有数字,则要在分位上写"0"字样,如 369.80 元。"角分"位与"元"位的位置应在同一水平线上,不得上下错开;每笔经济业务填入金额数字后,要在记账凭证的合计行填写合计金额,一笔经济业务因涉及会计科目较多需要在一张记账凭证上填写多行或填写多张记账凭证的,一般在每张记账凭证的合计行填写合计金额,并应在合计数前面填写货币符号"¥"。不是合计数,则不填写货币符号。

6) 凭证连续编号

记账凭证编号的方法有多种,可以按现金收付、银行存款收付和转账业务 3 类分别编号,也可以按现金收入、现金支出、银行存款收入、银行存款支出和转账 5 类进行编号,或者将转账业务按照具体内容再分成几类编号。无论采用哪一种编号方法,都应该按月顺序编号,即每月都从 1 号编起,顺序编至月末。一笔经济业务(一个会计分录)需要填制两张或者两张以上记账凭证的,可以采用分数编号法编号,如 32 号会计事项分录需要填制 3 张记账凭证,就可以编成 32 $\frac{1}{3}$、32 $\frac{2}{3}$、32 $\frac{3}{3}$。

7) 按行逐项填写

记账凭证应按行次逐项填写,不得跳行或留有空行,对记账凭证中的空行,应该划斜线或一条"S"形线注销。划线应从金额栏最后一笔金额数字下的空行划到合计数行上面的空行,要注意斜线两端都不能划到金额数字的行次上。

8) 规范更正差错

如果在填制记账凭证时发生差错,应当重新填制。已经登记入账的记账凭证,在当年内发现填写错误时,可以用红字填写一张与原内容相同的记账凭证,在摘要栏注明"注销某月某日某号凭证"字样,同时再用蓝字重新填制一张正确的记账凭证,注明"订正某月某日某号凭证"字样。如果会计科目没有错误,只是金额错误,也可以将正确数字与错误数字之间的差额,另编一张调整的记账凭证,调增金额用蓝字,调减金额用红字。发现以前年度记账凭证有错误的,应当用蓝字填制一张更正的记账凭证。

9) 附件张数准确

除结账和更正错误,记账凭证必须附有原始凭证并注明所附原始凭证的张数。所附原始凭证张数的计算,一般以原始凭证的自然张数为准。与记账凭证中的经济业务记录有关的每一张证据,都应当作为原始凭证的附件。如果记账凭证中附有原始凭证汇总表,则应该把所附的原始凭证和原始凭证汇总表的张数一起计入附件的张数之内。但报销差旅费等的零散票券,可以粘贴在一张纸上,作为一张原始凭证。一张原始凭证如涉及几张记账凭证的，可以将该原始凭证附在一张主要的记账凭证后面，在其他记账凭证上注明该主要记账凭证的编号或者附上该原始凭证的复印件。

一张原始凭证所列的支出需要由两个以上的单位共同负担时，应当由保存该原始凭证的单位开给其他应负单位原始凭证分割单。原始凭证分割单必须具备原始凭证的基本内容，包括凭证的名称、填制凭证的日期、填制凭证单位的名称或填制人的姓名、经办人员的签名或盖章、接受凭证单位的名称、经济业务内容、数量、单价、金额和费用的分担情况等。

10) 凭证签章完整

记账凭证填制完成后，需要由有关会计人员签名或盖章，以便加强凭证的管理，分清会计人员之间的经济责任，使会计工作岗位之间相互制约、互相监督。

4.3.3 记账凭证的审核

记账凭证是登记账簿的直接依据，收款、付款凭证还是出纳人员收付款项的依据，为了保证账簿记录的正确性，监督各种款项的收付、财产物资的收发、往来款项的结算及其他经济业务的合理合法，必须在记账前对记账凭证进行审核。

1. 记账凭证审核的内容

1) 内容是否真实

审核记账凭证是否附有原始凭证，所附原始凭证的内容是否与记账凭证记录的内容一致，记账凭证汇总表与记账凭证的内容是否一致。

2) 项目是否齐全

审核记账凭证的项目是否齐全，如日期、凭证编号、摘要、会计科目、金额、所附原始凭证张数及有关人员签章等。

3) 科目是否正确

审核记账凭证的应借、应贷科目是否正确，是否有明确的账户对应关系，所使用的会计科目是否符合会计准则、会计制度的规定等。

4) 金额是否正确

审核记账凭证所记录的金额与原始凭证的有关金额是否一致，记账凭证汇总表的金额与记账凭证的金额合计是否相符，原始凭证中的数量、单价、金额计算是否正确等。

5) 书写是否规范

审核记账凭证中的记录是否文字工整、数字清晰，是否按规定使用蓝黑墨水或碳素墨水，是否按规定进行更正等。

另外，出纳人员在办理完收付款业务后，应在凭证上加盖收讫或付讫的戳记，以免重复收付。

2. 记账凭证审核结果的处理

在会计凭证的审核中发现问题应立即加以解决。对凭证填写错误的要按规定的办法进行更正；对违反财经纪律、财务制度，不按计划、规定、合同办理以及铺张浪费、营私舞弊等问题，应拒绝受理、不予报销付款；对一些伪造凭证、涂改单据、虚报冒领等不法行为应及时向有关部门反映，严肃处理。

4.4 会计凭证的传递和保管

科学合理地组织会计凭证的传递，做好会计凭证的保管工作，是及时进行各项会计核算，为有关各方提供真实、准确的数据资料的保证。同时，有利于强化内部会计监督，加强岗位责任制。

4.4.1 会计凭证传递及组织

1. 正确组织会计凭证传递的意义

会计凭证传递是指会计凭证从编制或取得时起，经过审核、登账，直至装订的全过程。为了充分发挥会计凭证的作用，企业单位进行会计核算时，不仅要正确填制和严格审核会计凭证，同时还要有效地组织会计凭证的传递工作，及时、迅速和完整地向有关方面提供必要的会计信息，发挥会计的职能作用。可见，做好会计凭证传递工作具有重要的意义。

(1) 有利于及时反映经济业务执行或完成情况。正确组织会计凭证的传递，可以使有关部门和人员及时了解经济业务发生及完成的具体情况，加速业务处理过程，提高工作效率。

(2) 有利于加强经营管理上的责任制，有效实行会计监督。一项经济业务的完成，往往是由几个业务部门共同进行的，会计凭证也就随着实际业务的进程在各有关业务部门之间流转。组织好会计凭证的传递，可以明确各有关部门和人员之间的分工协作关系，强化各工作环节之间的监督和制约，分清经济责任，加强经营管理上的责任制。

2. 会计凭证传递的组织

会计凭证的传递具体包括两部分，一是会计凭证在企业内部各部门及经办人员之间传递的线路，即会计凭证的传递程序；二是会计凭证在各环节及其有关人员中的停留及传送时间，即会计凭证的传递时间。

(1) 会计凭证的传递程序。会计凭证的传递程序是会计管理制度的组成部分，应当在会计制度中作出明确的规定。为了使会计凭证有序地传递，并符合内部牵制的原则，应当为各种会计凭证规定科学合理的传递程序，明确取得或填制会计凭证以后，应交到哪个部门、哪个工作岗位上，顺序由何人接办业务手续，直至归档保管为止。如果凭证为一式数联的，应当具体规定每一联移交何处、有何用途。每一个企业都应该根据其经济业务的主要特点以及经营管理和会计核算方面的要求，按照其不同部门、不同的员工，设计一个合理的传递程序，以便使会计凭证流转线路通畅，提高传递速度，增强工作实效。同时，还要根据各业务部门的特点及人员的配置，制定会计凭证在每一个业务部门合理的停留时间及传送时间，确保会计凭证核算的质量，从而加速会计凭证的传递。

(2) 会计凭证的传递时间。会计凭证的传递时间是会计凭证从取得或填制至归档保管间隔的时间。各种会计凭证，它们所反映的经济业务的内容、性质不同，所涉及的内部控制制度的规定有所区别，所以，传递时间的长短也不尽一致。一般来讲，重要的经济事项，严格的控制制度，较多的控制环节，会计凭证传递的时间相对长一些；反之，则相对短一些。各单位为了使每个工作环节有序衔接，相互督促，提高工作效率，确保会计核算的质量，应当根据办理各项业务手续所需要的时间，规定会计凭证的传递时间。在规定中，应具体明确会计凭证在各部门、各业务环节的停留时间和有关人员的责任，保证及时反映会计信息。

3. 正确组织会计凭证传递应注意的问题

(1) 每一个企业、单位应当根据自身经济活动的特点、内部机构的设置、人员分工等具体情况以及经营管理方面的需要，具体规定各种会计凭证的联数和传递程序。使经济业务发生后，既能做到会计凭证传递程序比较合理，又能避免不必要的环节，以提高会计工作的效率。

(2) 每一个企业、单位应当根据经济业务的性质、需要办理的各项必要手续等内容，确定会计凭证在各工作环节上的停留时间。规定会计凭证的传递时间不能过紧，也不能过松。时间过紧会影响业务手续的完成；而时间过松又会延误业务完成的进度。

(3) 应当通过调查研究，并在此基础上，由会计部门同有关部门和人员共同协商确定会计凭证的传递程序和传递时间。

会计凭证的传递程序和传递时间确定后，有关部门和人员应当共同遵守执行。在执行中发现不协调和不合理的地方，应及时根据实际情况加以修改。

4.4.2 会计凭证的归档及保管

会计凭证的保管是指会计凭证在登记入账后的整理、装订和归档备查。从内容上分，包括原始凭证的保管和记账凭证的保管；从时间上分，包括装订成册以前的保管和装订成册以后的保管。会计凭证是重要的会计核算资料；同时也是重要的经济档案和历史资料。各单位必须对其加以妥善保管，不得丢失或任意销毁，以备日后查阅。

1. 会计凭证的日常保管

(1) 会计凭证要及时传递，不得积压。及时传递会计凭证不仅可以保证会计核算的及时，而且可以降低会计凭证散失的可能性。

(2) 记账凭证登记完毕后，应当按照分类和编号顺序保管，不得散乱丢失。

(3) 应定期将记账凭证按编号顺序整理，检查有无缺号及附件是否齐全，然后附上封面和封底，装订成册。为了防止失散，应在装订线上贴上封签，加盖会计人员印章，不得任意拆装。在封面上应注明单位名称、所属年度和月份、起讫日期、记账凭证种类、张数、起止编号等。

(4) 对于某些重要的原始凭证，如合同等，为便于日后查阅，可另行归档保管；对于某些数量较多的原始凭证，如发货票、收货单等，可以不附在记账凭证后面，单独装订保管，在封面注明记账凭证日期、编号、种类，同时在记账凭证上注明"附件另订"及原始凭证的名称及编号。

(5) 从外单位取得的原始凭证如有遗失，应取得原签发单位盖有公章的证明，并注明原来凭证的号码、名称和内容等，由经办单位负责人批准后，方能代替原始凭证。如果确实无法取得证明的，如火车、轮船、飞机票等凭证，应由当事人写出详细情况，由经办单位负责人批准后,才能代作原始凭证。

(6) 装订成册的会计凭证应由专人负责集中保管,按年、月顺序排列,以便查阅。查阅会计凭证应有一定的手续制度。作为会计档案,会计凭证不得外借,其他单位如因特殊原因需要使用原始凭证时,经本单位领导批准可以复制。向外单位提供的会计凭证复制件,应在备查簿中登记,由提供人和收取人共同签章。

2. 会计凭证的归档

会计凭证存档以后,保管责任随之转移到档案保管人员身上。保管人员应当按照会计档案管理的要求,对会计档案进行分类、存档和保管。

3. 会计凭证的销毁

会计凭证的保管期限及销毁手续,应严格遵循《会计档案管理办法》的有关规定。一般会计凭证保管期限为 15 年;未满保管期限的会计凭证不得任意销毁。会计凭证保管期满后,必须按照规定的审批手续,报经批准后才能销毁。但销毁前要填制"会计档案销毁目录",交档案部门编入会计档案销毁清册。批准销毁后要进行监销,并取得销毁过程中有关人员签字盖章的证明。

本章小结

会计凭证是记录经济业务发生和完成情况、明确经济责任的书面证明,也是登记账簿的重要依据。为了正确认识和运用会计凭证,需要对会计凭证进行分类。会计凭证按其填制的程序和用途,分为原始凭证和记账凭证两大类。原始凭证是用来记载和证明有关经济业务实际执行和完成情况、明确经济责任的书面文件。原始凭证有若干种类。记账凭证是会计人员根据审核后的原始凭证编制的,用来确定会计分录,作为登记账簿的依据。记账凭证分为通用记账凭证和专用记账凭证,其中专用记账凭证又分为收款凭证、付款凭证和转账凭证 3 种。会计凭证的填制必须符合有关的规定和要求。会计人员必须履行会计的监督职能,对原始凭证和记账凭证进行审核。只有审核无误的会计凭证才能作为登记账簿的依据。各单位还应规定会计凭证从取得或填制时起至归档保管时止,在内部各有关部门和人员之间的传递程序和传递时间。会计凭证作为重要的经济档案,必须按规定妥善保管。

 阅读材料

信息化会计与电子凭证业务

信息化会计与电算化会计不同,信息化会计信息的传输、是全自动的信息化工作状态。信息技术的发展最终导致信息化会计业务的完全信息化,对人的自动信息识别与对电子凭证数据信息的自动识别将完全取代现有的电算化会计工作方法。越来越广泛地采用电子信息储存与传播自动化技术开展日常业务工作,是信息化会计业务的发展方向。本文对信息化会计标准化问题和编制电子凭证业务需注意的原则作一简要说明。

(1) 在信息化会计计算机网络系统中,电子凭证的文字处理(除外资企业或跨国公司使用两种以上文字外)要使用中文,外资企业在中国境内的一切分支机构也要采用中文处理会计业务。中国企业在会计信息数据处理过程中必须使用中国政府颁布执行的文字标准,不得夹有老体中国文字或日本简化汉字,也不能使用拼音字来代替相应文字。这就要求计算机所用中文系统必须是中国政府核准颁行的标准化文字库。对于字母与数字的运用按会计法的规定,技术说明应按国家技术部颁发的使用标准,不得擅自采用非法标识。

(2) 电子凭证的格式要采用国家统一标准。这有利于在信息网络中的传输,有利于市场业务流程作业中费用的节约,有利于税务、审计部门的稽核。一般而言,电子凭证的格式与传统会计中的会计凭证格式相同,采用格、栏样式设计,包括信息存储卡、储值卡等凭证也是这样构建。也有一些业务巨大的超级市场及原则化会计凭证的格式,面向零售业务、业务量大、单据多,因而采用逐步式凭证,将商品条目与价格直列加总。除了类似于超级商场这样的零售业务,多数工业企业、金融企业都保留了传统会计中的单据特色,另外还附加条形码操作系统。条形码系统的采用有利于提高工作效率,减去了人工输入商品品牌及凭证密码的工作环节,提高了会计业务处理速度。对业务与系统的技术结合要求与国家推行的统一行业标准结合起来,才能体现更好的效益。

(3) 电子凭证制作系统的选择原则是先进性、适用性与标准化性相结合。电子凭证制作系统由计算机、存储器、网络器、识别器、监视器、打印与拍照机、条形码系统(输入器与运算器)组成。企业一般应采用较先进的系统。目前是信息化时代,与信息产业相关联的生产技术发展比较快,一种机型3~5年就被新的机型所取代,选用计算机要考虑到这种发展形势,既要有利于业务处理现代化,又要有利于不断地采用新的信息技术。既要考虑购买支出,又要考虑机会损失,沉没成本之类的支出。电子凭证制作系统的选择还要考虑世界先进国家的已有成果,从欧美企业电算化会计系统工作中吸取经验,结合我国的具体国情制定出一套符合我国国情的电子凭证制作系统选用与设置方式,既先进又适用,同时又要结合标准化性,才能产生良好的经济效益。

(4) 电子凭证的编制还需要注意一些工作原则,包括一次性原则、一一对应性原则、独立业务性原则、内容完整性原则、记忆存储原则、及时排除故障原则、预防病毒原则和保密性原则。

节选自吕学东同名论文(湖北广播电视大学学报2006年第一期,101-102页)

关键术语

会计凭证　原始凭证　记账凭证　收款凭证　付款凭证　转账凭证

案例应用分析

37岁的王某家住二道区,是长春市南关区某物资贸易有限公司经理。经南关区人民检察院审查认定:今年3月16日,王某在担任该公司经理期间,接到市国税局的税务检查通知,为逃避税务检查,王某故意将该物资公司的营业执照、税务登记证、公章、财务章、发票存根联及2001年5月至今年3月期间公司所有的账簿、记账凭证、会计报表等全部会计资料,扔至二道区河东路附近(现已丢失),致使税务检查无法进行。南关区人民检察院认为,王某故意销毁依法应当保存的会计凭证、会计账簿,涉案金额在100万元以上,属情节严重,其行为已经触犯了1999年12月25日颁布实施的《刑法》修正案第1条的规定,构成故意销毁会计凭证、会计账簿、财务会计报告罪。14日,南关区检察院以涉嫌故意销毁会计凭证、会计账簿、财务会计报告罪将王某起诉。

请查阅有关资料,并结合课堂学习谈谈你对本案例的看法。

第4章 会计凭证

习 题

【思考题】

1. 什么是会计凭证？填制和审核会计凭证有什么作用？
2. 什么是原始凭证？原始凭证应具备哪些基本内容？
3. 原始凭证的填制应符合哪些要求？
4. 什么是记账凭证？记账凭证应具备哪些基本内容？
5. 记账凭证的填制应符合哪些要求？
6. 什么是收款凭证、付款凭证和转账凭证？它们之间的主要区别是什么？

【练习题】

一、单项选择题

1. 填制和审核会计凭证是会计工作的(　　)。
   A. 开始　　　　　B. 终结　　　　　C. 继续　　　　　D. 始终
2. 会计凭证分为原始凭证和记账凭证，是按(　　)标志划分的。
   A. 填制人员　　　B. 填制手续　　　C. 适用的经济业务　　D. 填制程序和用途
3. 下列原始凭证是累计凭证的是(　　)。
   A. 收料单　　　　B. 领料单　　　　C. 限额领料单　　　D. 发料凭证汇总表
4. 下列凭证为外来原始凭证的是(　　)。
   A. 从外单位取得的发货票　　　　　B. 收料单
   C. 领料单　　　　　　　　　　　　D. 报销凭单
5. "限额领料单"为(　　)。
   A. 一次凭证　　　B. 汇总原始凭证　　C. 累计凭证　　　D. 记账编制凭证
6. 外来凭证都是(　　)。
   A. 一次凭证　　　B. 累计凭证　　　C. 汇总原始凭证　　D. 自制原始凭证
7. 记账凭证按(　　)分为专用记账凭证和通用记账凭证。
   A. 使用范围　　　　　　　　　　　B. 包括的会计科目是否单一
   C. 是否汇总　　　　　　　　　　　D. 来源
8. 下列(　　)是全部汇总凭证。
   A. 汇总收款凭证　　　　　　　　　B. 汇总付款凭证
   C. 汇总转账凭证　　　　　　　　　D. 科目汇总表
9. 下列原始凭证属于记账编制凭证的是(　　)。
   A. 收料单　　　　　　　　　　　　B. 领料单
   C. 发料凭证汇总表　　　　　　　　D. 制造费用分配表
10. 1 001.50 元大写金额数字正确的是(　　)。
    A. 壹仟零壹元伍角整　　　　　　　B. 壹仟零零壹元伍角整
    C. 壹仟壹元伍角整　　　　　　　　D. 壹仟零壹元伍角

二、多项选择题

1. 会计凭证按其填制程序和用途可分为（　　）。
   A. 原始凭证　　　B. 记账凭证　　　C. 一次凭证　　　D. 累计凭证
2. 原始凭证按其来源分为（　　）。
   A. 一次凭证　　　B. 累计凭证　　　C. 自制原始凭证　　　D. 外来原始凭证
3. 自制原始凭证按填制手续不同分为（　　）。
   A. 一次凭证　　　B. 累计凭证　　　C. 汇总原始凭证　　　D. 记账编制凭证
4. 下列原始凭证属于一次凭证的是（　　）。
   A. 购进发票　　　B. 收料单　　　C. 领料单　　　D. 限额领料单
5. 下列原始凭证属自制原始凭证的是（　　）。
   A. 领料单　　　B. 限额领料单　　　C. 收料单　　　D. 购进发票
6. 专用记账凭证有（　　）。
   A. 收款凭证　　　B. 付款凭证　　　C. 转账凭证　　　D. 通用记账凭证
7. 下列记账凭证属于汇总记账凭证的是（　　）。
   A. 汇总收款凭证　　　B. 汇总付款凭证
   C. 汇总转账凭证　　　D. 科目汇总表
8. 下列凭证为汇总原始凭证的是（　　）。
   A. 发料凭证汇总表　　　B. 收料凭证汇总表
   C. 现金收入汇总表　　　D. 制造费用分配表
9. "限额领料单"是（　　）。
   A. 累计凭证　　　B. 一次凭证　　　C. 自制原始凭证　　　D. 原始凭证
10. 购进发票是（　　）。
    A. 原始凭证　　　B. 记账凭证　　　C. 外来原始凭证　　　D. 一次凭证

三、判断题

1. 汇总原始凭证只能将同类内容的经济业务汇总填列在一张汇总凭证中。　　（　　）
2. 一次凭证只反映一项经济业务，填制手续是一次完成的。　　（　　）
3. "制造费用分配表"是一种汇总原始凭证。　　（　　）
4. 自制凭证的填制人员都是会计人员。　　（　　）
5. 除本单位会计人员填写以外，所有的原始凭证都是外来原始凭证。　　（　　）
6. 用来专门记录某一类经济业务的记账凭证为专用记账凭证。　　（　　）
7. 转账凭证不是专用记账凭证。　　（　　）
8. 转账凭证是根据有关转账业务的原始凭证填制的。　　（　　）
9. 对于现金和银行存款相互划转业务，应同时编制收款凭证和付款凭证两种记账凭证。　　（　　）
10. 出纳员不能依据现金、银行存款收付业务的原始凭证收付款项。　　（　　）
11. 小写金额为 1 005.88 元，则大写金额的书写为"壹仟零伍元捌角捌分整"。
    （　　）

12. 小写金额中间连续有几个"0"时，大写金额中也应写几个"零"。（ ）
13. 各种凭证若已预先印定编号，在写错作废时，应当加盖"作废"戳记，全部保存，不得撕毁。（ ）
14. 所有记账凭证都附有原始凭证。（ ）
15. 若本月份第8笔经济业务需3张记账凭证完成时，则3张凭证的编号应为"8"、"9"、"10"。（ ）
16. 原始凭证作为记账凭证的附件，不能单独装订保管。（ ）
17. 会计凭证保管期满，会计人员可任意销毁。（ ）

【业务题】

1. 资料：中南公司201×年4月份发生以下经济业务（涉及增值税率均为17%）。

(1) 4月3日，收回客户以前所欠货款6 000元存入银行(收到银行收账通知)。
(2) 4月8日，接受新华工厂投资50 000元，款已存入银行(收到银行入账通知)。
(3) 4月10日，从银行贷款110 000元，已存入银行(收到银行转入的借款收据)。
(4) 4月12日，购买新设备一台，总价14 000元，以转账支票支付(取得发票，开出转账支票一张)。
(5) 4月15日，以银行存款交纳所得税3 100元(已填制纳税申报表、税款缴款书)。
(6) 4月15日，开出转账支票偿还到期应付账款9 000元(开出转账支票一张)。
(7) 4月18日，销售产品一批取得现金收入580元(开出普通发票一张)。
(8) 4月20日，支付本月水电费5 000元(收到发票、银行付款通知)。
(9) 4月20日，从银行提取现金38 000元备发工资(开出现金支票一张)。
(10) 4月20日，以现金支付本月职工工资38 000元(已填制工资单)。
(11) 4月21日，职工王成预借差旅费2 000元(取得借条)。
(12) 4月22日，销售乙产品2件，收到现金2 340元，当日送存银行(开出一张普通发票，收到进账单回执联)。
(13) 4月24日，用现金购买办公用品309元(收到发票)。
(14) 4月25日，用银行存款11 700元向天衡公司购进A材料(含17%的增值税)，已入库(原始凭证有增值税专用发票，汇款凭证和收料单)。
(15) 4月28日，王成出差回来报销差旅费1 700元，交回多余现金300元(收到报销单，4月10日，填开收据)。

要求：根据上述经济业务，填制收款凭证和付款凭证。

2. 资料：江阳化工厂200×年6月份发生以下转账业务。

(1) 6月2日，购入A材料500公斤，买价6 000元，税额以17%计，货款尚未支付。
(2) 6月4日，出售甲产品5台给东华机械厂，售价12 000元，增值税率为17%，款项尚未收到。
(3) 6月30日，摊销本月全厂报刊费用500元。
(4) 6月30日，预提借款利息费用2 000元。
(5) 6月30日，A、B材料验收入库，结转实际采购成本，其中A材料500千克，成本6 000元；B材料400千克，成本4 000元。

(6) 6 月 30 日，月末汇总本月耗用材料如下：甲产品耗用 A 材料 400 千克，计 4 800 元；乙产品耗用 B 材料 350 千克，计 3 500 元；车间领用一般材料 2 000 元；厂部领用材料 1500 元。

(7) 6 月 30 日，月末分配本月职工工资 42 000 元，其中：生产甲产品工人工资 21 000 元；生产乙产品工人工资 13 000 元；车间管理人员工资 5 000 元；厂部管理人员工资 3 000 元。

(8) 6 月 30 日，按工资总额的 14% 计提本月职工福利费。

(9) 6 月 30 日，计提本月固定资产折旧，其中车间用固定资产折旧 4 500 元；厂部固定资产折旧 4 000 元。

(10) 6 月 30 日，结转本月制造费用 12 200 元，其中甲产品负担 8 200 元；乙产品负担 4 000 元。

(11) 6 月 30 日，甲、乙两种产品本月全部完工，结转其成本。

要求：根据上述经济业务，编制转账凭证。

第 5 章

会 计 账 簿

教学目标

通过本章的学习,应理解会计账簿的含义,了解会计账簿的作用、设置原则、账簿的种类、格式,熟悉账簿的登记规则和对账与结账方法,熟练掌握日记账、总分类账、明细分类账的记账规则和一般登记方法,了解账簿的更换与保管。

教学要求

知识要点	能力要求	相关知识
会计账簿	(1) 理解会计账簿的含义 (2) 了解会计账簿的作用 (3) 了解会计账簿的设置原则	会计科目概念
账簿体系	(1) 掌握日记账的设置 (2) 掌握总分类账的设置 (3) 掌握明细账的设置 (4) 了解其他账簿的设置	(1) 账簿分类 (2) 账簿格式与所记录内容的关系
账簿的登记和使用	(1) 了解启用账簿规则 (2) 熟悉登记账簿规则 (3) 掌握错账更正规则 (4) 掌握分类账平行登记规则	会计基础工作规范
对账和结账	(1) 了解对账的意义 (2) 熟悉对账的内容 (3) 掌握对账的方法 (4) 掌握结账的方法	(1) 试算平衡 (2) 错账的查找 (3) 会计报表
账簿更换与保管	(1) 了解账簿更换的含义和程序 (2) 了解账簿保管的要求	档案保管法规

> **引 例**
>
> 马兰刚毕业于会计学专业，应聘到正处于筹建期间的惠民纺织厂从事财会工作。马兰到惠民纺织厂正式上班后，王经理交给她一个塑料袋，里面装着惠民纺织厂开始筹建以来的所有凭证和一本记录整个筹建支出的工作笔记本，并让她以后专门做厂里的会计工作。马兰对原来的凭证进行了初步整理后，决定买正式会计账簿，重新建账。惠民纺织厂原来的整个筹建支出都已经在一个工作笔记本中作了记录，马兰为什么要买正式会计账簿重新建账？

5.1 会计账簿的意义和种类

各单位通过填制和审核会计凭证，可以将每日发生的经济业务通过会计凭证记录和反映。但会计凭证数量多、资料分散，并且每张凭证只能各自记载个别经济业务，所提供的资料是不全面的。为了便于了解单位在某一时期内的全部经济活动情况，必须设置和登记会计账簿，借以取得经营管理上所需要的各种会计信息。

5.1.1 会计账簿的概念和种类

1. 会计账簿的概念

账簿是由一定格式、相互联系的账页组成，用来序时、分类地全面记录和反映一个单位经济业务事项的会计簿籍。

设置和登记会计账簿是会计核算的一种十分重要的专门方法。会计凭证提供的信息既分散又缺乏系统性，并且比较容易散失，不便于会计信息的整理与报告。为了全面、系统、连续地反映和监督单位在一定时期内的经济活动和财务收支情况，便于日后查阅和使用，需要把会计凭证所记载的大量资料加以分类、整理。这一任务是通过设置和登记会计账簿来实现的。

2. 会计账簿的种类

一个会计主体应用的账簿种类很多，为了充分认识账簿体系中的具体账簿及其相互间的关系，更好地使用各种账簿，需要对账簿进行分类。账簿通常有以下两种分类方法。

1) 账簿按其用途分类

所谓账簿的用途是指账簿用来登记什么经济业务及如何进行登记。账簿按其用途分类，一般可分为序时账簿、分类账簿和备查账簿。

(1) 序时账簿。它通常称为日记账，是指按经济业务发生时间的先后顺序，逐日逐笔进行登记的账簿。设置序时账簿既能及时、详细地反映经济业务的发生和完成情况，提供连续系统的会计资料，又可以用来与分类账进行相互核对。序时账簿按其记录经济业务范围不同，又可以分为普通序时账簿和特种序时账簿。

普通序时账簿也称普通日记账，是指用来记录全部经济业务的完成情况的日记账。它的特点是将每日发生的全部经济业务，按其发生的时间先后顺序，根据原始凭证在账簿中逐笔编制会计分录，也可称为分录日记账。在会计实务中，由于经济业务的复杂多样性，采用一本账簿逐日逐笔序时登记全部的经济业务，显然比较困难，也不利于分工，因此在手工记账下我国实际已很少采用此类账簿。这种账簿适用于会计电算化。

特种序时账簿也称特种日记账，是指用来记录某一类经济业务完成情况的日记账。它的特点是对某一类重要的、发生频繁的经济业务进行序时登记。设置特种日记账有利于分类反映和考核特定的经济业务，简化记账、过账手续，并且便于会计人员分工。例如，对现金和银行存款的收付业务，各单位必须设置现金日记账和银行存款日记账，以便加强货币资金的管理。

(2) 分类账簿。它是指对各项经济业务按照账户进行分类登记的账簿，简称分类账。通过分类账簿，可以提供资产、负债和所有者权益的增减变动，以及收入、费用和利润等总括情况及其详细资料，为编制会计报表提供重要依据。

分类账簿按其反映经济内容详细程度不同，分为总分类账簿和明细分类账簿。

总分类账簿也称总分类账，简称总账，是指根据总分类科目开设的，用来分类登记一个单位全部经济业务，提供资产、负债、所有者权益、收入、费用和利润等总括核算资料的分类账簿。

明细分类账簿也称明细分类账，简称明细账，通常是根据总分类科目所属明细分类科目设置的，用来分类登记某一类经济业务，提供明细核算资料的分类账。

(3) 备查账簿。它也称辅助账簿，是对那些在序时账簿、分类账簿等主要账簿中未能记录或记录不全的经济业务进行补充登记的账簿。备查账簿不是每个单位都必须设置的账簿，它可以根据各个单位的实际需要灵活设置。在会计实务中，备查账簿主要用于各种租借设备、物资的辅助性登记。这些备查账簿对于加强经营管理、保证核算资料的正确性具有重大意义。

2) 账簿按其形式分类

在手工记账下，企业使用的各种账簿，都是由具有专门格式且相互连接在一起的许多账页组成的。所以，账簿就其形式而言，可分为订本账簿、活页账簿和卡片账簿。

(1) 订本账簿。它也简称订本账，是在使用前就将若干账页固定装订成册，每页印有顺序编号的账簿。订本账簿的优点是可以避免账页散失和抽换账页，也便于保管，从而能够保证账簿资料的安全与完整。其缺点是同一本账簿在同一时间内只能由一人登记，不能分工记账。另外，订本账簿账页固定，不能根据需要增减，因而必须预先估计每一个账户需要的页数，以此来预留空白账页。如果预留账页过多，就会造成浪费；预留账页不足，反而会影响账簿记录的连续性。在会计实务中订本账簿一般用于现金日记账和银行存款日记账。

(2) 活页账簿。它也简称活页账，是由若干分散、具有专门格式的账页组成的账簿。其特点是启用前不能固定装订在一起，年终时才装订成册。活页账簿的优点是可以根据实际需要，随时增减空白账页，不会浪费账页，还便于分工记账。其缺点是如果管理不善，账页容易散失或被抽换。为了防止丢失和抽换，空白账页在使用时应注意顺序编号，使用完毕，应装订成册并妥善保管。在会计实务中，活页账簿主要用于各种明细分类账。

(3) 卡片账簿。它也简称卡片账，是用卡片进行登记的账簿。卡片账簿在使用前不装订，根据记录需要随时增添卡片数量，为便于保管，通常将卡片存放于卡片箱中。卡片账簿的优缺点与活页账簿类似。在使用卡片账时，为防止散失和抽换，应顺序编号，并由有关人员在卡片上签章，同时存放在卡片箱中专人保管。卡片账簿主要用于财产明细账，如固定资产明细账等。

5.1.2 会计账簿的作用和设置原则

1. 会计账簿的作用

为了适应经济管理的要求，需要将分散在会计凭证中的具体资料分门别类，按照一定要求登记到有关账簿中去。通过账簿对会计资料的加工整理，使会计资料进一步系统化、条理化，有利于综合反映和监督单位的经济活动及其财务收支情况。设置和登记会计账簿，既对会计凭证信息进一步进行了分类、计算和积累；同时也为编制会计报表奠定了基础，在会计核算中具有重要意义。会计账簿的作用主要有以下几个。

(1) 通过账簿的设置和登记，可以系统地归纳和积累会计核算资料，为改善企业经营管理，合理使用资金提供资料。

通过账簿的序时核算和分类核算，把企业经营活动情况、收入的构成和支出情况，财物的购置、使用、保管情况，全面、系统地反映出来，用于监督计划和核算的执行情况和资金的合理有效使用，促使企业改善经营管理。

(2) 通过账簿的设置和登记，可以为计算财务成果、编制会计报表提供依据。

根据账簿记录的成本、费用和收入、利润资料，可以计算一定时期的财务成果，检查成本、费用、利润计划的完成情况。经审核无误的账簿资料及其加工的数据，为编制会计报表提供总括和具体的资料，是编制会计报表的主要依据。

(3) 通过账簿的设置和登记，利用账簿的核算资料，为开展财务分析和会计检查提供依据。

通过对账簿资料的检查、分析，可以了解企业贯彻有关方针、政策和制度的情况，可以考核各项计划的完成情况；另外，通过对账簿资料的检查、分析，能够对资金使用是否合理，费用开支是否符合标准，经济效益有无提高，利润的形成与分配是否符合规定等做出分析、评价，从而找出差距，挖掘潜力，提出改进措施。

2. 账簿设置的原则

任何一个企业、单位，不论其规模的大小，为了提供经营管理所需要的各种信息，都应该设置账簿。但是应该设置哪些账簿，要根据会计制度、管理要求和企业单位的生产规模、业务活动的特点、具体条件和实际需要，本着合法、适用、科学、简便的原则加以确定。

(1) 设置账簿要合法：就是设置账簿应符合会计制度的有关规定，使会计核算合规、合法。

(2) 设置账簿要适用：是指账簿设置要适应本企业的规模和特点，适合本企业经营管理的需要。不同的单位，经济活动的内容不同，经营管理的要求也不同，因此，账簿的设置应考虑到这些特点和需要，切合实际地反映经济活动。

(3) 设置账簿要科学：是指账簿组织要科学，既要避免重复设账，又要避免设账过简；账簿之间既要有明确分工，又要有有机联系，注意各种账簿之间的分工和相互联系，使有关账簿之间保持统驭关系或平行制约关系。只有这样，才能有利于全面、系统、正确、及时地提供会计信息，满足日常管理和经营决策的需要，防止重复记账或漏记，防止可能发生的失误。

(4) 设置账簿要简便：是指账簿格式要简单明了，账册不要过多，账页不要过大，要便于账簿日常使用，也不要为了简便，搞以单代账、以表代账。

5.2 会计账簿体系构成

为了适应记录不同经济业务的需要，账簿的种类、格式是多种多样的。无论何种账簿，也不论其格式如何，账簿都是由封面、扉页和账页3项构成。

封面主要用来载明账簿的名称。扉页主要用来登记经管人员一览表，其主要内容见表5-14。账页是账簿的主体，经济业务不同，记录经济业务内容的账页格式也有所不同。但其基本内容应包括：账户的名称(会计一级科目、二级科目或明细科目)；登记日期栏；凭证种类和号数栏；摘要栏(记录经济业务的简要说明)；金额栏(记录经济业务的增减变动)；总页次和分户页次。

5.2.1 日记账

日记账是企业账簿体系中重要的组成部分，其作用主要是作为经济业务的序时原始记录，它能够反映某一时期、某一日期的某一经济业务的发生或完成情况，既可以作为登记分类账的依据，也可以与分类账的有关账户互相进行检查核对。日记账对于连续、系统、全面地反映企业经济活动情况，为经营管理及时提供会计信息，加强财产物资的监督和管理等方面起着十分重要的作用。

1. 普通日记账的格式和登记方法

普通日记账是按照经济业务发生的时间先后顺序，逐日逐笔登记全部经济业务的账簿。在复式记账产生以后，由于经济业务日益复杂，数量相应增多，为了防止记账差错，把每笔经济业务及其借、贷两方科目也列入日记账内，因此，普通日记账也称作分录簿。它能够全面反映一定时期的全部经济业务的情况，并作为登记总分类账的依据。普通日记账有"两栏式普通日记账"和"多栏式普通日记账"两种格式。"两栏式普通日记账"的格式见表5-1。

表5-1 两栏式普通日记账

年		凭证		摘要	会计科目	借方金额									贷方金额								
月	日	字	号			百	十	万	千	百	十	元	角	分	百	十	万	千	百	十	元	角	分

普通日记账登记说明有以下几点。

(1) 日期栏记录经济业务发生的日期。如业务发生日期和编制记账凭证日期不一致时，应以记账凭证编制日期为准。

(2) "凭证号数"栏应记录记账凭证的种类及号数，如现金付款凭证15号记现付15，银行存款付款凭证8号记银付8，转账凭证29号记转29。

(3) "会计科目"栏记录借方和贷方会计科目名称。借方会计科目记在上一行，贷方会计科目记在下一行。在记入本栏时，不再写借、贷字样，而通常是把借方科目偏左，紧靠左线，贷方科目偏右。

(4) "摘要"栏的填写要求，可参照记账凭证的"摘要"栏填写。

(5) "借方金额"应和借方会计科目列在同一行，"贷方金额"应和贷方会计科目列在同一行。登账时注意每一分录借贷方金额是否平衡。

(6) 每页日记账记满，应将借贷双方金额分别加计总数，填入"金额"栏，并检验借贷双方的合计数是否平衡，同时在"摘要"栏写"过次页"等字样。在合计数之上，应划一红线，表示相加。在下一页日记账的第一行，应将上一页的合计数照数抄录，并在"摘要"栏内写"承上页"等字样。如果日记账仅多余一行，不能记载整个分录，或换新页，多余空白行次，可划一红色斜线，将空白处注销。

(7) 每月月终时，应将全月累计的借贷方发生额分别记入"金额"栏，并在"摘要"栏写"本月合计"字样，在合计金额数之上，划一条红线。表示相加，在合计金额数之下，再划一条红线，表示结束。

普通日记账的优点是可以集中、序时地登记企业的全部经济业务，但由于这种日记账只能由一个人进行登记，不便于记账工作的合理分工，同时将日记账中每一组会计分录逐笔过入总分类账的各个账户，工作量又很大。在我国会计实务中，这种日记账目前已很少采用。

2. 特种日记账的格式和登记方法

前面所讲的普通日记账可以全面完整地记录企业经济业务发生或完成情况，对于防止会计凭证的散失和抽换，保护会计凭证的完整性和严肃性具有重要的意义。但是，由于企业单位每天发生的经济业务数量繁多，将所有的经济业务都通过普通日记账予以记载，一是登记日记账的工作量非常繁重；二是不便于记账工作的合理分工，加之一个单位每天发生的同类经济业务也很多，会计分录中的借贷科目也大多相同，因此就有必要将发生次数较多的同类经济业务从普通日记账中分离出来，通过设置特种日记账进行记载。特种日记账是由普通日记账发展而来的，是用来记录特定类别经济业务而专门设置的日记账。由于一个企业或单位发生频率较高的经济业务是现金和银行存款的收付，现金和银行存款又是企业单位进行管理的重点，所以日常设置的特种日记账主要是现金日记账和银行存款日记账。

1) 现金(或银行存款)日记账的格式和登记方法

现金(或银行存款)日记账是按照现金(或银行存款)收付业务发生或完成时间的先后，逐日逐笔顺序连续登记，用来记录现金(或银行存款)的增减变动情况的原始记录账簿。现金(或银行存款)日记账必须采用订本式账簿。登记现金(或银行存款)日记账而形成全面完整系统的会计核算资料,为现金(或银行存款)的管理、监督和现金(或银行存款)收支计划的执行提供可靠的信息资料。现金(或银行存款)日记账的账页格式主要有"三栏式"和"多栏式"。

(1) "三栏式"现金日记账的格式和登记方法。"三栏式"现金日记账是现金收入和支出同在一张账页上,各个对应科目不另设专栏反映的一种日记账格式,其三栏分别为"收入"、"支出"和"余额"。其格式见表5-2。

表5-2 三栏式现金日记账

年		凭证	摘要	对方科目	收 入									支 出									余 额								
月	日	字	号			百	十	万	千	百	十	元	角	分	百	十	万	千	百	十	元	角	分	百	十	万	千	百	十	元	角	分

"三栏式"现金日记账由出纳人员根据审核无误的现金收、付款凭证,逐日逐笔顺序登记。其中"日期栏"登记经济业务发生的日期;"凭证"栏记录现金收付款凭证的种类和号数,如"现收3号"、"现付9号";"摘要"栏对经济业务作简要说明;"对方科目"栏登记现金收入或支出的对应账户名称;"收入"及"支出"栏登记现金的收入金额和付出金额;每日终了必须结出当日现金余额,登记在"余额"栏,并与库存现金实存数相核对。为了及时掌握现金收付和结余情况,根据单位管理需要,还可以计算当日的现金收入及现金付出的合计数,并编制现金日报表。

为防止重复记账,对于从银行提取现金的业务,只填制银行存款付款凭证,不填制现金收款凭证,因而此类业务的现金收入数额,应根据审核无误的银行存款付款凭证登记现金日记账。

(2) "三栏式"银行存款日记账的格式和登记方法。"三栏式"银行存款日记账的登记方法与现金日记账的登记方法基本相同,也是由出纳人员根据审核无误的银行存款收款凭证和银行存款付款凭证,按照经济业务发生的先后顺序逐日逐笔顺序进行登记。但对于"结算凭证"栏中的凭证种类,应根据收付款凭证所附的银行结算凭证登记,并可以简写为"现支"(现金支票)、"转支"(转账支票)、"信汇"(信汇凭证)、"现存"(现金存款单)、"转进"(转账存款的进账单)、"委收"(委托银行收款)等。结算凭证号数可根据银行结算凭证的编号登记。对于将现金存入银行的业务,为防止重复记账,只填制现金付款凭证,因此,此类银行存款的收入金额,应根据审核无误的现金付款凭证登记银行存款日记账。每日终了应分别计算银行存款收入及支出的合计数并结出当日余额,以利于检查监督各项收支款项,也便于定期同银行对账单进行核对。三栏式银行存款日记账格式见表5-3。

会计学原理与实务(第2版)

表 5-3　三栏式银行存款日记账

年		凭证		摘要	对方科目	结算凭证		收　入							支　出							余　额						
月	日	字	号			种类	号数	万	千	百	十	元	角	分	万	千	百	十	元	角	分	万	千	百	十	元	角	分

(3) 多栏式现金日记账和多栏式银行存款日记账。所谓多栏式日记账就是将"收入"栏和"支出"栏分别按照对应科目设置若干专栏,"收入"栏按贷方科目设置若干专栏,"支出"栏按借方科目设置若干专栏。

在会计实务中,采用多栏式现金日记账和多栏式银行存款日记账,可以将多栏式日记账各科目发生额作为登记总分类账簿的依据。在收款凭证和付款凭证数量较多时,采用多栏式日记账可以减少收款凭证和付款凭证的汇总编制手续,简化总分类账簿的登记工作,而且可以清晰地反映账户的对应关系,了解每项货币资金的来源或用途。多栏式现金日记账和多栏式银行存款日记账的格式见表 5-4。

表 5-4　多栏式现金(银行存款)日记账

年		凭证		摘要	收　入			支　出			余额
					应贷科目		合计	应借科目		合计	
月	日	字	号		营业收入	营业外收入		材料采购	制造费用		

2) 转账日记账的格式和登记方法

转账日记账是根据每日的转账凭证按照时间顺序逐日逐笔进行登记。各单位是否设置转账日记账,可根据本单位的实际需要自行确定。特别是转账业务不多的企业,不必设置转账日记账。转账日记账的格式见表 5-5。

表 5-5　转账日记账

年		凭证		摘　要	借　方		贷　方	
月	日	字	号		一级科目	金　额	一级科目	金　额

5.2.2 分类账

1. 总分类账的格式和登记方法

总分类账是记载各类经济业务总括情况的账簿。会计实务上是根据会计制度规定的统一会计科目中的一级科目设置的。通过总分类账,可以概括地了解和考核有关企业、单位的生产经营情况或预算执行情况,为编制会计报表提供依据。总分类账的格式,一般采用借、贷、余三栏式的订本账。其具体格式又可分为两种,一种是只有借、贷、余3个栏次,其格式见表5-6。另一种则是在借、贷、余3个栏次基础上增设"对方科目"专栏,以便能够反映总账科目的对方科目,其格式见表5-7。

表5-6 总分类账

会计科目: 第 页

年		凭证		摘要	借方							贷方							借贷	余额						
月	日	字	号		万	千	百	十	元	角	分	万	千	百	十	元	角	分		万	千	百	十	元	角	分

表5-7 总分类账

会计科目: 第 页

年		凭证		摘要	对方科目	借方							贷方							借贷	余额						
月	日	字	号			万	千	百	十	元	角	分	万	千	百	十	元	角	分		万	千	百	十	元	角	分

总分类账可以直接根据审核无误的各种记账凭证逐笔进行登记,也可以将各种记账凭证先汇总编制成汇总记账凭证或科目汇总表,再据以登记总分类账。如何登记总分类账,往往取决于企业、单位所采用的会计核算形式。

2. 明细分类账的格式和登记方法

明细分类账是根据某个总账科目所属的二级科目或明细科目设置的账簿。明细分类账是总分类账的明细记录,也是总分类账的辅助账。通过明细分类账的登记,可以详细地反映资产、负债及所有者权益增减变化情况及其实有数额,这对于加强财产物资管理、债权债务的结算以及费用开支的监督等起着重要作用。同时,明细分类账也是编制会计报表的重要依据。因此,任何单位都应该根据经营管理的需要,对于那些需要详细分类并逐笔反映其经济业务的财产物资、债权债务、收入、费用及利润等有关总分类账户设置各种明细分类账。

根据财产物资管理的要求和各种明细账记录的经济内容,明细分类账的格式主要有 3

种，即"三栏式明细账"、"数量金额式明细账"和"多栏式明细账"。

1) 三栏式明细账

三栏式明细账就是在账页中设有"借方"、"贷方"和"余额"3个金额栏的明细账。这种账页格式适用于需要进行金额核算，而不需要进行数量核算的所有者权益、债权、债务等科目的明细核算，如"应收账款"、"应付账款"、"其他应收款"、"其他应付款"、"短期借款"、"长期借款"、"实收资本"等科目的明细分类核算。三栏式明细账是根据审核无误的记账凭证并结合有关原始凭证逐笔进行登记。三栏式明细分类账的格式见表5-8。

表5-8 应收账款明细账

明细科目： 第 页

年		凭证		摘 要	借方							贷方							借贷	余额						
月	日	字	号		万	千	百	十	元	角	分	万	千	百	十	元	角	分		万	千	百	十	元	角	分

2) 数量金额式明细账

数量金额式明细账的格式是在"收入"、"发出"和"结存"三栏下又分别设置"数量"、"单价"、"金额"3个小栏目。这种账页格式适用于既要进行金额核算，又要进行实物数量核算的"原材料"、"库存商品"等财产物资科目的明细核算。此外，为了确定有关人员的经济责任，更好地满足管理上的需要，这种格式明细账的上端，还应根据实际需要，设置和登记一些必要的项目，如类别、名称、规格及计量单位、计划单价、储备定额、最高和最低储备量等。通过这种明细账提供的会计核算资料，有助于了解材料、产品等物资的流动及其结存状况，便于日常的会计监督。数量金额式明细账应根据审核无误的记账凭证并结合材料或库存商品等收发凭证逐笔登记。数量金额式明细账的格式见表5-9。

表5-9 库存商品明细账

类 别： 第 页
名称及规格： 单位：

年		凭证		摘要	收入									发出									结存								
					数量	单价	金额							数量	单价	金额							数量	单价	金额						
月	日	字	号				万	千	百	十	元	角	分			万	千	百	十	元	角	分			万	千	百	十	元	角	分

3) 多栏式明细账

多栏式明细账是根据经营管理需要，在明细账账页中的"借方"或"贷方"设置若干专栏，用以登记某一账户增减变动详细情况的一种明细账。这种明细账适合于"生产成本"、"制造费用"、"管理费用"、"财务费用"、"营业外收入"、"本年利润"等账户的明细核算。鉴于这种明细账栏次较多，在实际工作中为避免账页过长，通常采用只在借方或贷方一方设多项栏次,另一方记录采用红字登记方法。例如,对于费用成本明细账在借方设置多栏,贷方发生额可以用红字在借方有关专栏或专行内登记,表示从借方发生额中冲转;对于收入等明细账可在贷方设置多栏,借方发生额可用红字在贷方有关专栏或专行内登记,表示从贷方发生额中冲转。多栏式明细账按其适用的经济内容和登记方法的不同分为以下几种。

(1) 用于记录成本费用类账户的明细账。为了反映成本费用支出的构成,用于记录成本费用类账户的明细账一般都采用多栏式明细账。由于在会计期间内发生的经济业务主要登记在这类账户借方,因此成本费用支出类明细分类账一般按借方设多栏,反映各明细科目或明细项目本月借方发生额,如发生冲减事项则用红字在借方登记。月末,将借方发生额合计数从贷方一笔转出,记入有关账户。成本费用类账户的明细账格式见表5-10。

表 5-10 制造费用明细账

年		凭证		摘要	借方					贷方	余额
月	日	字	号		工资	福利费	折旧	办公费	合计		

(2) 用于记录收入类账户的明细账。为了反映某一收入指标的构成,用于记录收入类账户的明细账一般采用多栏式明细账。由于在会计期间内发生的经济业务主要登记在这类账户贷方,因此收入类明细分类账一般按贷方设多栏,反映各明细科目或明细项目本月贷方发生额,如发生冲减有关收入的事项用红字在贷方登记。月末,将贷方发生额合计数从借方一并转出,记入有关账户。收入类明细分类账的格式见表5-11。

表 5-11 营业外收入明细账

年		凭证		摘要	借方	贷方			余额
月	日	字	号			罚款收入	固定资产盘盈	合计	

(3) 用于记录财务成果账户的明细账。在会计期间内财务成果类科目既发生贷方业务,也发生借方业务。为反映财务成果的构成,一般借方和贷方都要设专栏,登记各明细科目或明细项目借方发生额或贷方发生额。财务成果账户的明细账格式见表5-12。

表 5-12 本年利润明细账

年		凭证		摘要	借方					贷方				借或贷	余额
月	日	字	号		主营业务成本	销售费用	管理费用	…	合计	主营业务收入	营业外收入	…	合计		

5.2.3 其他账簿

单位除了设置前面介绍的日记账和分类账以外，根据单位实际情况还可以设置备查账簿等其他账簿。

备查账簿是在日记账、分类账登记范围之外，对企业某些经济业务进行补充登记的账簿，是对主要账簿的补充。它与前面介绍的几种账簿的不同之处是：①备查账簿不是根据记账凭证登记的；②备查账簿的格式与前面介绍的几种账簿格式不同；③备查账簿登记方式是注重用文字记叙某项经济业务的发生情况。备查账簿可根据各单位的具体情况和需要设置。例如，某单位为了反映租入固定资产经济业务的情况，需要设置"租入固定资产登记簿"，其格式见表5-13。

表5-13 租入固定资产登记簿

名称及规格	合同编号	出租单位	租入日期	租金	使用记录		归还日期	备注
					单位	日期		

5.3 账簿的登记规则

登记账簿是会计核算工作的重要环节，也是会计核算的一项重要基础工作。会计人员应该严肃、认真地做好记账工作，遵守登记账簿的有关规则。

5.3.1 启用账簿的规则

为了明确记账责任，保证账簿记录的合法性和会计档案的安全性，启用新的会计账簿时，应填写"账簿启用日期和经管人员一览表"。载明单位名称、开始使用日期、共计页数(活页和卡片账可在装订成册后注明页数)、会计主管人员和记账人员姓名等，按税法规定粘贴印花税票并注销，加盖单位公章，由会计主管人员和记账人员分别签章。记账人员调换时，要在表中标明交接日期和交接人员姓名，并签字盖章，明确有关人员的责任，确保会计账簿记录的严肃性。账簿启用日期和经管人员一览表的格式见表5-14。

表5-14 账簿启用日期及经管人员一览表

账簿名称： 账簿编号： 账簿页数： 会计主管： (签章)			账簿名称： (单位公章) 账簿册数： 启用日期： 记账人员： (签章)				印花税票粘贴处		
移交日期			移交人			接管日期		接管人	会计主管
年	月	日	姓名	签章	年	月	日	姓名 签章	姓名 签章

5.3.2 登记账簿的规则

1. 登记账簿

登记账簿简称记账,就是根据审核无误的会计凭证在账簿中按账户进行登记。登记账簿是会计核算的一个重要环节,会计人员除应增强工作责任感,严格遵纪守法以外,还必须遵守一定的记账规则。记账人员应当遵守的最基本规则是必须根据审核无误的会计凭证,包括原始凭证和记账凭证登记账簿。

2. 登记账簿的基本要求

(1) 内容齐全准确。应当逐项填列账页上的日期、会计凭证种类和号数、经济业务内容摘要和金额等栏次,做到不错不漏、数字准确、摘要清楚、登记及时、字迹工整。

(2) 做好登记标记。将经济业务在账簿中登记完毕,要在记账所依据的记账凭证上签名或盖章,并在记账凭证上做出记账标记,表明此项业务已经记账,以防止重复登记。记账标记做在记账凭证中的"记账"栏或"√"栏。

(3) 书写适当留格。在账簿中书写的数字和文字不要写满行,文字和数字一般占行高的二分之一,上方要适当留有空距,以便于在发生错账时,为划线更正留有余地。

(4) 使用蓝黑墨水。登记账簿时要使用蓝黑墨水或碳素墨水书写数字或文字,不得使用圆珠笔或者铅笔书写。由于圆珠笔的笔油易于挥发,用圆珠笔记账不利于账簿的长期保管。用铅笔记账容易为他人所涂改,不利于保证账簿的正确性。

(5) 红字限制使用。在账簿登记中,红字表示减少数,但不能随便使用。下列几种情况可以使用红字书写。

① 根据用红字编制的记账凭证在账页上冲销错账。

② 在不设借方(或贷方)等栏的多栏式账页中登记减少数。

③ 在三栏式账户的"余额"栏前,如果未印有"借或贷"表明余额性质栏次的,在"余额"栏登记负数余额。

④ 根据会计制度规定可以用红字登记的其他方面,如在结账时允许用红色墨水划线。

(6) 账页连续登记。各种账簿应按顺序编号的页次连续登记,不得跳行或隔页登记。如果发生跳行或隔页,不得随意涂改、撕毁或抽换。应当将空行或空页用红线对角划掉,并在"摘要"栏注明"此行空白"或"此页空白"字样,记账人员应在更正处签名或盖章。

(7) 注明余额方向。凡是需结出余额的账户,结出余额后,应当在"借或贷"栏内写明"借"或"贷"字样。没有余额的账户,应当在"借或贷"等栏内写"平"字,并在余额栏"元"位上用"-0-"或其他规定的方式表示,以防舞弊。

(8) 账页结转说明。登记账簿时,每张账页应留出最后一行,用于结出本页发生额合计数及余额。并在"摘要"栏内注明"过次页"等字样。然后,将本页发生额合计数及余额填在接续账页的第一行,并在该行的"摘要"栏内注明"承前页"等字样。

5.3.3 错账更正的规则

如果记账发生错误,就需要根据会计核算的特点,探寻常见错账的产生原因及规律,总结出有效的查错方法,以便能够及时地查找错账并按规定的方法予以更正。

1. 产生错账的两种常见情况

(1) 影响借贷平衡的错账。它通常有倒码、错位、反向等。

① 倒码就是相邻数字颠倒,如将 58 错记为 85;

② 错位就是多记或少记位数,如将 300 错记为 3 000,或将 5 000 错记为 500;

③ 反向是记错借贷方向,如将借方发生额错记到贷方,出现一方重记,而另一方未记;

④ 借贷两方只有一方记账,另一方漏记账。

以上错账在试算平衡时能够发现。

(2) 不影响借贷平衡的错误。它主要有以下几种情况。

① 重记整笔业务;

② 漏记整笔业务;

③ 串账,即把甲账户发生额错记入乙账户中;

④ 几种错误交织,差数相抵消。

以上错账在试算平衡时不易发现。

2. 错账查找的一般方法

1) 差额法

差额法就是直接从账与账之间的差额数字来查找错误的一种方法。有时,由于工作疏忽大意,漏记某个数字,使得账与账之间不符,其差额则为漏记的数字。如计提短期借款利息 3 500 元,记账时漏记"预提费用"账户。在试算平衡表上,资产总额为 680 000 元,而负债及所有者权益合计总额,则为 676 500 元,其差额 3 500 元是漏记"预提费用"的金额。查错时,应特别注意金额为错误差数的经济业务,看是否漏登记。

2) 除二法

除二法是把账与账之间的差额数字除以二来查找错误的一种方法。有时由于疏忽,错将借方金额登记到贷方,或者错将贷方金额登记到借方,必然会出现一方(借方或贷方)合计数多,而另一方(贷方或借方)的合计数减少的情况,其差额应是记错方向数字的一倍,而且差错数为偶数。对这种错误的检查,可采用"除二法",即用差错数除以 2,得出的商数就是账中记错方向的数字。

3) 除九法

除九法是用账与账之间的差额除以九来查找错误的一种方法。在登记账目时,有时会把数字的位数记错,如错将 1 500 记为 150,或者将应记账的数字颠倒,如把 28 错写成 82,两种错误造成的差额,均为 9 的倍数。采用除九法,就是要根据账与账之间的差额是否能被 9 除尽,进一步判断错账发生的原因。

4) 全面查账法

实际工作中,错账往往不止一笔一数,特别是在久未对账时,账目不平衡,常常是由于很多错误造成的。在这种情况下,可采用全面查账法查找错账。全面查账法有以下几种。

(1) 顺查法。顺查法是按照记账程序,从原始凭证开始,逐笔查找的一种检查方法。首先,检查记账凭证和所附的原始凭证的各项记录是否相符,计算上有无差错等。然后,将记账凭证和所附的原始凭证同有关总账、日记账、明细账逐笔查对,最后检查试算平衡

第5章 会计账簿

表是否抄错。

(2) 逆查法。逆查法是从试算平衡表追溯到原始凭证，其检查顺序与记账顺序相反。首先，检查本期发生额及余额的计算有无差错。然后，逐笔核对账簿记录是否与记账凭证相符。

3. 更正错账的方法

账簿记录发生错误时，切不可随意涂改、刮擦、挖补或用化学药水等方法更改字迹。应根据错误发生的性质和具体情况，采用下列方法进行更正。

1) 划线更正法

划线更正法是指用划线方式注销原有记录，以更正错账的一种方法。结账前，发现账簿记录中的文字或数字有错误，而其所依据的记账凭证没有错误，即纯属笔误或计算错误，应采用划线更正法予以更正。

更正的方法是：将错误的文字或数字划一条红色横线注销，但必须使原有字迹清晰可认，以备查考；然后，在划线的上方用蓝字将正确的文字或数字填写在同一行的上方，并由更正人员在更正处签字盖章，以明确责任。划线时，要将错误的文字或数字全部划掉，不能只划其中错误字码。例如，记账人员张凡，将782元误记728元，应将"728"整个数字划掉并进行更正，而不应该只划"2"、"8"两个数码以更正这两个数字。

2) 红字更正法

红字更正法是用红字冲销或冲减原记数额，以更正或调整账簿记录的一种方法。红字更正法适用于以下两种情况。

(1) 记账后，发现记账凭证中的应借、应贷会计科目或记账方向有错误，且记账凭证同账簿记录的金额一致，应采用红字更正法。更正错账时，先用红字金额填制一张与原错误记账凭证内容完全相同的记账凭证，并用红字登记入账，冲销原有错账；然后，再用蓝字填制一张正确的记账凭证(注明"订正×年×月×日×号凭证")，据以登记入账。

【例5-1】 中南公司领用材料2 500元，用于生产车间一般消耗。填制记账凭证时误做会计分录如下，并已登记入账。

借：生产成本　　　　　　　　　　　　　　　　2 500
　　贷：原材料　　　　　　　　　　　　　　　　　　2 500

更正时，应先填制一张与原记账凭证内容完全相同的红字凭证，并以红字金额登记入账，冲销错账。

借：生产成本　　　　　　　　　　　　　　　　2 500
　　贷：原材料　　　　　　　　　　　　　　　　　　2 500

同时再用蓝字填制一张正确的记账凭证并据以登记入账。

借：制造费用　　　　　　　　　　　　　　　　2 500
　　贷：原材料　　　　　　　　　　　　　　　　　　2 500

(2) 记账后，发现记账凭证中应借、应贷的会计科目、记账方向没有错误，只是记账金额发生错误，而且所记入账簿的金额大于应记的金额，可采用红字更正法予以更正。

更正方法是：将多记的金额用红字填制一张与原错误记账凭证的借贷方向、应借、应贷会计科目相同的记账凭证，并以红字登记入账以冲销多记的金额。在账簿"摘要"栏注明"注销×年×月×日×号凭证多记金额"。

【例5-2】 中南公司收到购入的材料一批,价值45 000元,编制记账凭证时,误将金额写成54 000元,并已登记入账。

借：原材料　　　　　　　　　　　　　　　　　　　54 000
　　贷：材料采购　　　　　　　　　　　　　　　　　　54 000

更正时,应将多记金额9 000元(54 000-45 000)填写一张应借、应贷会计科目、记账方向与原记账凭证相同,金额为9 000元的红字凭证,登记入账。

借：原材料　　　　　　　　　　　　　　　　　　　9 000
　　贷：材料采购　　　　　　　　　　　　　　　　　　9 000

值得注意的是,填制红字凭证并据以登记账簿时,只是金额用红字,其他文字仍用蓝字填写和登记。

3) 补充登记法

补充登记法是指用增记金额的方式以更正错账的一种方法。记账后,发现记账凭证中的会计科目无错误而是所记金额小于应记的金额,可采用补充登记法进行更正。更正时可将少记的金额用蓝字填制一张与原错误记账凭证会计科目、记账方向相同的凭证(凭证摘要栏注明"补充×年×月×日×号凭证少记金额"),并以蓝字登记入账,补足少记的金额。

【例5-3】 中南公司计算本月应交税费3 000元,编制会计凭证时误将金额记为300元,并已登记入账,编制会计分录如下：

借：营业税金及附加　　　　　　　　　　　　　　　300
　　贷：应交税费　　　　　　　　　　　　　　　　　　300

更正时,先计算出少记金额2 700元(3 000-300),然后编制一张蓝字记账凭证,并登记入账。编制会计分录如下：

借：营业税金及附加　　　　　　　　　　　　　　　2 700
　　贷：应交税费　　　　　　　　　　　　　　　　　　2 700

5.3.4　总账和明细账平行登记的规则

1. 总分类账户和明细分类账户的关系

账户按其提供信息的详细程度及统驭关系不同,可以分为总分类账户(简称总账)和明细分类账户(简称明细账)。总分类账户是根据总分类科目开设的,提供资产、权益、收入和费用的总括资料；明细分类账户是根据明细科目开设的,提供资产、权益、收入和费用的详细资料。总分类账户与明细分类账户的关系可以概括为以下几点。

(1) 总分类账户对明细分类账户具有统驭控制作用。总分类账户提供的总括核算资料是对有关明细分类账户资料的综合；明细分类账户所提供的明细核算资料是对其总分类账户资料的具体化。

(2) 明细分类账户对总分类账户具有补充说明作用。总分类账户是对会计要素各项目增减变化的总括反映,只提供货币信息资料；明细分类账户是对会计要素各项目增减变化的详细反映,并可对某一具体方面提供货币、实物量信息资料。

(3) 总分类账户与其所属明细分类账户在总金额上应当相等。由于总分类账户与其明细分类账户是根据相同的依据来进行平行登记，所反映的经济内容是相同的，其总金额必然相等。

2. 总分类账户和明细分类账户的平行登记

平行登记是指对发生的经济业务，根据相同的会计凭证，在记入总分类账户的同时，还要记入总分类账户所属的明细分类账户的一种记账方法。

平行登记的要点可归纳如下几点。

1) 依据相同

对发生的经济业务，都要以相关的会计凭证为依据，既登记有关总分类账户，又登记所属其明细分类账户。

2) 方向相同

将经济业务记入总分类账户和明细分类账户，记账方向必须相同。即总分类账户记入借方，明细分类账户也应记入借方；总分类账户记入贷方，明细分类账户也应记入贷方。

3) 期间相同

对每项经济业务在记入总分类账户和明细分类账户的过程中，可以有先有后，但必须在同一会计期间(如同一个月)全部登记入账。

4) 金额相等

记入总分类账户的金额，必须与记入其所属明细分类账户的金额之和相等。

【例 5-4】 中南公司 2007 年 2 月初"原材料"和"应付账款"账户期初余额见表 5-15。

表 5-15 "原材料"和"应付账款"期初余额表

账户名称		数量	单价(元)	金额(元)	
总账	明细账			总账	明细账
原材料				6 000(借)	
	A 材料	200(千克)	20		4 000(借)
	B 材料	200(件)	10		2 000(借)
应付账款				1 500(贷)	
	家益公司				1 000(贷)
	惠民公司				500(贷)

中南公司 2007 年 2 月份发生的部分经济业务如下：

业务一：2 月 5 日，仓库发出 A 材料 150 千克，单价 20 元，计 3 000 元；发出 B 材料 100 件，单价 10 元，计 1 000 元。

业务二：2 月 8 日，向家益公司购进 A 材料 100 千克，单价 20 元，计 2 000 元，货款未付。

业务三：2 月 14 日，向惠民公司购进 B 材料 80 件，单价 10 元，计 800 元，货款未付。

业务四：2 月 28 日，通过银行结算偿还家益公司货款 1 500 元，惠民公司货款 2 000 元。

根据上述资料，采用平行登记法登记"原材料"总账和"应付账款"总账及其所属各明细账。具体做法如下。

(1) 将月初余额分别记入"原材料"总账和"应付账款"总账及其所属各明细账。见

表 5-16～表 5-21。

(2) 根据发生的上述经济业务编制会计分录如下：

① 2月5日生产领用材料

借：生产成本——甲产品　　　　　　　　　　　4 000
　　贷：原材料——A材料　　　　　　　　　　　　3 000
　　　　　　　——B材料　　　　　　　　　　　　1 000

② 2月8日购A材料

借：原材料——A材料　　　　　　　　　　　　2 000
　　贷：应付账款——家益公司　　　　　　　　　2 000

③ 2月14日购B材料

借：原材料——B材料　　　　　　　　　　　　800
　　贷：应付账款——惠民公司　　　　　　　　　800

④ 2月28日付货款

借：应付账款——家益公司　　　　　　　　　　1 500
　　　　　　——惠民公司　　　　　　　　　　2 000
　　贷：银行存款　　　　　　　　　　　　　　3 500

(3) 根据所编会计分录登记"原材料"总账和"应付账款"总账及其所属各明细账，并分别计算本期发生额和期末余额。登账结果分别见表 5-16～表 5-21。

表 5-16　总分类账

会计科目：原材料

2007年		凭证		摘要	借方							贷方							借贷	余额						
月	日	字	号		万	千	百	十	元	角	分	万	千	百	十	元	角	分		万	千	百	十	元	角	分
2	1			月初余额															借		6	0	0	0	0	0
	5		①	生产领用									4	0	0	0	0	0								
	8		②	购进		2	0	0	0	0	0															
	14		③	购进			8	0	0	0	0															
	28			本月合计		2	8	0	0	0	0		4	0	0	0	0	0	借		4	8	0	0	0	0

表 5-17　原材料明细账

名称及规格：A材料　　　　　　　　　　　　　　　　　　　　　　　　　　　　单位：千克/元

2007年		凭证		摘要	收入		金额							发出		金额							结存		金额						
月	日	字	号		数量	单价	万	千	百	十	元	角	分	数量	单价	万	千	百	十	元	角	分	数量	单价	万	千	百	十	元	角	分
2	1		(略)																				200	20		4	0	0	0	0	0
	5		①	(略)										150	20		3	0	0	0	0	0	50	20		1	0	0	0	0	0
	8		②	(略)	100	20		2	0	0	0	0	0										150	20		3	0	0	0	0	0
	28			(略)	100	20		2	0	0	0	0	0	150	20		3	0	0	0	0	0	150	20		3	0	0	0	0	0

第5章 会计账簿

表 5-18 原材料明细账

名称及规格：B材料　　　　　　　　　　　　　　　　　　　　　单位：件/元

2007年		凭证字号	摘要	收入		金额							发出		金额							结存		金额						
月	日			数量	单价	万	千	百	十	元	角	分	数量	单价	万	千	百	十	元	角	分	数量	单价	万	千	百	十	元	角	分
2	1		(略)																			200	10		2	0	0	0	0	0
	5	①	(略)										100	10		1	0	0	0	0	0	100	10		1	0	0	0	0	0
	8	③	(略)	80	10		8	0	0	0	0	0										180	10		1	8	0	0	0	0
	28		(略)	80	10		8	0	0	0	0	0	100	10		1	0	0	0	0	0	180	10		1	8	0	0	0	0

表 5-19 总分类账

会计科目：应付账款

2007年		凭证字号	摘要	借方							贷方							借贷	余额						
月	日			万	千	百	十	元	角	分	万	千	百	十	元	角	分		万	千	百	十	元	角	分
2	1		月初余额															贷		1	5	0	0	0	0
	8	②	购进材料									2	0	0	0	0	0								
	14	③	购进材料										8	0	0	0	0								
	28	④	偿还货款		2	0	0	0	0	0														
	28		本月合计		3	5	0	0	0	0		2	8	0	0	0	0	贷			8	0	0	0	0

表 5-20 应付账款明细账

明细科目：家益公司

2007年		凭证字号	摘要	借方							贷方							借贷	余额						
月	日			万	千	百	十	元	角	分	万	千	百	十	元	角	分		万	千	百	十	元	角	分
2	1		月初余额															贷		1	0	0	0	0	0
	8	②	购进材料									2	0	0	0	0	0	贷		3	0	0	0	0	0
	28	④	偿还货款		1	5	0	0	0	0								贷		1	5	0	0	0	0
	28		本月合计		1	5	0	0	0	0		2	0	0	0	0	0	贷		1	5	0	0	0	0

表 5-21 应付账款明细账

明细科目：惠民公司

2007年		凭证字号	摘要	借方							贷方							借贷	余额						
月	日			万	千	百	十	元	角	分	万	千	百	十	元	角	分		万	千	百	十	元	角	分
2	1		月初余额															贷			5	0	0	0	0
	14	③	购进材料										8	0	0	0	0	贷		1	3	0	0	0	0
	28	④	偿还货款			5	0	0	0	0								贷			8	0	0	0	0
	28		本月合计			5	0	0	0	0			8	0	0	0	0	贷			8	0	0	0	0

3. 总分类账户与明细分类账户的核对

通过平行登记，总分类账户与明细分类账户之间在登记金额上就形成了如下关系。

总分类账户期初余额＝所属各明细分类账户期初余额之和

总分类账户借方发生额＝所属各明细分类账户借方发生额之和

总分类账户贷方发生额＝所属各明细分类账户贷方发生额之和

总分类账户期末余额＝所属各明细分类账户期末余额之和

在根据平行登记的方法登记总分类账户及其所属各明细类账户之后，为了检查账户记录是否正确，应当对总分类账户和明细分类账户登记的结果进行相互核对。主要是核对总分类账户与其所属明细分类账户的发生额和余额是否相等，以便及时地发现和更正错账，保证账簿记录的准确性。

下面就以前例"原材料"和"应付账款"总分类账户及其所属明细分类账户平行登记的结果，说明总分类账户与明细分类账户核对的方法，见表 5-22、表 5-23。

表 5-22 "原材料"总账与明细账的核对

账户名称及类别	月初余额		本期发生额		期末余额	
	借方	贷方	借方	贷方	借方	贷方
A 材料明细账	4 000		2 000	3 000	3 000	
B 材料明细账	2 000		800	1 000	1 800	
原材料总账	6 000		2 800	4 000	4 800	

表 5-23 "应付账款"总账与明细账的核对

账户名称及类别	月初余额		本期发生额		期末余额	
	借方	贷方	借方	贷方	借方	贷方
家益公司明细账		1 000	1 500	2 000		1 500
惠民公司明细账		500	2 000	800	700	800
应付账款总账		1 500	3 500	2 800		800

5.4 对账和结账

由于各种原因，记账错误是难以完全杜绝的。为了保证账簿记录正确无误，必须对账簿记录进行核对。

5.4.1 对账

1. 对账的意义

对账就是指会计人员对账簿记录进行核对。由于账簿记录是编制会计报表的重要依据，账簿记录正确与否直接影响着会计报表的质量。会计人员不但要做好记账、算账工作，还要做好对账工作，定期将会计账簿记录的有关数字与库存实物、货币资金、有价证券及往来单位或个人进行相互核对，做到账证相符、账账相符、账实相符，以保证各种账簿记录的真实、完整和正确，加强对经济活动的核算与监督，为编制会计报表提供真实可靠的数据资料。

2．对账的内容

1）账证核对

账证核对是指各种账簿记录与其相应的会计凭证核对，其目的就是为了保证账簿和会计凭证记录相符。账证核对的主要内容是将总分类账、明细分类账及现金和银行存款日记账的记录与记账凭证及其所附的原始凭证进行核对。账簿记录与记账凭证相核对，检查账簿登记工作的质量；账簿记录与原始凭证相核对，检查账簿所记录经济业务的合理性、合法性。由于原始凭证和记账凭证种类多、数量大，因此账证核对一般是在日常核算工作中进行的，通常是会计人员在编制记账凭证和登记账簿时进行核对。如果在月末发现账账不符时，为查找原因，也需要进行账证核对。

2）账账核对

账账核对是指各种不同账簿之间有关记录的核对。账账核对一般是在账证核对基础上进行，其目的是保证账账相符。账账核对的主要内容包括：总分类账各账户的借方期末余额合计数与贷方期末余额合计数核对相符；总分类账中的现金账户和银行存款账户的期末余额分别与现金日记账和银行存款日记账的期末余额核对相符；总分类账各账户的期末余额与其所属的各明细分类账的期末余额合计数核对相符；会计部门的各种财产物资明细分类账的期末余额与财产物资保管和使用部门的有关财产物资明细分类账的期末余额核对相符。

3）账实核对

账实核对是指各种财产物资的账面余额与实存数额的核对。账实核对是在账账核对的基础上，结合财产清查进行的，其目的是保证账实相符。账实核对的主要内容包括：现金日记账的账面余额与现金实际库存数额核对相符；银行存款日记账的账面余额与银行对账单核对相符；财产物资明细分类账的账面余额与财产物资的实存数额核对相符；各种应收、应付账款的明细分类账的账面余额与有关债务、债权单位或个人核对相符。

4）账表核对

账表核对是指会计账簿记录与会计报表有关内容的核对。由于会计报表是根据会计账簿记录及有关资料编制的，二者之间存在一定的对应关系，因此，通过检查会计报表各项目的数据与会计账簿有关数据之间的相互核对，可以检查、验证会计账簿记录和会计报表数据是否正确无误，确保会计信息的质量。

5.4.2　结账

1．结账的意义

结账就是在将一定时期内发生的全部经济业务登记入账后，按照规定的方法将各个账户本期发生额和期末余额结算清楚，以便反映当期财务状况、计算经营成果，编制会计报表。为了将持续不断的经济活动按照会计期间进行分期总结和报告，反映某一特定日期的财务状况和一定会计期间的经营成果，并为编制会计报表提供依据，各单位必须按照有关规定定期进行结账工作。

通过结账,能够全面、系统地反映企业一定时期内发生的全部经济活动所引起的会计要素等方面的增减变动情况及其结果;可以合理地确定企业在各会计期间的净收益,便于企业合理地进行利润计算和分配;有利于企业编制会计报表,结账工作的质量,直接影响着会计报表的质量。

2. 结账前的准备工作

为了做好结账工作,在结账之前应做好以下几项准备工作。

(1) 结账前,必须将本期(按月、按季或按年)内应该办理会计凭证手续的经济业务,全部填制记账凭证,登记入账。如发现漏账、错账等账簿记录错误,应及时按规定予以更正。不允许提前结账,也不得将本期发生的经济业务延至下期登记。

(2) 按照权责发生制的要求,结合财产清查,编制有关账项调整的记账凭证,并据以登记入账,以正确确定本期的收入和费用。例如,应由本期负担的待摊费用,应按规定的标准予以摊配;应由本期负担的预提费用,应按标准予以提取;将属于本期的预收收益和应收收益予以确认,记入本期收入;等等。对于需要在月末办理的其他有关的转账业务,例如,本期已售产品、商品成本的结转业务、营业税金的计算登记业务等,均应编制记账凭证,并据以登记入账。

(3) 将本期实现的各项收入与其应负担的成本费用,编制记账凭证,分别从各收入账户、费用账户转入"本年利润"账户的贷方和借方,实现本期收入与其相关成本费用的正确配比,确定本期的经营成果。

(4) 在本期全部业务登记入账的基础上,结算出所有账户的本期发生额和期末余额,并认真进行对账工作,做到账证相符、账账相符、账实相符,保证账簿记录真实、可靠,为编制会计报表提供正确的核算资料。

3. 结账的具体方法

结账工作通常是按月进行,分月结、季结和年结 3 种。结账的时间应该在会计期末进行,即以公历每月最后一个工作日终了作为结账时间。在会计实务中,一般采用划线结账的方法进行结账,结账的标志是划线。月结时通栏划单红线,年结时通栏划双红线。具体方法为以下几种。

(1) 现金、银行存款日记账和需在按月结计发生额的收入、费用等明细账,每月结账时,在最后一笔经济业务记录下面划一条单红线,表示本月记录到此为止。在这条线下面的一行的摘要栏写上"本月合计",在借贷两方结出本月发生额合计,最后在下面再划一条线,以和下月的发生额相区别。划线应划通栏线(即从摘要栏开始到金额栏分位止)。

(2) 不需要结计月度发生额的账户,如各项应收应付款项,每次记账以后都要随时结出余额,每月最后一笔余额即为月末余额。结账时,在最后一笔记录下面划一条单红线,其意思是"本月到此为止",并和下月发生额相区别。

(3) 需要结计本年累计发生额的某些明细账户,如主营业务收入、主营业务成本明细账等,每月结账时,先在最后一笔记录下面划一条红线,同样表示"本月到此为止",并在红线下面一行的摘要栏写上"本月合计",结出本月发生额。再移下一行,在摘要栏写

"本年累计",结出自年初至本页止的累计发生额。在累计数下面再划一条红线,以与下月发生额相区别。年末累计数应为全年的累计数,此时须在累计数下面划两条红线,以与各月份的累计相区别,同时表示"本年到此为止"。

(4) 总账账户一般不需要结计本月发生额,只需结出月末余额即可。年末时为了对账,需在最后一笔记录之下一行的摘要栏内写上"本年合计"字样。发生额栏填写全年合计数,余额栏则不必照搬上一栏的余额。在"本年合计"下面,划两条红线,同样表示"本年到此为止"。

需要结出本月发生额的账户,如果一个月内只有一笔发生额,则本月就不存在合计问题。此时,只需在这笔记录下面划一条红线,也即表示"本月到此为止"的意思。不必在下一行结计本月合计数。

凡需要结出余额的账户,结出余额后,应在"借或贷"等栏内写明"借"或"贷"的字样,没有余额的账户,应在"借或贷"等栏内写"平"字,并在"余额"栏内用"-0-"表示。年度终了,凡有余额的账户上的余额,都需转入下年的新账之内。转下年时,可以不写"转下年"字样,但在下年新账的第一页第一行摘要栏内,应写上"上年转来"等字样。有些账簿可以跨年度使用,例如固定资产和往来账。凡是跨年度连续使用的账簿,第二年使用时,直接在上年的双红线下面记录发生额,不必写"上年转来"等字样。

5.5 账簿更换和保管

会计账簿是会计信息的主要载体,也是十分重要的经济档案资料。因此,必须建立账簿的更换与保管制度,以确保账簿的安全与完整。

5.5.1 账簿的更换

1. 账簿更换的含义

账簿的更换是指在本会计年度终了时,将本年度的账簿更换为次年度新账簿的工作。

会计主体在每一新的会计年度都需要建立新账,一般应将上年度已经登记过的账簿更换为新一会计年度的新账簿,以满足在新的会计年度登记经济业务的需要。但是是否所有账簿都更换为新账簿,要根据实际情况而定。一般说来,总分类账簿、序时账簿和绝大多数明细分类账簿,应当每年度更换一次。而个别核算财产物资采用的卡片式明细账,可以跨年度使用。

2. 账簿更换的程序

(1) 检查本年度账簿记录在年终结账时是否全部结清,账户中借、贷双方合计数是否确实已经平衡相等,应结转下年的账户余额是否已结转下年。

(2) 根据本年度有余额的账户需结转下年数字直接记入新年度账户的第一行的"余额"栏,在日期栏注明 1 月 1 日;在"摘要"栏注明"上年结转"等字样;在"借或贷"栏注明余额方向。进行年度之间余额的结转时,可以不填制记账凭证。因此,新年度登记余额行中的"凭证编号"栏、"借方"栏和"贷方"栏都空置不填。

5.5.2 账簿的保管

1. 账簿平时管理的要求

（1）专人管理，保证安全。对各种账簿应指定专人管理，做到分工明确，责任清楚。账簿的经管人员既要负责记账、对账和结账等工作，又要负责保证账簿的安全完整，防止任意涂改、毁坏账簿等问题的发生。

（2）查阅复制，需经批准。会计账簿未经会计部门负责人等批准，非经管人员不能随意翻阅查看、摘抄或复制。

（3）除必要外，不得外带。会计账簿除需要与其他单位进行核对外，一般不能携带外出。对需要携带外出的账簿，应指定专人负责。

2. 旧账簿归档保管的要求

旧账簿是指年度终了时更换下来的账簿。虽然这些账簿不会再被用来登记新发生的经济业务，但在这些账簿中已经记录了过去发生的经济业务内容，是会计主体重要的历史资料，也应按要求归档保管。具体要求为以下几点。

（1）归类整理，保证齐全。归档前应对更换下来的旧账簿进行分类整理，检查旧账簿是否收集齐全。

（2）装订成册，手续完备。对更换下来的旧账簿，应在归类整理的基础上分类捆扎，活页账一般应分类装订成册。对于手续不完备的应及时补办有关手续。

（3）编制清单，归档保管。对更换下来的旧账簿经过整理装订后，应编制账簿目录，填写移交清单，办理移交手续，按期交由单位档案管理部门归档保管。保管人员应按照档案管理办法的要求，编制索引分类储存，以便于日后查阅。

（4）妥善保存，期满销毁。对更换下来的旧账簿，应采取一定的安全措施妥善保存，不得丢失和任意销毁。保管期满后，应按照规定的审批程序报经批准后方能销毁。

本章小结

账簿是会计信息形成的重要环节，也是编制会计报表的重要依据。账簿按其用途分类，可分为序时账簿、分类账簿和备查账簿 3 类。序时账簿是按经济业务发生时间的先后顺序，逐日逐笔进行登记的账簿。每个单位都必须设置现金日记账和银行存款日记账。分类账簿是对各项经济业务按照账户进行分类登记的账簿，又分为总分类账和明细分类账。任何单位都应设置总分类账，并在总账的基础上，根据经营管理的需要，设置必要的明细分类账。不同种类的账簿具有不同的格式。总分类账的账页格式有三栏式和多栏式两种。总分类账登记的依据和方法取决于所采用的会计核算组织程序。明细分类账一般有三栏式、数量金额式和多栏式 3 种格式。会计人员登记账簿时必须遵循账簿启用规则、账簿登记规则、错账更正规则和分类账的平行登记规则。另外还要做好对账工作，它是保证会计账簿记录质量的重要程序。对账包括账证核对、账账核对、账实核对和账表核对 4 方面的内容。在会计期末，会计人员应按规定进行结账。

第5章 会计账簿

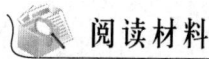
阅读材料

"账簿"和"记账"的诠释

1. 会计中的"账"与"帐"

会计离不开账簿,而账簿的"账"字到底应该怎样写,是写作"账"?还是写作"帐"?在最新颁布修订的《中华人民共和国会计法》的文稿中用的是"账",而《人民日报》刊发时用的是"帐"。不要说一般的读者搞不清楚,就是会计专业人员也未必懂得其中的正谬。如果进一步考证,这两个字当然是有区别的。

我国会计的发展史,不仅是一部经济发展史,也是一部政治发展史,还是一部文化发展史。早在商代,人们把财物进行分类、分项记录成"册",它是由刻有甲骨文的龟甲和兽骨串成的;到了西周随着竹简替代了甲骨而开始更名为"籍";战国时代,才正式确立了"藉书"这个说法;由于西汉官方记录用锦帛,则称之为"簿"或"簿书";到了东汉纸张出现后,人们才把用作会计事项登记的簿籍称为"账"或"账簿",其登记的过程就称为"记账"。随着电子计算机在现代会计领域的广泛应用,"账簿"实体将逐步演化为"帐户"。而"帐"字在早些时候与会计核算并没有多少关系。根据现有的史料考证,"帐"字引申到会计领域应该起源于南北朝时期。那个时候,皇帝和达官显贵都热衷于到处游山玩水、周游列国。在每次出游之前、沿路都会预先派人张系帷帐,帐内准备了各种各样旅途生活的必需品、显示身份的奢侈品及馈赠准备礼品和祭祀用的供品等。这种帷帐称之为"供帐"。由于供帐内准备的物品价值十分昂贵,为了管理这些贵重物品的收入付出,就需要专门有人对它进行保管和登记,而登记的过程就称之为"记帐"。尽管,这只是为统治者的上层社会交流活动服务的工具,但是,从此以后"帐簿"或"帐"也就逐渐推广到整个会计领域,"账"或"账"取代了一切传统的称谓。

翻开旧版的《现代汉语词典》,"账"本身并没有单独的解释,而被归入了"帐"字之中。但在最新版的《现代汉语词典》中,"帐"和"账"已经分开并单独注释。其中"帐"字包含着两层含义:一是用布、纱、绸等做成的遮蔽用的东西,如帐幕、帐篷等;二是"帐"同"账"。而"账"字则被指定专门用于货币、财物收入与付出的记载,如账本、账簿等。2001年9月13日国家语言文字工作委员会公布了了《第一批异形词整理表(草案)》,其中推荐使用的就是"账本"、而淘汰使用的则是"帐本"。可见,现在应该正本清源,以此为准来区分"账"与"帐"。

2. 会计中的"计"与"记"

"计"与"记"的关系表现为前者侧重于计算,而后者只是记录,就像"会计"与"簿记"的关系。早在19世纪50年代以前,会计只是簿记;而在此之后,簿记就逐步演变成了会计中的记录部分。也就是说,"会计"之"计"不但包括记录,还包括计算;而"簿记"之"记"只包括"记录"。况且,在今天"会计"之"计"还在计算基础之上赋予了分析、总结、估算等含义。所以,现代意义上的"会计"就不能当作仅仅只是记账意义上的"会记"了。

如果从文字上再考证,《康熙大词典》中"计"写成"計",其诠释的基本含义是将零星分散之财物登记汇总起来并正确地、真实地加以计算;而"记"写成"記",其诠释的基本含义则是把发生的事情用文字记录下来。因此,"记账"的过程就是把业已发生的会计事项如实地在账簿中做记录的手续,则不能写成经过算计操作以后的"计帐"。由于前已述及,故也不能写成"记帐",更不能写成"计帐"。尽管随着"账簿"进一步演化为电子会计下的"账户","记账"一词也将失去其原本的手续形式,但是其本质仍决定于"计"与"记"的区别。

节选自吴浣的论文《"会计"、"账簿"和"记账"的诠释及现实意义》(新疆石油教育学院学报,2003年第3期第47-49页)

关键术语

账簿　序时账簿　分类账簿　划线更正法　红字更正法　补充登记法　对账　结账

案例应用分析

孙明于今年1月，以每月2 000元租用一间店面，投资创办了天原公司，主要经营各种服装的批发兼零售。1月1日，孙明以公司名义在银行开立账户，存入100 000元作为资本，用于经营。由于孙明不懂会计，他除了将所有的发票等单据都收集保存起来以外，没有作任何其他记录。到月底，孙明发现公司的存款反而减少，只剩下58 987元，外加643元现金。另外，尽管客户赊欠的13 300元尚未收现，但公司也有10 560元货款尚未支付。除此之外，实地盘点库存服装，价值25 800元。孙明开始怀疑自己的经营，前来向你请教。

经过对孙明保存的所有单据进行检查分析，汇总一个月情况显示如下。

(1) 投资银行存款100 000元。

(2) 内部装修及必要的设施花费20 000元，均已用支票支付。

(3) 购入服装两批，每批价款35 200元，其中第一批为现金购入，第二批购入，赊欠价款的30%。

(4) 1～31日零售服装收入共计38 800元，全部收现，存入开户银行。

(5) 1～31日批发服装收入共计25 870元，其中赊销13 300元，其余的货款收入均存入银行。

(6) 支票支付店面租金2 000元。

(7) 本月份从存款账户提取现金5次共计10 000元，其中4 000元支付雇佣的店员工资，5 000元用作个人生活费，其余备日常零星开支。

(8) 本月水电费543元，支票支付。

(9) 电话费220元，用现金支付。

(10) 其他各种杂费137元，用现金支付。

试根据你所掌握的会计知识，结合天原公司的具体业务，①替孙明设计一套合理的账簿体系，并帮他记账；②向孙明报告公司的财务状况，解答其疑惑，评述其经营业绩。

习　题

【思考题】

1. 什么是会计账簿？设置和登记账簿有何作用？
2. 简述设置账簿的原则。
3. 简述现金日记账和银行存款日记账的格式及登记方法。
4. 简述总分类账格式及登记方法。
5. 简述明细分类账格式、登记方法及适用范围。
6. 何谓对账？对账的主要内容是什么？
7. 何谓结账？结账前应做好哪些准备工作？结账的主要内容是什么？
8. 账簿登记规则的主要内容是什么？
9. 更正错账有哪3种方法？它们各自的适用条件是什么？

第5章 会计账簿

【练习题】

一、单项选择题

1. 租入固定资产登记簿是一种(　　)。
   A. 备查账　　　B. 总分类账　　　C. 日记账　　　D. 明细分类账
2. 日记账是一种(　　)。
   A. 序时账　　　B. 分类账　　　C. 联合账簿　　　D. 备查账簿
3. 现金和银行存款日记账一般采用(　　)账簿。
   A. 三栏式　　　B. 数量金额式　　　C. 多栏式　　　D. 横线式
4. "应收账款"明细分类账的格式是(　　)。
   A. 数量金额式　　　B. 三栏式　　　C. 多栏式　　　D. 单价金额式
5. "材料采购"明细账的格式是(　　)。
   A. 三栏式　　　B. 数量金额式　　　C. 多栏式　　　D. 单价金额式
6. "原材料"明细账的一般格式是(　　)。
   A. 三栏式　　　B. 数量金额式　　　C. 多栏式　　　D. 卡片式
7. 多栏式明细分类账，适用于(　　)。
   A. "原材料"、"库存商品"等账户的明细核算
   B. "材料采购"、"生产成本"等账户的明细核算
   C. "应收账款"、"应付账款"明细账
   D. "固定资产"账户的明细核算
8. 总账对其所属明细账起(　　)作用。
   A. 补充说明　　　B. 详细说明　　　C. 统驭　　　D. 平衡
9. 记账时必须用(　　)书写。
   A. 铅笔　　　B. 圆珠笔　　　C. 蓝黑墨水钢笔　　　D. 毛笔
10. 结账时，发现某笔经济业务错记了科目，应采用(　　)更正。
    A. 划线更正法　　　B. 平行登记法　　　C. 红字更正法　　　D. 补充更正法
11. 登记账簿的依据是(　　)。
    A. 会计分录　　　B. 记账凭证　　　C. 会计核算　　　D. 会计报表
12. 要做好总账与明细账的相互核对、相互补充，关键是(　　)。
    A. 编制会计分录　　　B. 平行登记　　　C. 结账　　　D. 对账

二、多项选择题

1. 账簿按其用途分有(　　)。
   A. 序时账　　　B. 分类账　　　C. 联合账　　　D. 备查账
2. 账簿按其外表形式分有(　　)。
   A. 联合账　　　B. 订本式　　　C. 活页式　　　D. 卡片式
3. 明细分类账的格式通常有(　　)。
   A. 三栏式　　　B. 数量金额式　　　C. 多栏式　　　D. 订本式

4. 总分类账和明细分类账的区别和联系是( )。
   A. 所反映的经济业务内容相同　　B. 登记账簿的原始依据相同
   C. 反映经济内容的详细程度不一样　D. 作用不同
5. 序时账簿按其记录内容不同可分为( )。
   A. 多栏式日记账　B. 三栏式日记账　C. 普通日记账　D. 特种日记账
6. 总分类账和明细分类账平行登记的要点是( )。
   A. 依据相同　　B. 方向相同　　C. 金额相等　　D. 方向相反
7. 对账的内容有( )。
   A. 账证核对　　B. 账账核对　　C. 账实核对　　D. 账表核对
8. 下列明细账应采用三栏式的有( )。
   A. 材料明细账　　　　　　B. 应收账款明细账
   C. 应付账款明细账　　　　D. 短期借款明细账
9. 下列明细账可采用数量金额式的有( )。
   A. 实收资本明细账　　　　B. 应收账款明细账
   C. 材料明细账　　　　　　D. 库存商品明细账
10. 下列明细账采用多栏式的有( )。
    A. 材料采购明细账　　　　B. 生产成本明细账
    C. 管理费用明细账　　　　D. 制造费用明细账
11. 错账的更正方法有( )。
    A. 红字更正法　B. 补充登记法　C. 划线更正法　D. 平行登记法
12. 适用红字更正法的错账有( )。
    A. 在结账以前，发现记账凭证无误，但账簿记录中文字或数字过账错误
    B. 发现记账凭证科目错误，并已登记入账
    C. 发现记账凭证所记金额大于应记金额
    D. 发现记账凭证所记金额小于应记金额

三、判断题

1. 日记账账簿就是一种联合账簿。　　　　　　　　　　　　　　　　( )
2. 备查账簿是指对某些在序时账簿和分类账簿中未能记载的经济业务事项进行补充登记的账簿。　　　　　　　　　　　　　　　　　　　　　　　　　　　( )
3. 现金和银行存款日记账可采用三栏式账簿，也可用多栏式账簿。　( )
4. 三栏式明细分类账适用于只需要反映金额的经济业务。　　　　　( )
5. 数量金额式明细分类账适用于既要金额又要数量的经济业务管理。( )
6. 多栏式明细分类账只能用于登记明细项目多，借贷方向单一的经济业务。( )
7. 总分类账对其所属明细分类账起着统驭控制作用；明细分类账对总账起着补充说明作用。　　　　　　　　　　　　　　　　　　　　　　　　　　　　( )
8. 所谓平行登记是指总账和明细账在同一行进行登记。　　　　　　( )
9. 现金收入数应全部根据现金收款凭证进行登记。　　　　　　　　( )
10. 日记总账兼有序时账簿和总分类账簿的作用。　　　　　　　　　( )

11. 订本式账簿具有不易散失，防止抽换，便于分工等优点。   （   ）
12. 在实际工作中，带有统驭性和比较重要的账簿，一般采用订本式账簿。   （   ）
13. 对于现金存入银行的银行存款收入数，应根据银行存款收款凭证进行登记。（   ）
14. 由于总账和明细账是按平行登记的方法进行登记，因而总账的期末余额和明细账的期末余额总是在同一方向。   （   ）
15. 只有在月末、季末和年度终了时，才进行结账工作。   （   ）
16. 为了表示已经登记入账，避免重记、漏记，记账后，要在记账凭证上注明所记账簿的页数或划"√"。   （   ）
17. 订本式的账簿都编有账页的顺序号，不得任意撕毁，活页式账簿则可以随便抽换账页。   （   ）
18. 现金日记账和银行存款日记账必须逐日结出余额。   （   ）
19. 在结账之前，发现把"586"误写为"568"，其更正方法，在"68"上划一条线，然后在划线处上方写上"86"，并在更正处加盖更改人员印章。   （   ）

四、练习登记日记账

资料：京海公司 2007 年 1 月 30 日现金结余 1 985 元，31 日发生下列现金收支业务。
(1) 经理办公室购买办公用品一批，金额 95 元。
(2) 业务员张林因公出差预借差旅费 650 元。
(3) 收到零售销售款 85 元。
(4) 职员刘镇报销差旅费 320 元(出差前未借差旅费)。
要求：
(1) 根据上述经济业务编制记账凭证(即会计分录)。
(2) 根据所编制的会计分录登记现金日记账。

五、练习登记总账和明细账

资料：某企业本月发生下列经济业务。
(1) 用银行存款支付行政管理部门的办公费 600 元。
(2) 经批准，将盘盈材料 900 元冲减管理费用。
(3) 用现金支付管理部门电费 1 800 元。
(4) 计提本月行政管理部门使用的固定资产的折旧 3 000 元。
(5) 月末，结转本月发生的管理费用。
要求：
(1) 根据上述业务编制记账凭证(即会计分录)，指明记账凭证的种类。
(2) 根据记账凭证登记管理费用总分类账(三栏式)和管理费用明细分类账(多栏式)，并结账。

六、练习更正错账

资料：某公司会计人员在结账前进行对账时，查找出以下错账。
(1) 用银行存款预付建造固定资产的工程价款 75 000 元，编制的会计分录为：
　　借：在建工程　　　　　　　　　　　　　75 000
　　　　贷：银行存款　　　　　　　　　　　　　　　75 000

在记账时,"在建工程"账户记录为57 000元。

(2) 用现金支付职工教育费600元,编制的会计分录为:

借:管理费用　　　　　　　　　　　　　　　　　600
　　贷:库存现金　　　　　　　　　　　　　　　　　600

(3) 计提车间生产用固定资产折旧4 600元,编制的会计分录为:

借:制造费用　　　　　　　　　　　　　　　　46 000
　　贷:累计折旧　　　　　　　　　　　　　　　　46 000

(4) 用现金支付工人工资60 000元,编制的会计分录为:

借:应付职工薪酬　　　　　　　　　　　　　　　6 000
　　贷:库存现金　　　　　　　　　　　　　　　　6 000

要求:

(1) 指出对上述错账应采用何种更正方法。

(2) 编制错账更正的会计分录。

第 6 章

财产清查

教学目标

通过本章的学习,理解财产清查的概念和种类,掌握存货的盘存制度,掌握几种主要财产物资的清查方法和财产清查结果的会计处理。

教学要求

知识要点	能力要求	相关知识
财产清查的意义、种类	(1) 理解财产清查的作用和意义 (2) 了解财产清查的种类	(1) 财产清查的概念 (2) 会计信息、内部控制及企业管理
存货盘存制度	(1) 理解永续盘存制和实地盘存制 (2) 掌握永续盘存制下存货计价方法	(1) 永续盘存制和实地盘存制的概念 (2) 存货计价方法对资产及盈利的影响
财产清查的内容和方法	(1) 了解财产清查的内容 (2) 掌握财产清查的方法	(1) 财产物资实物形态与清查方法关系 (2) 实地盘点、对账和函证
财产清查的账务处理	掌握财产清查的账务处理	自然溢余、非常损失、过失人责任和财产保险

> **引　例**
>
> 找一家企业和商店，去它的仓库进行一下实地操作，体验一下两种不同的盘存方法的区别与联系，判断各自的优缺点，并进行期末模拟账项调整。

6.1　财产清查的意义和种类

财产清查是企业会计核算的重要组成部分，已成为企业编制年度财务报告前必须进行的工作。它对于保证会计信息的可靠性，保护财产物资的安全完整，合理配置和有效利用企业资源具有重要的意义。

6.1.1　财产清查的概念及意义

1. 财产清查的概念

财产清查是指通过对货币资金、实物资产和往来款项的盘点或核对，确定其实存数，查明账存数与实存数是否相符的一种专门方法。财产清查不仅是会计核算方法体系的一个重要环节，而且也是一项重要的企业管理制度。

2. 财产清查的意义

加强财产清查工作，对于加强企业管理、充分发挥会计的监督作用具有重要的意义。

1) 保证会计核算资料的真实性、可靠性

通过财产清查，可以查明各种财产物资的实际结存数额，并与财产物资的账面结存数额进行核对，确定账存数与实存数是否相符，对账存数与实存数不相符的情况，及时查明原因，及时进行会计处理，做到账实相符。保证会计核算资料的真实性、可靠性。

2) 保护各项财产物资的安全与完整

通过财产清查，可以查明各项财产物资盘盈盘亏的情况，一旦发现账存数与实存数不相符，要查明产生差异的原因和责任归属，及时采取措施，落实经济责任，从而完善企业财产物资管理制度，以保护各项财产物资的安全与完整。

3) 挖掘财产物资潜力，加速资金周转

通过财产清查，可以查明各种财产物资的储存和使用情况，及时发现不良资产。对呆滞、超储积压的财产物资应及时进行处理，对储备不足和不配套的财产物资及时加以补充和完善，既避免损失浪费，又减少资金占用，使其投入正常的经营周转，从而充分挖掘财产物资潜力，提高资金的使用效率，加速资金周转。

4) 建立健全各项规章制度，提高企业的管理水平

通过财产清查，可以发现问题，及时采取措施弥补经营管理中的漏洞，进一步明确经济责任，防患于未然，建立健全各项规章制度，提高企业的管理水平。

5) 为编制财务报表做好准备

财务报表是企业提供会计信息的主要手段，为了保证会计信息的质量，在编制会计报

第 6 章 财产清查

表前，必须要进行财产清查，做到账实相符，只有在账证、账账、账实相符的基础上，才能编制财务报表。

6.1.2 财产清查的原因及种类

1. 财产清查的原因

从理论上来看，企事业单位的会计账簿上所记载的财产物资的增加、减少和结存情况，应该与实际的财产物资的增加、减少和结存情况完全一致。但是，在实际工作中，二者往往不一致。造成不一致的原因是多方面的，主要有以下几点。

(1) 自然因素。即财产物资在保管过程中发生的自然损耗，主要由于财产物资的物理、化学性质所造成的损耗或升溢，如含有水分的财产物资发生干耗。

(2) 自然灾害造成的损失。即财产物资在保管过程中有时会发生因风灾、水灾、火灾或地震等自然灾害造成的损失。

(3) 收发差错。即财产物资在收发过程中发生的计量错误，如由于计量检验不准确而发生的多计或少计差错；保管人员在收发过程中发生的计算或登记的差错。

(4) 会计核算失误。即会计人员在进行核算时出现的差错，如手续不齐、凭证不全而出现漏登、重复登记或错误的登记。

(5) 管理不善。即财产物资保管人员玩忽职守，所造成的财产物资的损失，如毁损、霉烂变质或短缺。

(6) 贪污盗窃。即不法分子所造成的财产物资的损失，如发生了贪污、盗窃或营私舞弊。

(7) 由于有关凭证未到，形成未达账项，造成结算双方账实不符，等等。

由于以上情况的存在，往往会造成有些财产物资的实存数与账存数不相符。但是，会计核算必须要对企业财产物资的真实情况进行反映，对账实不相符的情况应及时发现，并确定不相符的原因，造成账实不符的原因不同，其会计处理也不同。因此，为确保账实相符，企业必须按照有关规定进行财产清查。

2. 财产清查的种类

企业的日常工作中，在考虑成本、效益的前提下，可以选择范围大小、适宜的时机恰当地进行财产清查。也就是说，财产清查可按其实施的范围、时间间隔等进行适当的分类。

(1) 按照财产清查实施对象的范围不同，财产清查可以分为全面清查和局部清查。

① 全面清查。全面清查是指对会计主体的全部财产进行盘点与核对。对企业来讲，全面清查的对象包括以下内容。

a. 库存现金、银行存款等货币资产。

b. 材料、在产品、半成品和库存商品等存货。

c. 房屋、建筑物和机器设备等固定资产及在建工程。

d. 各种应收、应付、预收和预付等结算款项和有关缴拨结算款项。

e. 在途货币资金、在途材料等在途资金。

f. 各种股票、债券等有价证券及其他各项投资。

g. 受托加工、保管和委托加工、保管的各种财产物资。

h. 需要清查核实的其他内容。

全面清查涉及面广，内容多，时间长，参与人员多，工作量大，需要进行全面清查的情况通常主要有：年终决算以前；单位撤销、合并或改变隶属关系前；中外合资、国内合资前；企业股份制改制前；开展全面的资产评估、清产核资前；单位主要领导调离工作前等。

② 局部清查。局部清查与全面清查相对照，局部清查是指根据需要对会计主体的部分财产物资进行盘点与核对。在日常经营活动中，主要是对会计主体的货币资金、存货等流动性较大、变现能力较强的财产物资进行的盘点和核对。局部清查涉及面窄，内容少，时间短，参与人员少，工作量小，但专业性较强。需要进行局部清查的情况主要有：现金应每日清点一次；银行存款每月至少要同银行核对一次；债权债务每年至少要核对一至两次；各项存货应有计划、有重点地进行抽查；贵重物品应每月清查一次。

(2) 按照财产清查时间间隔的不同，财产清查可以分为定期清查和不定期清查。

① 定期清查。定期清查是指根据计划安排的时间对会计主体的财产物资进行的清查。定期清查一般在期末(月末、季末、年终结账时)进行，它可以是全面清查，也可以是局部清查。例如，一般是在年终决算前进行全面清查；月末、季末对贵重财产物资和流动性较大的财产物资进行盘点和抽查，实施局部清查。

② 不定期清查。不定期清查是指根据实际需要对会计主体的财产物资所进行的临时性清查。不定期清查一般是局部清查，如单位在更换财产物资保管人员进行的有关财产物资的清查，发生意外灾害等非常损失所进行的损失情况的清查，以及上级主管部门、财政机关和银行等部门对单位进行会计检查时，需要对有关财产物资进行的不定期清查，以便查清情况，分清责任，保护财产物资的安全完整，确保账实相符。

另外，财产清查还可以按照清查的组织的不同，分为单位自己组织的内部清查和外部单位，如主管部门、审计机关、司法部门和注册会计师根据国家有关规定对单位所进行的外部清查。

6.2 存货盘存制度

存货期末计量是否正确，取决于存货数量的确定是否准确和存货计量方法的选择是否得当。而企业存货的数量要靠盘存来确定，常用的存货盘存方法主要有永续盘存制和定期盘存制两种。

6.2.1 永续盘存制

1. 永续盘存制的概念

永续盘存制又称账面盘存制。它是指通过设置详细的存货明细账，逐日或逐笔记录存货收入、发出的数量和金额，以随时结出结余存货的数量和金额的一种存货盘存方法。采用这种存货盘存方法时，要求对企业的存货分别品名、规格等逐一设置存货明细账，逐日逐笔登记收入、发出存货的数量和金额，并随时计算结存存货的数量和金额。采用这种存货盘存方法时，为了核对存货账面记录，加强对存货的管理，企业应视具体情况对其存货进行不定期的盘存,每年至少应全面盘存一次。

2. 期末存货的计价和本期销售成本的计算

不论采用哪种盘存制度,都必须计算本期发出金额和期末结存金额,这就要求在核算时必须首先选择存货发出的计价方法,这些方法包括先进先出法、全月一次加权平均法、移动加权平均法和个别计价法。

下面以甲公司2010年4月份发生的A商品收发业务为例,说明各种方法下发出金额和结存金额的确认。

【例6-1】 4月1日,甲公司A商品的结存数量为100件,单价为20元。

　　4月5日　　　销售　　　75件
　　4月10日　　 购进　　　50件×21元=1 050元
　　4月12日　　 销售　　　40件
　　4月20日　　 购进　　　150件×22元=3 300元
　　4月24日　　 销售　　　100件
　　4月27日　　 销售　　　25件
　　4月29日　　 购进　　　50件×20元=1 000元

1) 先进先出法

先进先出法是指以先购入的存货先发出为假设条件,按照存货购入的先后顺序确定发出存货和期末存货实际成本的方法。

具体方法是:收入存货时,逐笔登记收入存货的数量、单价和金额,发出存货时,按照先进先出的原则逐笔登记存货的发出成本和结存金额。因此,采用这种方法时,发出存货的单价要按最先入库的存货的单价计算。先进先出法下,具体核算方法见表6-1。

表6-1　库存商品明细账

商品名称:A商品　　　　　　　　　　　　　　　　　　　　　　　　　　单位:元

2010年		凭证字号	摘要	收入			发出			结存		
月	日			数量	单价	金额	数量	单价	金额	数量	单价	金额
4	1		期初							100	20	2 000
4	5		销售				75	20	1 500	25	20	500
4	10		购进	50	21	1 050				25 50	20 21	500 1 050
4	12		销售				25 15	20 21	500 315	35	21	735
4	20		购进	150	22	3 300				35 150	21 22	735 3 300
4	24		销售				35 65	21 22	735 1 430	85	22	1 870
4	27		销售				25	22	550	60	22	1 320
4	29		购进	50	20	1 000				60 50	22 20	1 320 1 000
4	30		合计	250		5 350	240		5 030	110		2 320

先进先出法可以随时结转存货发出成本,但是比较繁琐;如果存货收发业务较多且存货单价不稳定时,其工作量较大。在物价持续上升时,期末存货成本接近于市价,而发出成本偏低,利润偏高。

2) 全月一次加权平均法

全月一次加权平均法是指以月初结存存货的数量和本月购入存货的数量为权数,于月末一次计算存货平均单价,据以计算本期发出存货金额和结存存货金额的方法。

采用这种方法,存货明细账的登记方法是:购入的存货逐笔登记数量、单价和金额,发出的存货只逐笔登记数量,不登记单价和金额,也不逐笔计算结存存货的单价和金额,但要逐笔计算结存存货的数量。月末,计算出存货的加权平均单价,然后按照这个加权平均单价分别计算发出存货的金额和结存存货的金额。其计算公式如下:

加权平均单价=(月初结存存货的金额+本月购入存货的金额)÷(月初结存存货的数量+本月购入存货的数量)

发出存货的金额=发出数量×加权平均单价

结存存货的金额=结存数量×加权平均单价

全月一次加权平均法下,存货明细账的具体登记方法见表6-2。

表6-2 库存商品明细账

商品名称:A商品　　　　　　　　　　　　　　　　　　　　　　　单位:元

2010年		凭证		摘要	收入			发出			结存		
月	日	字	号		数量	单价	金额	数量	单价	金额	数量	单价	金额
4	1			期初							100	20	2 000
4	5			销售				75			25		
4	10			购进	50	21	1 050				75		
4	12			销售				40			35		
4	20			购进	150	22	3 300				185		
4	24			销售				100			85		
4	27			销售				25			60		
4	29			购进	50	20	1 000				110		
4	30			合计	250		5 350	240	21	5 040	110	21	2 310

加权平均单价=(2 000+5 350)÷(100+250)=21(元/件)

加权平均法较先进先出法简便,有利于简化成本计算工作,但不利于存货成本的日常管理与控制。

3) 移动加权平均法

移动加权平均法是指在每次进货以后,立即为存货计算出新的平均单位成本,作为下次发货计价基础的一种方法。

采用这种方法,存货明细账的登记方法是:购入的存货逐笔登记数量、单价和金额,当购入的存货单价发生变化时,要计算出新的加权平均单价,即移动加权平均单价,发出的存货按移动加权平均单价计算金额,逐笔登记发出的数量、单价和金额,逐笔计算结存的数量、单价和金额。其计算公式如下:

移动加权平均单价=(以前结存存货的金额+本次购入存货的金额)÷(以前结存存货的数量+本次购入存货的数量)

发出存货的金额=发出数量×移动加权平均单价

结存存货的金额=结存数量×移动加权平均单价

移动加权平均法下,存货明细账的具体登记方法见表6-3。

表6-3 库存商品明细账

商品名称：A商品　　　　　　　　　　　　　　　　　　　　　　　　单位：元

2010年		凭证字号	摘要	收入			发出			结存		
月	日			数量	单价	金额	数量	单价	金额	数量	单价	金额
4	1		期初							100	20	2 000
4	5		销售				75	20	1 500	25	20	500
4	10		购进	50	21	1 050				75	20.67	1 550
4	12		销售				40	20.67	826.8	35	20.67	723.20
4	20		购进	150	22	3 300				185	21.75	4 023.20
4	24		销售				100	21.75	2 175	85	21.75	1 848.20
4	27		销售				25	21.75	543.75	60	21.75	1 304.45
4	29		购进	50	20	1 000				110	20.95	2 304.45
4	30		合计	250		5 350	240		5 045.55	110	20.95	2 304.45

10日：移动加权平均单价=(500+1 050)÷(25+50)=20.67(元)

20日：移动加权平均单价=(723.20+3 300)÷(35+150)=21.75(元)

29日：移动加权平均单价=(1 305+1 000)÷(60+50)=20.95(元)

采用移动加权平均法能够使管理当局及时了解存货的结存情况,计算的平均单位成本以及发出和结存的存货成本比较客观。但由于每次收货都要计算一次平均单价,计算工作量较大,对收发存货较频繁的企业不适用。

4) 个别计价法

个别计价法是指每次发出存货的实际成本按其购入时的实际成本分别计价的方法。

由于这种方法是根据发出存货入库时的实际成本计算其发出的实际成本,因此,个别计价法的成本计算最准确,且符合实际情况,但在存货收发频繁的情况下,其发出成本分辨的工作量较大。

3. 永续盘存制的优缺点

1) 永续盘存制的优点

永续盘存制的优点是：有利于加强对存货的管理。因为在存货明细账中,可以随时反映出每种存货的收入、发出和结存情况,并进行数量和金额的双重控制。

2) 永续盘存制的缺点

永续盘存制的缺点是：存货明细分类核算的工作量较大,特别是在存货品种复杂繁多的企业,更是如此。但在实际工作中,虽然永续盘存制的核算工作量大,但是永续盘存制在控制和保护财产物资安全方面有明显的优越性。所以大多数企业都采用永续盘存制。

6.2.2 实地盘存制

1. 实地盘存制的概念

实地盘存制又称定期盘存制,是指会计期末通过对全部存货进行实地盘点确定期末存货的数量,再乘以各项存货的单价,计算出期末存货的成本,并据以计算出本期耗用或已销存货成本的一种存货盘存方法。采用这种方法时,平时明细账上只记存货的购进数量和金额,不记存货发出的数量,期末通过实地盘点确定存货的实际结存数量,据以计算期末存货成本和本期销售成本。它用于商品流通企业时,又称"以存计销";用于工业企业时,又称"以存计耗"。其计算公式为:

期末存货成本=实地盘存数量×进货单价

本期销售成本=期初存货成本+本期购进存货成本-期末存货成本

2. 期末库存数量的确定

第一步:进行实地盘点,确定盘存数。

第二步:对临近月末的凭证进行整理,调整盘存数量

实地盘存数量=盘点数量+在途商品数量+已提未销数量-已销未提数量

3. 期末存货的计价和本期销售成本的计算

期末存货成本按实际库存数量乘以单价计算。现举例说明:

【例6-2】 2010年4月1日　　期初　　　　100件×20元=2 000元
　　　　　　4月10日　　　购进　　　　50件×21元=1 050元
　　　　　　4月20日　　　购进　　　　150件×22元=3 300元
　　　　　　4月29日　　　购进　　　　50件×20元=1 000元
　　　　　　购进合计　　　250件　　　5 350元

假定该商品期末实地盘点为200件。由于3次购进单价不同,那么,期末存货应按什么价格进行计量,计算其期末存货成本,现举两种常用的计价方法进行说明。

1) 先进先出法

先进先出法假设先购进的商品先售出,因此,期末存货为后购入的商品。根据例6-2的资料,用先进先出法计算期末存货成本和本期销售成本如下。

期末存货成本=200×20=4 000(元)

本期销售成本=2 000+5 350-4 000=3 350(元)

2) 加权平均法

加权平均法是把可供销售商品的总成本平均分配于可供销售的商品数量。因此,期末存货成本和本期销售成本都要按照这一平均单价进行计算。

加权平均单价=(期初结存金额+本期进货金额)÷(期初结存数量+本期进货数量)

将例6-2数字代入,其计算结果是

加权平均单价=(2 000+5 350)÷(100+250)=21(元/件)

期末存货成本=200×21=4 200(元)

本期销售成本=2 000+5 350-4 200=3 150(元)

第 6 章 财产清查

4. 实地盘存制的优缺点

1) 实地盘存制的优点

实地盘存制的优点是：简化了存货明细核算的工作量，存货明细账的登记比较简单。这主要是因为采用实地盘存制不需要每天记录存货销售和结存的数量。

2) 实地盘存制的缺点

实地盘存制的缺点是：不能随时反映存货本期销售成本和期末结存成本，无法反映存货的收发动态，削弱了对存货的管理、控制与监督。这主要是因为采用实地盘存制时，本期减少数是利用倒挤的方法计算出来的，这样就很可能将非销售和非耗用等人为造成的短缺损失，都作为本期正常销售和耗用核算，不便于内部控制和管理。

6.3 财产清查的方法

财产物资由于其形态、体积、重量和码放方式的不同，其采用的清查方法也有所不同，主要有实地盘点法、技术推算法和核对账目法。

1. 实地盘点法

实地盘点法是指在财产物资存放现场逐一清点数量或用计量仪器确定其实存数的一种方法。此方法要求严格，数字准确可靠，清查质量高，适用范围较广，但工作量较大。所以一般在清查之前，财产物资保管部门应按财产物资的实物形态进行科学的码放，以提高清查的效率。实地盘点法主要适用于货币资金中现金的清查、实物资产的清查。

2. 技术测定法

技术测定法是指利用量方、计尺等技术方法推算财产物资实存数的方法。此方法盘点数字不够准确可靠，但工作量较小。这种方法适用范围较小，主要适用于煤炭、砂石、储放在油罐中的油等价值较低、量大成堆、难以逐一清点的存货清查。

3. 核对账目法

财产物资清查方法除实地盘点法、技术测定法外，还有核对账目法。核对账目法就是单位本身的相关账目与外单位相关账目之间的逐笔核对。这种方法主要适用于货币资金中银行存款的清查和债权债务的清查。

6.4 财产清查的组织与实施

6.4.1 财产清查的组织

财产清查是一项涉及面广、工作量大、比较复杂而又细致的工作，为了做好财产清查工作，使其有序、正常地进行，在进行清查之前，必须做好充分的准备，包括组织上的准备和业务上的准备两方面。

1. 组织准备

为了保证财产清查工作的质量，做到不走过场，确实收到实效，在清查之前，要根据清查工作的实际需要组建财产清查专门机构，由单位主要领导负责，会同财会部门、财产管理与使用等有关部门成立财产清查小组，由清查小组确定清查对象，拟订清查计划，实施清查。财产清查小组的任务有以下几个。

1) 组织宣传

在进行财产清查前，应大力宣传财产清查工作的重要意义，提高广大职工搞好财产清查工作的自觉性，认真配合财产清查工作的进行。

2) 制订计划

为了能使财产清查工作顺利进行，在财产清查前应制订详细周密的计划。在计划中，应明确规定清查的范围，是进行全面清查还是进行局部清查；应明确规定清查的时间，是进行定期清查还是进行不定期清查。

3) 配备人员

在财产清查前，必须配备责任心强、业务水平高、作风严谨的人员参加到清查小组，并落实清查人员的职责和具体分工。

4) 协调工作

由于财产清查工作涉及面比较广，有关部门之间不可避免地会发生一些问题或矛盾，这时，要由清查小组出面协调，以保证清查工作的顺利进行。

5) 处理意见

在财产清查后，应对各项财产物资的盘盈盘亏情况及时进行总结，将财产清查的结果和处理意见以书面形式呈报上级领导和有关部门审批。会计部门据以进行有关会计处理，做到账实相符，为编制财务报告提供真实可靠的资料。

2. 业务准备

业务准备就是有关业务部门和人员在进行财产清查之前，应对本部门的日常业务活动和所保管的财产进行整理，以保证财产清查工作的顺利进行。业务准备主要包括以下几个方面。

(1) 在财产清查之前，财会部门必须将全部有关财产增减业务，登记齐全，结出余额，做到账证相符、账账相符，为财产清查提供准确可靠的账存数。

(2) 财产物资保管部门，必须对所要进行清查的财产物资进行整理、排放整齐、悬挂标签，在标签上注明财产名称、规格和结存数量等，登记好保管账卡，以便清查人员进行盘点。

(3) 清查小组应组织有关部门准备好标准的计量器具和有关财产清查的各种登记表册。

成立了清查机构，确定了清查对象，拟订了清查计划之后，就可以实施清查了。

6.4.2 财产清查的实施

财产清查的对象特征不同，其清查的方法也会有所不同，下面分别对货币资金、存货、固定资产、应收款项和应付款项进行阐述。

1. 货币资金的清查

货币资金的清查一般包括库存现金的清查和银行存款的清查。因为货币资金的收支十分频繁，容易出现差错，而对货币资金的管理是企业财务管理的重要内容，所以各单位对货币资金要进行定期或不定期的清查，以确保货币资金的安全完整和会计核算资料的真实可靠。

1) 库存现金的清查

库存现金的清查应采用实地盘点法进行，先确定库存现金的实存数，然后再与现金日记账的账面余额进行核对，以查明现金的盈亏情况。库存现金的盘点，应由清查人员会同出纳人员共同负责。其具体清查方法如下。

(1) 在清查前，出纳人员应将有关的收、付款凭证全部登记入账，并结出余额。为了明确责任，清查时出纳人员必须在场，现金应逐张清点，并将清点结果与现金日记账核对，查明盈亏情况。清查时还应注意查明有无违反现金管理条例的情况，如以不具法律效力的借据、收据抵充现金即"白条顶库"现象，库存现金数额是否超过银行核定的限额，有无坐支现金等现象，如有则应及时呈报。

(2) 清查结束后，应根据清查结果与现金日记账核对的情况登记"库存现金盘点报告表"，并由清点人员和出纳人员共同签名或盖章。"库存现金盘点报告表"具有双重性质，它既是盘存单，也是实存账存对比表；既是反映现金实存数，用以调整账簿记录的原始凭证，也是分析账实发生差异的原因，明确经济责任的依据，其具体格式见表6-4。

表6-4 库存现金盘点报告表

实存金额	账存金额	对比结果		备注
		盘盈	盘亏	

盘点人员签章　　　　　　　　　　　　　　　　　　出纳人员签章

2) 银行存款的清查

银行存款的清查是采用与银行核对账目的方法进行的，即将企业的银行存款日记账与开户银行转来的对账单逐笔进行核对，以查明银行存款的收付及余额的记录是否正确。核对的结果，如果双方的记录不一致，其原因可能有两种情况：一是某一方或双方都存在记账错误；二是存在未达账项。所谓未达账项是指由于双方入账时间不一致而发生的一方已经登记入账，而另一方由于尚未取得凭证而未登记入账的款项。银行和企业之间的未达账项主要有以下4种情况。

(1) 银行已经收款入账，而企业尚未收款入账的款项，如银行代企业收的销货款已经收到，并登记入账，但企业由于未收到有关凭证，尚未登记入账。

(2) 银行已经付款入账，而企业尚未付款入账的款项，如银行代企业支付了本期水电费、电信费等公用设施费，银行一般不直接通知企业，有关凭证定期传递给企业，这样银行和企业之间登记入账就有一段时间差。

(3) 企业已经收款入账，而银行尚未收款入账的款项。如企业将收到客户用于支付购货款的转账支票存入银行，即登记银行存款增加，而银行尚未收到这笔款项尚未登记入账。

(4) 企业已经付款入账，而银行尚未付款入账的款项。常见的现象是企业开出现金支票或转账支票用以支付货款，但客户在收到支票后，未立即去银行办理相关手续，就会出现这种情况。

显然，未达账项的存在会使银行存款日记账的余额与银行对账单的余额不一致，而这种不一致是正常的。为了查明企业或银行有无记账错误，并确定是否存在其他不正常现象，首先要找出未达账项，编制"银行存款余额调节表"，消除未达账项的影响。

"银行存款余额调节表"的编制方法有多种，一般是以双方账面余额为基础，各自分别记上对方已记而本单位未记的款项，然后验证调节后的余额是否相符。银行存款余额调节表的格式见表6-5。

表6-5 银行存款余额调节表

单位名称：甲公司　　　　　　　　　　　　　　　　　　　　　　2010年11月30日

项　目	金　额	项　目	金　额
企业银行存款日记账余额	30 000	银行对账单余额	36 000
加：银行已收，企业未收	10 000	加：企业已收，银行未收	6 000
减：银行已付，企业未付	5 500	减：企业已付，银行未付	7 500
调节后的余额	34 500	调节后的余额	34 500

现举例说明银行存款余额调节表的编制方法，见表6-5。

【例6-3】甲公司2010年6月30日的银行存款余额为30 000元，银行对账单当日余额为36 000元，经逐笔核对，查明有以下几笔未达账项。

(1) 公司于6月29日收到其他单位送来的转账支票6 000元，银行尚未入账。

(2) 公司于6月30日开出转账支票一张，金额为7 500元，持票人尚未到银行办理转账。

(3) 公司委托银行代收销货款10 000元，银行已收到，但公司尚未收到进账通知，没有入账。

(4) 公司委托银行代付水电费5 500元，但公司尚未收到付款通知，没有入账。

在双方记账都正确的情况下，调整后的余额应该相等，用以上方法调节后的余额就是企业实际可以动用的银行存款数额。如果调节后的余额仍不相等，表明双方在记账方面存在错误，应进一步查明原因，并及时进行更正。尤其要注意长期的未达账项，这样的款项很可能是坏账，应对其进行分析，查明原因，及时处理。

需要说明的是，未达账项不是错账、漏账，因此，不能根据银行存款余额调节表作任何账务处理。

2. 实物资产的清查

企业的实物资产包括存货和固定资产，数量大，占用的资金多，是管理的重点，也是财产清查的重点。

1) 存货的清查

存货资产的清查是指对原材料、在产品、产成品、包装物、低值易耗品和商品等的清查。由于存货的种类繁多,形态各异,而且体积重量、价值高低和存放方式也都不一样,所以,存货的清查方法也不同,一般有实地盘点法和技术测定法两种。

存货资产的清查不仅要清查存货的数量,也要清查存货的质量。原则上,在进行存货清查时,为了明确责任,存货的保管人员必须在场。在清查时,必须以各项存货目录规定的名称规格为标准,查明各项存货的数量,同时检查存货的质量。清查结束后,根据盘点结果如实填写"盘存单",并由存货保管人员、盘点人员共同签字,"盘存单"既是记录存货清查结果的书面证明,也是反映存货实有数额的原始凭证,其格式见表6-6。

表6-6 盘存单

单位名称:　　　　　　　　　　盘点时间:　　　　　　　　　　编号:
财产类别:　　　　　　　　　　存放地点:　　　　　　　　　　金额单位:元

编号	名称及规格	计量单位	数量	单价	金额	备注

盘点人员签章:　　　　　　　　　　　　　　　　保管人员签章:

为了进一步确定清查盘点的结果与账面结存数额是否一致,就需要根据"盘存单"的记录和相应的存货账簿的记录填制"实存账存对比表"。"实存账存对比表"具有重要的作用:①根据"实存账存对比表"确定账实是否相符;②根据"实存账存对比表"分析账实不符的存货差异产生的原因,并提出处理意见;③"实存账存对比表"的性质属于原始凭证,可以据此调整账簿记录,使账实相符。"实存账存对比表"一般格式见表6-7。

表6-7 实存账存对比表

单位名称:
财产类别:　　　　　　　　　年　月　日　　　　　　　　金额单位:元

编号	名称及规格	计量单位	单价	实存		账存		差异				备注
								盘盈		盘亏		
				数量	金额	数量	金额	数量	金额	数量	金额	

填表人签章:　　　　　　　　　　　　　　　　会计主管签章:

2) 固定资产的清查

固定资产是企业开展经营活动的物质基础,在企业的资产总额中占有很大的比重,因此,企业每年至少应对其进行一次清查。

固定资产的清查通常采用实地盘点的方法,即将固定资产明细账上的记录情况与固定资产实物逐一核对,包括明细账上所列的固定资产类别、名称和编号等。如果在清查中发现固定资产盘盈,要对其进行估价,以确定固定资产的重置价值、估计折旧等;如果在清查中发现固定资产盘亏或毁损情况,还要查明固定资产的原值、已提折旧等。

进行固定资产清查的一般程序如下。

(1) 进行账账核对。即在清查前将固定资产总账与固定资产明细账核对,保证固定资产总账的余额与固定资产明细账的余额相符。

(2) 进行实地盘点。即对固定资产逐个进行盘点,查明固定资产实物是否与账面记录相符。

(3) 编制固定资产清查报告表。即根据清查中发现的固定资产盘盈盘亏情况,在查明原因的基础上,编制固定资产清查盘盈盘亏报告表。该表是一种重要的原始凭证,是进行会计核算的主要依据。其一般格式见表6-8。

表6-8 固定资产清查盘盈盘亏报告表

使用部门: 年 月 日 金额单位:元

固定资产编号	固定资产名称	固定资产规格	盘 盈			盘 亏			毁 损			原因
			数量	重置价值	累计折旧	数量	原价	折旧	数量	原价	折旧	
处理意见	审批部门			清查小组				使用保管部门				

值得注意的是,进行固定资产清查时,除了保证账实相符外,还要查明固定资产在保管、维护保养及核算上存在的问题,保证固定资产核算的正确性;还要清查固定资产的使用情况,如发现长期闲置、封存或使用效率不高、结构不合理和生产能力不均衡等情况,应及时反映给有关方面及时做出处理,保证其合理有效地使用。

3. 往来款项的清查

往来款项的清查是指对应收、应付款项及其他应收、应付款项所实施的清查。往来款项的清查采用的方法是查询或核对法,或两种方法同时采用。在清查过程中,不仅要查明债权债务的余额,还要查明其形成的原因,以便加强管理。对于在清查中发现的坏账损失要按有关规定进行处理,不得擅自冲销账簿记录。往来款项清查的具体操作程序如下。

(1) 检查、核对账簿记录。有关会计人员应将本单位的债权、债务业务全部登记入账,不得遗漏,以保证账簿记录的完整性。在此基础上,清查人员应对账簿记录与会计凭证进行核对,保证账簿记录准确无误。

(2) 编制往来款项对账单。企业将编制的对账单送债权人或债务人进行核对,确认债权、债务。对账单一般可采用两联形式,其中一联为回单,由债权人确认并签章。如果债权人核对后发现不一致,则须注明原因,寄回本企业。企业在收到回单后,如存在不一致事项,应就不一致事项进一步调查;如存在未达账项,应进行余额调整(调整方法类似于银行存款余额调节),然后确认债权债务余额。当然,在清查中也可以直接派人去对方单位面询,或利用电话、电报、传真和互联网等手段进行核实。

(3) 编制债权债务清查结果报告表。在检查、核对并确认了债权、债务后,清查人员应根据清查中发现的问题和情况,及时编制往来款项清查结果报告表。对于本单位与对方单位或个人有争议的款项、收回希望较小和无法支付的款项,应当在报告中尽可能地详细说明,以便有关部门及时采取措施,减少不必要的坏账损失。往来款项清查结果报告表一般格式见表6-9。

表6-9　往来款项清查结果报告表

单位名称:　　　　　　　　　　　　年　月　日　　　　　　　　金额单位:元

总分类账户		明细分类账户		发生日期	对方结存额	对比结果及差异额	差异原因及金额			备注
名称	金额	名称	金额				未达账项	有争议款项	无法收回款项	

清查人员签章:　　　　　　　　　　　　　　　　　　　　　经管人员签章:

财产清查工作结束后,应认真整理资料,对清查工作中发现的问题,分析其原因并提出改革措施,撰写财产清查报告,对财产清查中发现的成绩和问题做出客观公正的评价。

6.5 财产清查结果的账务处理

财产清查的结果不外乎以下3种情况:①实存数等于账存数,即账实相符;②实存数大于账存数,即盘盈;③实存数小于账存数,即盘亏。第二种、第三种情况为账实不符,对财产清查结果的处理,也就是这两种情况以及清查过程中发现的物资霉烂变质等情况进行的处理。财产清查结果处理的基本步骤如下。

(1) 客观地分析账实不符的原因,明确经济责任,并按规定程序如实将盘盈、盘亏情况及处理意见报请有关部门审批。

(2) 积极处理清查中发现的积压呆滞物资,对长期不清的债权、债务和发生争议的往来款项,应指定专人负责查明原因,限期清查,以提高财产物资的使用效率。

(3) 针对财产清查中发现的问题,应当进行科学的分析,并提出改进措施,建立健全财产物资管理制度和结算制度,进一步完善企业内部控制制度。

(4) 对财产清查中所查明的各种差异,根据有关原始凭证编制记账凭证,调整账面记录,使账实相符,并根据审批意见,作相关的账务处理。

财产清查结果的处理要设置"待处理财产损溢"账户,它是一个资产类账户,用来反映在财产清查过程中查明的各种财产物资盘盈、盘亏和毁损的价值。贷方登记待处理财产物资盘盈数,及经批准后的财产物资盘亏、毁损的转销数;借方登记待处理财产物资盘亏、毁损数,及经批准后的财产物资盘盈的转销数;贷方余额表示尚待批准的财产物资净盘盈数；借方余额表示尚待批准处理的财产物资净盘亏和毁损数。为了具体反映盘盈、盘亏财产物资的性质，"待处理财产损溢"账户下还可以设置"待处理流动资产损溢"、"待处理固定资产损溢"两个明细账户，进行明细分类核算，用来分别反映流动资产和固定资产的盘盈、盘亏情况及其处理情况。如果清查的结果全部处理完毕，该账户应无余额。"待处理财产损溢"账户的具体结构如下：

待处理财产损溢

1. 待处理财产物资盘亏、毁损数	1. 待处理财产物资盘盈数
2. 经批准后的财产物资盘盈的转销数	2. 经批准后的财产物资盘亏、毁损的转销数
借方余额：表示尚待批准处理的财产物资净盘亏和毁损数	贷方余额：表示尚待批准的财产物资净盘盈数

财产清查结果的账务处理分两个阶段，一是在领导审批之前，应根据"实存账存对比表"等原始凭证，编制记账凭证，调整财产物资账面记录，使账实相符；二是根据领导对差异形成的不同原因做出的处理意见作相应的账务处理。具体账务处理如下。

批准之前，盘盈的各种材料、库存商品等，借记"原材料"、"库存商品"等账户，贷记"待处理财产损溢"账户。盘亏、毁损的各种原材料、库存商品等，按盘亏存货的账面价值借记"待处理财产损溢"账户，贷记"原材料"、"库存商品"等账户；盘亏、毁损的固定资产，按盘亏或毁损固定资产的净值借记"待处理财产损溢"账户，按盘亏固定资产已提折旧借记"累计折旧"账户，按盘亏固定资产的原值贷记"固定资产"账户。

盘盈、盘亏和毁损的财产，报经批准后处理时：流动资产的盘盈，借记"待处理财产损溢——待处理流动资产损溢"账户，贷记"管理费用"账户。流动资产盘亏或毁损，应当先减去残料价值以及可以收回的保险赔偿和过失人赔偿，借记"原材料"、"其他应收款"等账户，剩下部分属于非常损失的借记"营业外支出——非常损失"账户，属于一般经营损失部分，借记"管理费用"账户，贷记"待处理财产损溢——待处理流动资产损溢"账户；固定资产盘亏净值，借记"营业外支出——固定资产盘亏"账户，贷记"待处理财产损溢——待处理固定资产损溢"账户。

特别说明：企业在财产清查中盘盈的固定资产，作为前期差错处理。企业在财产清查中盘盈的固定资产，在按管理权限报经批准处理时应先通过"以前年度损益调整"科目核算。盘盈的固定资产，应按重置成本确定其入账价值，借记"固定资产"科目，贷记"以前年度损益调整"科目。

企业清查的各种财产的损溢，应于期末前查明原因，并根据管理权限，经股东大会或董事会，或经理（厂长）会议或类似权利机构批准后，在期末结账前处理完毕。

6.5.1 财产物资盘盈的账务处理

财产物资的盘盈是指在财产清查中，财产物资的实存数大于账存数的情况。如果是存货盘盈，经有关机构批准后，根据批复意见，编制记账凭证，对差异进行结转，一律转入"管理费用"账户的贷方；如果是属于无法查明原因的现金盘盈，经有关机构批准后，根据批复意见，编制记账凭证，对差异进行结转，转入"营业外收入"账户的贷方。

【例6-4】 某企业在财产清查中，发现库存现金长款80元。在报经批准前，根据"库存现金盘点报告表"编制记账凭证，其会计分录如下：

　　借：库存现金　　　　　　　　　　　　　　　　　　80
　　　　贷：待处理财产损溢——待处理流动资产损溢　　80

经查明属于无法查明原因的现金盘盈，根据审批处理意见，作营业外收入处理，编制记账凭证，会计分录为：

　　借：待处理财产损溢——待处理流动资产损溢　　　80
　　　　贷：营业外收入　　　　　　　　　　　　　　　80

【例6-5】　某企业在财产清查中，查明A材料盘盈3 000元。

在报经批准前，根据"实存账存对比表"编制记账凭证，其会计分录如下：

　　借：原材料　　　　　　　　　　　　　　　　　3 000
　　　　贷：待处理财产损溢——待处理流动资产损溢　3 000

根据审批处理意见，转销材料盘盈，编制记账凭证，其会计分录如下：

　　借：待处理财产损溢——待处理流动资产损溢　　3 000
　　　　贷：管理费用　　　　　　　　　　　　　　　3 000

【例6-6】　某企业在财产清查过程中，发现一台未入账的账外设备，重置成本为30 000元(假定与其计税基础不存在差异)。根据《企业会计准则第28号——会计政策、会计估计变更和差错更正》的规定，该盘盈固定资产作为前期差错进行处理。

盘盈固定资产时，根据"固定资产清查盘盈盘亏报告表"编制记账凭证，其会计分录如下：

　　借：固定资产　　　　　　　　　　　　　　　30 000
　　　　贷：以前年度损益调整　　　　　　　　　　30 000

6.5.2　财产物资盘亏的账务处理

　　财产物资的盘亏是指在财产清查中，财产物资的实存数小于账存数的情况。如果是存货盘亏，经有关机构批准后，根据批复意见，编制记账凭证，对差异应区别不同情况分别进行结转，其残料按估计的价值，转入"原材料"账户的借方；应由责任人负责赔偿的，转入"其他应收款"账户的借方；应由保险公司负责赔偿的，也转入"其他应收款"账户的借方；属于自然灾害造成的非常损失，扣除残料价值和保险公司赔偿款后的净损失，转入"营业外支出"账户的借方；属于计量差错或一般经营损失，转入"管理费用"账户借方。

　　如果是固定资产盘亏，经有关机构批准后，根据批复意见，编制记账凭证，对差异应区别不同情况分别进行结转，如果有残料，将其按估计的价值，转入"原材料"账户的借方；属于由于责任事故造成的，将由责任人负责赔偿的那部分，转入"其他应收款"账户的借方，剩余部分经有关部门批准，转入"营业外支出"账户的借方；保险公司负责赔偿的，也转入"其他应收款"账户的借方；自然灾害造成的非常损失，扣除残料价值和保险公司赔偿款后的净损失，转入"营业外支出"账户的借方。

【例6-7】　某企业在财产清查中，发现设备短缺，账面原价3 500元，已提折旧1 500元，净值2 000元。

报经批推前，根据"固定资产清查盘盈盘亏报告表"编制记账凭证，其会计分录如下：

借：待处理财产损溢——待处理固定资产损溢　　　2 000
　　累计折旧　　　　　　　　　　　　　　　　　1 500
　　贷：固定资产　　　　　　　　　　　　　　　　　　　3 500

批推后，根据审批意见，编制记账凭证，其会计分录如下：

借：营业外支出——固定资产盘亏　　　　　　　　2 000
　　贷：待处理财产损溢——待处理固定资产损溢　　　　 2 000

【例6-8】　某企业在财产清查中，发现盘亏材料2 500千克，价值12 500元。

审批前，根据"实存账存对比表"编制记账凭证，其会计分录如下：

借：待处理财产损溢——待处理流动资产损溢　　　12 500
　　贷：原材料　　　　　　　　　　　　　　　　　　　12 500

审批后，根据不同情况分别进行结转。经查短缺的12 500元，其中5 000元是计量不准确所造成，4 000元属于保管员小王过失所造成，剩余的3 500元属于意外损失所造成。

其会计分录如下：

借：管理费用　　　　　　　　　　　　　　　　　5 000
　　其他应收款——小王　　　　　　　　　　　　　4 000
　　营业外支出　　　　　　　　　　　　　　　　　3 500
　　贷：待处理财产损溢——待处理流动资产损溢　　　　12 500

财产清查结果的处理，除上述情况外，企业对财产清查中发现的长期不清的债权债务，也应及时进行清理。对于经查明确实无法支付的应付账款和无法收回的应收账款，予以转销。转销时可以不通过"待处理财产损溢"账户核算，按规定程序报经批准后，直接分别转作营业外收入和冲销坏账准备。

【例6-9】　某企业在财产清查中，查明应收某单位的货款4 000元，因单位撤销，确实无法收回。经批准，作为坏账处理。

借：坏账准备　　　　　　　　　　　　　　　　　4 000
　　贷：应收账款——某单位　　　　　　　　　　　　　4 000

【例6-10】　某企业在财产清查中，查明应付某单位的货款3 500元，因单位撤销，确实无法支付。经批准，作为营业外收入。

借：应付账款——某单位　　　　　　　　　　　　3 500
　　贷：营业外收入　　　　　　　　　　　　　　　　　3 500

本章小结

本章介绍了财产清查的意义和作用、财产清查的分类、存货盘存制度、财产清查的方法和财产清查的账务处理。

第6章 财产清查

财产清查账务处理的再认识

(1) 固定资产盘盈及账务处理。《企业会计制度》规定,盘盈的固定资产按同类或类似固定资产的市场价格,减去按该项资产的新旧程度估计的价值损耗后的余额作为入账价值,借记"固定资产",贷记"待处理财产损溢"和"累计折旧"。《企业会计准则》规定,盘盈的固定资产,同类或类似固定资产存在活跃市场的,按同类或类似固定资产的市场价格,减去按该项资产的新旧程度估计的价值损耗后的余额作为入账价值;同类或类似固定资产不存在活跃市场的,按该项固定资产的预计未来现金流量现值作为入账价值。由此可见,制度和准则存在一定的差异,给企业在进行固定资产清查时做出相应的判断和处理带来极大的不便。因此,笔者认为应该做出相应的调整:同类或类似固定资产存在活跃市场的,按同类或类似固定资产的市场价格作为原价入账,若该项资产应计提折旧,则按其新旧程度估计的价值损耗作为累计折旧反映;同类或类似固定资产不存在活跃市场的,按该项固定资产的预计未来现金流量现值,主要是因为:①固定资产原价是信息使用者关注的重要信息,应当单独反映;②盘盈的固定资产若是在用及季节性停用的,应计提折旧并单独反映;③这样处理能够反映其有形损耗与无形损耗,利于加强利用与管理;④分别按原价、累计折旧、减值准备反映固定资产是会计核算与填列资产负债表的要求,也符合使用者理解与利用信息的习惯。

(2) 固定资产盘亏及账务处理。财产清查中对盘亏固定资产的处理,《企业会计制度》在"待处理财产损溢"科目中规定借记"待处理财产损溢"、"累计折旧",贷记"固定资产"。同时,又在"固定资产"科目中规定,盘亏的固定资产按其账面价值借记"待处理财产损溢",按已提旧借记"累计折旧",按该项固定资产已计提的减值准备借记"固定资产减值准备",按固定资产原价贷记"固定资产"。可见,二者在账务处理上仍然存在分歧。由于盘亏的固定资产已不能或不能按原来预期的经济利益实现方式为企业带来经济利益,因此,采用后者更为合理。

(3) 工程物资盘查及账务处理。《企业会计制度》在"工程物资"科目中规定,盘盈、盘亏、报废、毁损的工程物资,减去保险公司、过失人赔偿部分后的差额,工程项目尚未完工的,计入或冲减所建工程项目的成本;工程已经完工的,计入当期营业外收支。在实际工作中,这一处理方式不利于盘盈、盘亏、报废及毁损的工程物资在报经批准前后的核算与管理。笔者认为,应通过"待处理财产损溢"科目核算。盘亏、报废及毁损发生时,借记"其他应收款"、"原材料"、"待处理财产损溢"等科目,贷记"工程物资",报经批准后,借记"在建工程"或"营业外支出",贷记"待处理财产损溢";盘盈时,借记"工程物资",贷记"待处理财产损溢",报经批准后,借记"待处理财产损溢",贷记"在建工程"或"营业外收入"。

(4) 在建工程清查及账务处理。《企业会计制度》目前尚未对在建工程的财产盘查及账务处理作出明确规定。笔者认为,为便于盘盈、盘亏的在建工程在报经批准处理前后的核算与管理,应通过"待处理财产损溢"核算。盘盈时,按现行市价或预计未来现金流量现值,借记"在建工程",贷记"待处理财产损溢",报经批准后,借记"待处理财产损溢",贷记"在建工程"或"营业外收入";盘亏时,借记"原材料"、"其他应收款"、"在建工程减值准备"、"待处理财产损溢"等科目,贷记"在建工程",报经批准后,借记"在建工程"或"营业外支出",贷记"待处理财产损溢"。

《企业会计制度》在"在建工程"科目中规定,由于自然灾害等原因造成的单项工程或单位工程报废与毁损,减去残料价值和过失人或保险公司等赔款后的净损失,报经批准后计入继续施工的工程成本,借记"在建工程(其他支出)",贷记"在建工程(建筑工程、安装工程等);如为非正常原因造成的报废或毁损,或在建工程项目全部报废或毁损,应将其净损失计入当期营业外支出。笔者认为,该处理未能完整反映在建工程发生报废与损毁的清理过程,可设置"在建工程清理"科目进行如下核算:①报废、损毁的在建工程转入清理时,借记"在建工程清理"(账面价值)和"在建工程减值准备"(已计提的减值准备),贷记"在建工程";②发生的清理费用借记"在建工程清理",贷记"银行存款"等;③收回的残料、变价收入及应收的赔款、罚款等,借记"原材料"、"银行存款"、"其他应收款"等科目,贷记"在建工程清理";④产生的清理净损益调整继续施工的工程成本,但如为非正常原因造成的报废与毁损或在建工程项目全部报废或毁损,则应计当期营业外收支。具体处理为:若为清理净收益,借记"在建工程清理",贷记"在建工程(其他支出)"或"营业外收入";若为清理净损失,借记"在建工程(其他支出)"或"营业外支出"科目,贷记"在建工程清理"。

(5) 无法回收的应收项目与无法支付的应付项目的处理。《企业会计制度》及《企业会计准则》对某些事项的发生并未作出相应规定,如《企业会计准则——租赁》第二十五条规定,出租人应当根据承租人的财务状况、生产经营状况以及租金的逾期期限等因素,分析应收融资租赁款的风险程度和回收的可能性,对应收融资租赁款与未实现融资收益的差额合理计提坏账准备,但未对计提方法作出规定。又如对应收股利、应收利息在取得债务人撤销、破产等确凿证据,表明其不能收回时的处理未作规定。笔者认为,为如实反映企业的资产及其减值情况,上述项目也应合理计提坏账准备。另外,《企业会计制度》对确实无法支付的应付及预收项目的处理也未作出明确规定,笔者认为,上述事项可按确实无法支付的应付款项金额转入资本公积核算。

(《财会通讯》2004 年第 9 期 A,9-10 页),作者:石胜永

关键术语

财产清查　全面清查　局部清查　临时清查　定期清查　永续盘存制　实地盘存制　实地盘点　存货计价　先进先出法　加权平均法　移动加权平均法　个别计价法　盘盈　盘亏

案例应用分析

武烟集团财产清查制度

财产清查是会计核算的专门方法之一,是会计核算方法体系的一个有机组成部分。通过对实物、现金的实地盘点和对银行存款、往来账款的核对来确定各项财产物资和往来账款的实有数是否相等,从而保护国有财产的完整,保证国家财经纪律和结算制度的执行,挖掘财产物资潜力,加速资金周转,提高经济效益。

1. 财产清查的组织机构

(1) 根据本企业实际情况,本企业财产清查不设专职机构,在财产清查时设立清查领导小组。

(2) 财产清查的组织机构,在总会计师领导下,组成有分管领导和专业人员(包括有关部门的专业人员)参加的清查领导小组,并抽调生产、计划、财务、审计、设备、物资、销售、车间、后勤等有关部门业务熟练人员一起对本企业的财产、物资、资金进行清查工作。

(3) 主要任务:研究制定财产清查计划,组织开展清查的对象和范围,安排清查工作进度,配备清查人员,组织开展清查工作。在清查结束后,将清查结果整理汇总计出盈亏,提出处理意见和建议,书面报告企业领导或主管上级审批处理。

2. 财产清查的内容

(1) 全面清查。全面清查是对企业所有财产进行全面清查、盘点和核对。在年终决算之前，应进行一次全面清查，以明确经济责任，摸清家底，保证生产的正常需要。

全面清查的内容有：固定资产、原辅材料、低值易耗品、在产品、半成品、产成品等各种实物；库存现金、银行存款和其他货币资金；银行借款、各种往来结算款项、缴拨款项；在途材料、物资、发出商品和委托或受委托加工的材料、物资等。

(2) 局部清查。局部清查是根据需要对一部分财产、物资所进行的清查。

局部清查的内容有：流动性较大的物资(如材料、在产品、产成品等)，除年度清查外，要进行重点抽查；贵重物资，每月清查盘点一次；库存现金应由出纳员当日清点；银行存款和银行借款，每月同银行核对一次，对未达账项做出正确调整；各种债权、债务，必须每季核对一次。

各业务主管部门的领导，根据实际需要，对经营的财产物资，可以进行定期或不定期的清查，可以是全面清查，也可以是局部清查。

3. 财产清查的方法

(1) 物资的清查。采用实地盘点法，就是逐个点数、过磅和量尺，以确定实际数量。对于包装完整、规格统一的大宗材料、产成品等物资，采用抽查盘点法。对于物体笨重、数量多、价值低而难以逐个清点的材料物资，除年度进行清查外，有关部门还要进行重点局部清查，如烟叶可按垛领用完毕后，计算其长短盈亏。

物资清查时，保管人员必须在场并参加盘点工作。对物资清查结果，要如实地登记在"盘存单上"，并由盘点人和实物保管人签名、盖章，以明确经济责任，然后根据"盘存单"和账面记录，编制"财产清查报告单"。

(2) 现金的清查。通过实地盘点，确定库存现金的实有数，再与现金日记账和账面余额核对，查明账款是否相等。盘点时出纳员必须在场，不允许以借条、收据等抵充现金。盘点结束后，应根据盘点结果，填制"现金盘点报告单"。

(3) 银行存款的清查。采取与银行核对账目的方法，核对前应详细检查单位银行存款日记账，力求完整。然后与银行对账单账目逐笔核对，如果发现未达账项，应以收方账面余额为基础编制"银行存款余额调节表"。

(4) 往来款项的清查。往来款项指本单位与外单位发生的各种债权、债务等往来业务的清查，检查各项往来款项账目的记录是否正确和完整，同时编制对账单进行逐笔核对。往来款项清查结果，由经办人员按时编制"款项清查表"，对其中有争执的款项以及不能收回或无须支付的款项，应将情况在清查表上详细注明，并提出处理意见。

管理往来款项账目的经办人员，有责任对所经营的账目随时进行清查核对，主管领导有权随时检查。对于能及时收回的应收款、临时出外办事借支的款项，经办人员应及时督促进行清结，对应付款项也要及时偿还。发生坏账损失，要及时向领导汇报，提出意见，进行认真处理。

4. 财产清查结果的处理

(1) 认真总结经验教训，建立健全财产物资的管理制度，做好清查后的处理工作。

(2) 通过财产清查，根据有关清查报告单中所发现的差异(财产物资的盘盈、盘亏等)，要彻底查明发生差异的原因，明确经济责任，据实提出处理意见，按规定程序报请主要领导和上级主管部门审批处理。

(3) 对清查中发现的无须用的固定资产、积压多余的呆滞物资，应设法利用或组织相互调剂，对长期不清和有争议的债权、债务应指定专人负责，限期清理。

(4) 及时调整账簿记录，做到账实相符。

(资料来源：http://www.94fanwen.com/Article/guanliwenzhang/caiwuguanli/200512/17526.html.)

请查阅有关资料，并结合课堂学习谈谈你对这一问题的看法。

习 题

【思考题】

1. 简述企业进行财产清查的意义。
2. 财产清查怎样分类?
3. 简述永续盘存制和定期盘存制的优缺点和适用范围。
4. 企业与银行之间的未达账项有哪些?
5. 各种财产物资清查的具体方法是什么?
6. 财产清查前应作好哪些准备工作?
7. 财产清查结果的核算应设置什么账户?其结构是什么?
8. 财产清查中发现的财产盘盈盘亏如何处理?
9. 财产清查结果账务处理的基本步骤是什么?

【练习题】

一、单项选择题

1. 中外合资、国内合资前需要进行(　　)。
   A. 全面清查　　B. 局部清查　　C. 定期清查　　D. 实地盘点
2. 对银行存款的清查,就是将(　　)进行核对。
   A. 银行存款日记账与总分类账
   B. 银行存款日记账与银行存款收、付款凭证
   C. 银行存款日记账与银行对账单
   D. 银行存款日记账与明细账
3. 某企业在遭受洪灾后,对其受损的财产物资进行的清查,属于(　　)。
   A. 局部清查和定期清查　　　　B. 全面清查和定期清查
   C. 局部清查和不定期清查　　　D. 全面清查和不定期清查
4. 在记账无误的情况下,银行对账单与企业银行存款日记账账面余额不符的原因是(　　)。
   A. 应付账款　　B. 应收账款　　C. 外埠存款　　D. 未达账项
5. 对库存现金的清查应采用的方法是(　　)。
   A. 实地盘点法　B. 技术测定法　C. 核对账目法　D. 倒挤法
6. "库存现金盘点报告表"应由(　　)签章方能生效。
   A. 经理和出纳　B. 会计和盘点人　C. 盘点人员和出纳　D. 会计和出纳
7. 对应收账款进行清查时应采用的方法是(　　)。
   A. 技术测定法　B. 核对账目法　C. 与记账凭证核对　D. 实地盘点法
8. 对存货的盘点结果,应编制据以调整账面记录的原始凭证是(　　)。
   A. 入库单　　B. 实存账存对比表　C. 出库单　　D. 领料单

二、多项选择题

1. 造成账实不符的原因主要有(　　)。
   A. 财产物资的自然损耗　　　　B. 财产物资收发计量错误
   C. 财产物资的毁损、被盗　　　D. 账簿的漏记、重记

2. 核对账目的方法适用于对(　　)的清查。
   A. 固定资产　　B. 应收账款　　C. 现金
   D. 银行存款　　E 存货

3. 下列情况中需要进行全面清查的有(　　)。
   A. 年终决算前　　　　　　　　B. 开展清产核资时
   C. 单位撤销、改变隶属关系　　D. 更换仓库保管员

4. 正确合理地组织财产清查的意义在于(　　)。
   A. 保证会计核算资料的真实性、可靠性
   B. 保护各项财产物资的安全与完整
   C. 挖掘财产物资潜力，加速资金周转
   D. 建立健全各项规章制度，提高企业的管理水平

5. 下列属于原始凭证的是(　　)。
   A. 库存现金盘点报告表　　　　B. 实存账存对比表
   C. 银行存款余额调节表　　　　D. 固定资产清查盘盈盘亏报告表

【业务题】

业务题一

1. 目的：练习银行存款清查中未达账项的调整。

2. 资料：某公司 2010 年 10 月 31 日银行存款日记账的账面余额为 51 000 元，同日收到开户银行送来的对账单，其余额为 57 500 元。经逐笔核对，发现有以下几笔未达账项。

(1) 10 月 31 日，该公司委托银行收款 2 500 元，银行已入账，公司尚未入账。

(2) 10 月 30 日，银行代公司支付电话费 3 500 元，银行已入账，公司尚未入账。

(3) 10 月 28 日，公司开出支票一张，金额 15 000 元，公司已入账，银行尚未入账。

(4) 10 月 27 日，公司收到支票一张，金额 7 500 元，公司已入账，银行尚未入账。

3. 要求：根据以上资料编制银行存款余额调节表。

业务题二

1. 目的：练习财产清查结果的账务处理。

2. 资料：某企业在财产清查中发现下列情况。

(1) 盘亏机器一台，账面原价 6 000 元，已提折旧 2 400 元。

(2) 甲材料账面余额 300 千克，单价 20 元/千克，实地盘点数为 292 千克，乙材料 450 千克，单价 15 元/千克，实地盘点数为 460 千克。

(3) 库存现金短缺 55 元。

(4) 丙材料账面余额 380 千克，单价 50 元/千克，共计 19 000 元，全部被暴风雨毁损。

(5) 丁材料账面余额 490 千克，单价 18 元/千克，实存数为 480 千克。

(6) 经查，上述甲材料盘亏系自然损耗，乙材料盘盈系由收发误差所至，经批准作管理费用处理；丙材料由暴风雨袭击所至，经批准作营业外支出处理；丁材料盘亏系保管员责任造成，责其全额赔偿，赔偿款尚未收到；现金短款责由出纳赔偿；固定资产盘亏净值转为营业外支出。

3. 要求：根据上述资料编制会计分录。

业务题三

1. 目的：练习财产清查结果的账务处理。

2. 资料：某公司进行财产清查，在清查中发现下列事项。

(1) 盘亏一辆汽车，其原值为 60 000 元，已提折旧 1 750 元。

(2) 盘盈账外机器一台，重置价值为 12 500 元。

(3) 钢材账面余额 2 500 000 元，实际盘点金额为 2 505 000 元。

(4) 产成品账面余额 4 000 000 元，实际盘点金额 3 975 000 元，经查短缺的 25 000 元，其中 1 000 元是计量不准确所造成，750 元属于保管员过失所造成，剩余的 23 250 元属于意外损失所造成。

3. 要求：根据上述资料编制会计分录。

第 7 章

账务处理程序

教学目标

通过本章的学习,理解账务处理程序的概念和意义,掌握设置账务处理程序的原则,掌握记账凭证账务处理程序、科目汇总表账务处理程序、汇总记账凭证账务处理程序、日记总账账务处理程序的特点、使用步骤、优缺点及适用条件。

教学要求

知识要点	能力要求	相关知识
账务处理程序的一般知识	(1) 理解账务处理程序的概念和意义 (2) 在设置账务处理程序的实践中能遵循相关原则	(1) 账务处理程序的概念和意义 (2) 设置账务处理程序的原则
记账凭证账务处理程序	(1) 掌握记账凭证账务处理程序的基本特点和使用步骤 (2) 能分析总结出记账凭证账务处理程序的优缺点,明白其适用条件 (3) 能在实践工作中,正确选择和运用记账凭证账务处理程序	(1) 记账凭证账务处理程序的基本特点 (2) 记账凭证账务处理程序的使用步骤 (3) 记账凭证账务处理程序的优缺点和适用条件
科目汇总表账务处理程序	(1) 掌握科目汇总表账务处理程序的基本特点和使用步骤 (2) 能分析总结出科目汇总表账务处理程序的优缺点,明白其适用条件 (3) 能在实践工作中,正确选择和运用科目汇总表账务处理程序	(1) 科目汇总表账务处理程序的基本特点 (2) 科目汇总表账务处理程序的使用步骤 (3) 科目汇总表账务处理程序的优缺点和适用条件

续表

知识要点	能力要求	相关知识
汇总记账凭证账务处理程序	(1) 掌握汇总记账凭证账务处理程序的基本特点和使用步骤 (2) 能分析总结出汇总记账凭证账务处理程序的优缺点，明白其适用条件 (3) 能在实践工作中，正确选择和运用汇总记账凭证账务处理程序	(1) 汇总记账凭证账务处理程序基本特点 (2) 汇总记账凭证账务处理程序使用步骤 (3) 汇总记账凭证账务处理程序的优缺点和适用条件
日记总账账务处理程序	(1) 掌握日记总账账务处理程序的基本特点和使用步骤 (2) 能分析总结出日记总账账务处理程序的优缺点，明白其适用条件 (3) 能在实践工作中，正确选择和运用日记总账账务处理程序	(1) 日记总账账务处理程序的基本特点 (2) 日记总账账务处理程序的使用步骤 (3) 日记总账账务处理程序的优缺点和适用条件

引 例

你已经根据老张厂子的业务情况，设置了合适的会计科目。你日常的会计核算工作就是编制会计凭证、登记会计账簿、编制会计报表，你对选择会计凭证、会计账簿的种类和格式以及组织编制会计凭证、登记会计账簿、编制会计报表的流程有什么考虑？如果换一家企业，你的方案是一样的吗？

7.1 账务处理程序概述

7.1.1 账务处理程序的概念与意义

1. 账务处理程序的基本概念

账务处理程序也称会计核算组织形式，它是指在会计循环中，会计主体采用的会计凭证、会计账簿、会计报表的种类和格式以及相互之间有机结合的方法和步骤。

会计凭证、会计账簿、会计报表是会计日常核算工作中最主要的 3 种核算方法。经济业务发生时，要经过填制会计凭证、登记账簿，对经济业务进行归类、整理、汇总，在账簿中形成比较系统、详细的日常核算资料。期末，要将这些分散在账簿中的日常核算资料，按照预先规定的指标体系进一步归类、综合、汇总，通过编制报表将其排列成系统的指标体系。在这一过程中，他们都有特定的目的、原则和手段。但他们不是孤立的，而是有机联系的。编制报表的资料主要来源于账簿，财务报表的内容决定着账簿的种类、格式和记录内容；账簿登记的依据是会计凭证，账簿的种类、格式决定着会计凭证的种类和格式。三者相互联系、相互制约形成一个有机的整体。不同的会计主体为了更好地反映和监督所发生的经济业务，在应用会计凭证、会计账簿、会计报表时，会依据自身的具体情况，设计凭证、账簿的种类、格式，设计凭证、账簿、报表三者的配合方式，从而形成了不同的会计账务处理程序。

2. 设计账务处理程序的意义

确定科学合理的账务处理程序,对于整个会计核算工作具有十分重要的意义,也是会计部门和会计人员的一项重要工作。

(1) 有利于规范会计核算组织工作。科学合理的账务处理程序使得会计机构和会计人员在进行会计核算工作时,有序可循,责任分工明确,从而有条不紊地处理好各环节的工作。

(2) 有利于提高会计核算工作的质量。科学合理的账务处理程序不仅保证了会计部门能及时高效地对外提供真实、可靠、完整的会计信息,而且可以减轻会计人员的工作量,降低核算成本。

(3) 有利于发挥会计核算工作的作用。当科学合理的账务处理程序使得会计核算工作能够高质量、高效率、低成本地完成时,就能帮助企业改善经营管理,提高经济效益,充分发挥会计核算工作的作用。

3. 设计账务处理程序的原则

企业、事业单位在设计适合本单位的账务处理程序时,应遵循以下原则。

(1) 应从会计主体的实际情况出发。应充分考虑会计主体的经济活动特点、规模的大小、业务的繁简、会计机构、会计人员的设置等因素,选用和本单位会计核算工作的需要相适应的账务处理程序。

(2) 应以保证会计核算质量为立足点。要保证会计信息的真实性、明晰性、及时性,要能满足企业外部会计信息需求者进行经济决策的需要,企业内部管理者加强经营管理的需要。

(3) 应力求降低会计核算成本。组织会计核算的过程也是对人、财、物的消耗过程,因此,会计核算本身也要讲求经济效益,在保证会计核算工作质量,提高会计核算工作效率的前提下,力求简化核算手续,节省核算时间,降低核算成本。

(4) 应有利于建立会计工作岗位责任制。确定账务处理程序,要有利于会计部门和会计人员的分工与合作,有利于明确各会计人员工作岗位的职责。

7.1.2 账务处理程序的种类

在我国会计工作的长期实践中,常用的账务处理程序主要有以下 4 种形式:记账凭证账务处理程序;科目汇总表账务处理程序;汇总记账凭证账务处理程序;日记总账账务处理程序。

以上 4 种账务处理程序,从总体上看是相似的,即都是在经济业务发生或完成后,先根据原始凭证(或原始凭证汇总表)填制记账凭证,然后根据记账凭证(或原始凭证)登记账簿,最后根据账簿记录编制会计报表。所不同的是登记总分类账簿的方法和程序的差异,如图 7.1 所示。(图 7.1 中的?表示根据记账凭证汇总而成的登记总账依据,如科目汇总表。)

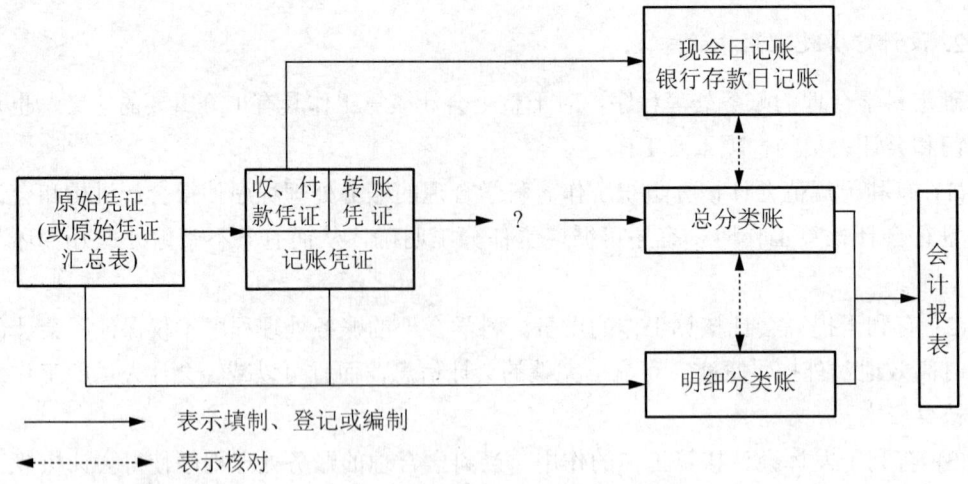

图 7.1 账务处理程序

7.2 记账凭证账务处理程序

7.2.1 记账凭证账务处理程序的特点

记账凭证账务处理程序是指对发生的经济业务,都要以原始凭证或原始凭证汇总表编制记账凭证,根据记账凭证逐笔登记总分类账的一种账务处理程序。其基本特点是:直接根据各种记账凭证逐笔登记总分类账。

记账凭证核算组织程序是一种最基本的会计核算组织程序,它体现了会计核算的基本过程和基本程序,其他各种核算程序基本上是在这一核算程序的基础上发展和改变而形成的。

7.2.2 记账凭证账务处理程序的基本步骤

1. 记账凭证账务处理程序下的凭证、账簿的种类、格式

在记账凭证账务处理程序下,记账凭证可以采用通用格式,也可以按经济业务的内容不同分别设置收款凭证、付款凭证、转账凭证 3 种专用的记账凭证。账簿的组织,一般应设置收、付、余三栏式的"现金日记账"和"银行存款日记账";各"总分类账"采用借、贷、余三栏式;"明细分类账"可根据需要,分别采用借、贷、余三栏式,多栏式或数量金额式 3 种格式。

2. 记账凭证账务处理程序的基本步骤

在记账凭证账务处理程序下,对经济业务进行处理大体要经过 6 个步骤,如图 7.2 所示。

(1) 根据原始凭证或(原始凭证汇总表)填制记账凭证。

(2) 根据收款凭证和付款凭证及所附原始凭证,逐笔顺序登记现金日记账、银行存款日记账。

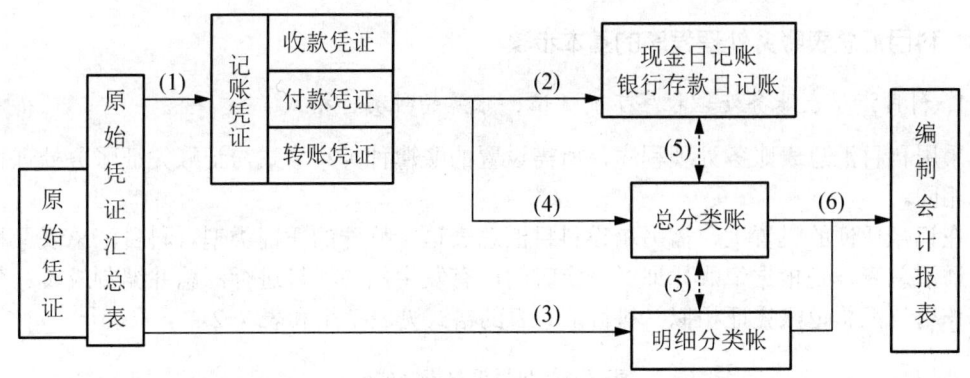

图 7.2　记账凭证账务处理程序基本步骤示意图

(3) 根据"原始凭证","原始凭证汇总表"及各种记账凭证逐笔登记各"明细分类账"。
(4) 根据各种记账凭证逐笔登记"总分类账"。
(5) 根据对账的具体要求,将"现金日记账"、"银行存款日记账"和"明细分类账"定期与"总分类账"进行核对,以确保账账相符。
(6) 根据"总分类账"和"明细分类账"的有关资料编制会计报表。

7.2.3　记账凭证账务处理程序的优缺点和适用范围

1. 记账凭证账务处理程序的优点

(1) 根据记账凭证直接登记总分类账,方法简单,易于掌握。
(2) 每笔业务都在总分类账上进行了详细的登记,比较详细地反映经济业务的情况。

2. 记账凭证账务处理程序的缺点

(1) 总分类账登记工作量大,特别是经济业务量比较多的时候。
(2) 每笔业务都在总分类账上登记,账页耗用多;一个账簿登记多个科目时,由于登记业务的多少难以确定,预留账页多少难以把握。

3. 记账凭证账务处理程序的适用范围

在采用手工记账时,记账凭证账务处理程序只适用于规模小、经济业务量少、会计凭证不多的会计主体。但如果采用电算化,计算机可以弥补工作量大的缺点。

7.3　科目汇总表账务处理程序

7.3.1　科目汇总表账务处理程序的特点

科目汇总表账务处理程序是指对发生的经济业务,都要根据原始凭证或者原始凭证汇总表编制记账凭证,再根据记账凭证编制科目汇总表,根据科目汇总表登记总分类账的一种账务处理程序。其基本特点是:定期将全部记账凭证编制成科目汇总表,然后根据科目汇总表汇总登记总分类账。

7.3.2 科目汇总表账务处理程序的基本步骤

1. 科目汇总表账务处理程序下的凭证、账簿的种类、格式

采用科目汇总表账务处理程序,所需设置的账簿种类和格式与记账凭证账务处理程序基本相同。

在记账凭证的设置上,需另增设科目汇总表这一特殊的凭证类型。科目汇总表又称记账凭证汇总表,是根据记账凭证对一定时间内有发生额的科目进行汇总并编制成表。其性质和作用与汇总记账凭证相似。科目汇总表的格式见表7-1和表7-2。

表7-1 科目汇总表格式一

年 月 日— 月 日

会计科目	记账	本月发生额		记账凭证起讫号数
		借方	贷方	
合计				

会计主管: 记账: 复核: 出纳: 制证:

表7-2 科目汇总表格式二

月 日

会计科目	记账	1~10日		11~20日		21~30日		本月合计	
		借方	贷方	借方	贷方	借方	贷方	借方	贷方
合计									

会计主管: 记账: 复核: 出纳: 制证:

2. 科目汇总表账务处理程序的基本步骤

科目汇总表账务处理程序对经济业务进行处理的步骤如图7.3所示。

(1) 根据原始凭证或原始凭证汇总表,填制收款凭证、付款凭证和转账凭证。为了便于按科目归类汇总编制科目汇总表,每一张收款凭证一般应填列一个贷方科目;每一张付款凭证一般应填列一个借方科目;转账凭证,只应填列一个借方科目和一个贷方科目,并且最好一式两联,一联作为借方科目的汇总,一联作为贷方科目的汇总。

(2) 根据收款凭证和付款凭证及所附原始凭证,逐笔顺序登记现金日记账、银行存款日记账。

(3) 根据原始凭证或原始凭证汇总表以及收款凭证、付款凭证、转账凭证,逐笔登记各种明细分类账。

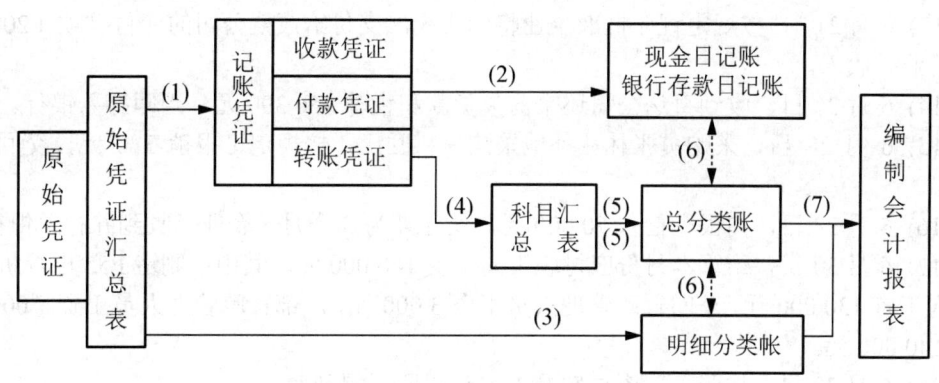

图 7.3 科目汇总表账务处理程序基本步骤示意图

(4) 根据收款凭证、付款凭证、转账凭证,定期编制科目汇总表。

编制科目汇总表时,首先将要汇总的记账凭证所涉及的会计科目填在表内的"会计科目"栏,为了便于登记总账,科目排列时一般按总分类账上科目排列的顺序来排;然后按各科目分别计算出借方发生额合计和贷方发生额合计,填入表内与各科目相应的"借方"和"贷方"栏;最后计算出所有科目的借方发生额合计和贷方发生额合计,并进行试算平衡。平衡无误后,即可作为登记总分类账的依据。

科目汇总表汇总的时间根据企业经济业务量的多少来确定,但不宜过长。业务量多的单位可每天汇总一次,一般时间间隔最长不过 10 天,以便对发生额进行试算平衡,及时了解资金运动情况。科目汇总表应以"科汇字第×号"字样按月连续编号。

(5) 根据科目汇总表登记总分类账。

(6) 月末将总分类账与日记账、明细分类账相核对。

(7) 月末根据总分类账和明细分类账及其他有关资料编制会计报表。

【例 7-1】 以中南电焊机有限公司 2010 年 6 月发生的经济业务为例,说明记账凭证账务处理程序的基本流程。

(1) 6 月 2 日从光明工厂购进钢板 4 000 千克,增值税专用发票上注明的单价为 200 元,价款 80 万元,增值税款为 13.6 万元。价款和增值税款通过银行付讫。

(2) 6 月 2 日,以现金支付购入钢板的运杂费 5 350 元。

(3) 6 月 4 日,上述从光明厂采购的钢板到达企业并已验收入库,结转其采购成本。

(4) 6 月 4 日,通过银行交纳上月应交的税金 52 000 元。

(5) 6 月 11 日,仓库发出钢板,共计 380 000 元,其用途如下:生产 P55 电焊机使用 340 000 元,车间性一般性消耗 26 000 元,行政管理部门耗用 14 000 元。

(6) 6 月 15 日,从银行提取现金 140 000 元,准备发放工资。

(7) 6 月 15 日,以现金发放本月本月份职工工资 140 000 元。

(8) 6 月 15 日,出售给益民厂 P55 电焊机销售收入 245 000 元,应收取增值税额 41 650 元;开具增值税专用发票,款已收讫并存入银行。

(9) 6 月 16 日,以银行存款 153 270 元归还前欠宏伟厂货款及增值税款。

(10) 6 月 18 日,以现金支付采购员张林暂借差旅费 400 元。

(11) 6 月 21 日,接银行通知,支付本季度银行利息 1 080 元,前已预提 720 元。

(12) 6 月 21 日,以银行存款支付广告费 15 000 元。

(13) 6月21日，按规定程序批准企业将确实无法支付给茂盛公司的应付款项4 200元，转作营业外收入。

(14) 6月27日，收到直达公司还来前欠货款和税款456 300元，当即存入银行。

(15) 6月28日，采购员张林从外地采购材料回厂，按规定可报销380元，交回余额20元。

(16) 6月28日，向银行借入70 000元，偿还期为5个月，企业已收到并存入银行。

(17) 6月30日，结算本月份应付职工的工资140 000元，其中：制造P55电焊机的生产工人工资130 000元，车间行政管理人员工资3 000元，厂部行政管理人员工资7 000元，合计140 000元。

(18) 6月30日，按职工工资总额的14%计提职工福利费。

(19) 6月30日，预提由本月负担的银行借款利息400元。

(20) 6月30日，按规定计提本月固定资产折旧12 000元。其中生产车间负担9 000元，行政管理部门负担3 000元。

(21) 6月30日，分配结转本月制造费用。

(22) 6月30日，当月生产的产品全部完工验收入库，结转其成本。

(23) 6月30日，结转上述已售P55电焊机的销售成本100 000元。

根据上述业务，编制科目汇总表及登记总分类账，见表7-3至表7-24。

表7-3 科目汇总表
20××年6月1日—6月30日

账　　户	记　　账	本期发生额		记账凭证起讫号数
		借　方	贷　方	
库存现金		140 020	145 750	
银行存款		812 950	1 297 350	
应收账款		0	456 300	
其他应收款		400	400	
在途物资		805 350	805 350	
原材料		805 350	380 000	
库存商品		526 620	100 000	
累计折旧		0	12 000	
短期借款		0	70 000	
应付账款		157 470	0	
应付职工薪酬		140 000	159 600	
应付利息		720	400	
应交税费		188 000	41 650	
生产成本		526 620	526 620	
制造费用		38 420	38 420	
主营业务收入		0	245 000	
主营业务成本		100 000	0	
销售费用		15 000	0	
管理费用		25 360	0	
财务费用		760	0	
营业外收入		0	4 200	
合　　计		4 283 040	4 283 040	

会计主管：　　　　记账：　　　　复核：　　　　出纳：　　　　制证：

表 7-4 总分类账

会计科目：库存现金

| 年 | | 凭证 | | 摘要 | 借方 | 贷方 | 借或贷 | 余额 |
月	日	字	号					
6	30	科汇		1～30日发生额	140 020	145 750		

表 7-5 总分类账

会计科目：银行存款

| 年 | | 凭证 | | 摘要 | 借方 | 贷方 | 借或贷 | 余额 |
月	日	字	号					
6	30	科汇		1～30日发生额	812 950	1 297 350		

表 7-6 总分类账

会计科目：应收账款

| 年 | | 凭证 | | 摘要 | 借方 | 贷方 | 借或贷 | 余额 |
月	日	字	号					
6	30	科汇		1～30日发生额	0	456 300		

表 7-7 总分类账

会计科目：其他应收款

| 年 | | 凭证 | | 摘要 | 借方 | 贷方 | 借或贷 | 余额 |
月	日	字	号					
6	30	科汇		1～30日发生额	400	400		

表 7-8 总分类账

会计科目：在途物资

| 年 | | 凭证 | | 摘要 | 借方 | 贷方 | 借或贷 | 余额 |
月	日	字	号					
6	30	科汇		1～30日发生额	805 350	805 350		

表 7-9　总分类账

会计科目：原材料

年		凭证		摘要	借方	贷方	借或贷	余额
月	日	字	号					
6	30	科汇		1～30日发生额	805 350	380 000		

表 7-10　总分类账

会计科目：库存商品

年		凭证		摘要	借方	贷方	借或贷	余额
月	日	字	号					
6	30	科汇		1～30日发生额	526 620	100 000		

表 7-11　总分类账

会计科目：累计折旧

年		凭证		摘要	借方	贷方	借或贷	余额
月	日	字	号					
6	30	科汇		1～30日发生额	0	12 000		

表 7-12　总分类账

会计科目：短期借款

年		凭证		摘要	借方	贷方	借或贷	余额
月	日	字	号					
6	30	科汇		1～30日发生额	0	70 000		

表 7-13　总分类账

会计科目：应付账款

年		凭证		摘要	借方	贷方	借或贷	余额
月	日	字	号					
6	30	科汇		1～30日发生额	157 470	0		

表 7-14　总分类账

会计科目：应付职工薪酬

年		凭证		摘　要	借　方	贷　方	借或贷	余　额
月	日	字	号					
6	30	科汇		1～30日发生额	140 000	159 600		

表 7-15　总分类账

会计科目：应付利息

年		凭证		摘　要	借　方	贷　方	借或贷	余　额
月	日	字	号					
6	30	科汇		1～30日发生额	720	400		

表 7-16　总分类账

会计科目：应交税费

年		凭证		摘　要	借　方	贷　方	借或贷	余　额
月	日	字	号					
6	30	科汇		1～30日发生额	188 000	41 650		

表 7-17　总分类账

会计科目：生产成本

年		凭证		摘　要	借　方	贷　方	借或贷	余　额
月	日	字	号					
6	30	科汇		1～30日发生额	526 620	526 620		

表 7-18　总分类账

会计科目：制造费用

年		凭证		摘　要	借　方	贷　方	借或贷	余　额
月	日	字	号					
6	30	科汇		1～30日发生额	38 420	38 420		

表 7-19　总分类账

会计科目：主营业务收入

年		凭证		摘要	借方	贷方	借或贷	余额
月	日	字	号					
6	30	科汇		1~30日发生额	0	245 000		

表 7-20　总分类账

会计科目：主营业务成本

年		凭证		摘要	借方	贷方	借或贷	余额
月	日	字	号					
6	30	科汇		1~30日发生额	100 000	0		

表 7-21　总分类账

会计科目：销售费用

年		凭证		摘要	借方	贷方	借或贷	余额
月	日	字	号					
6	30	科汇		1~30日发生额	15 000	0		

表 7-22　总分类账

会计科目：管理费用

年		凭证		摘要	借方	贷方	借或贷	余额
月	日	字	号					
6	30	科汇		1~30日发生额	25 360	0		

表 7-23　总分类账

会计科目：财务费用

年		凭证		摘要	借方	贷方	借或贷	余额
月	日	字	号					
6	30	科汇		1~30日发生额	760	0		

表 7-24　总分类账

会计科目：营业外收入

年 月	凭 日	证 字	号	摘　要	借　方	贷　方	借或贷	余　额
6	30	科汇		1～30日发生额	0	4 200		

7.3.3　科目汇总表账务处理程序的优缺点和适用范围

1．科目汇总表账务处理程序的优点

(1) 根据科目汇总表上有关账户的汇总发生额在月中定期或月末一次性登记总分类账，大大减轻了登记总分类账的工作量。

(2) 科目汇总表上的汇总结果体现了一定会计期间内所有账户的借方发生额和贷方发生额之间的相等关系，利用这种发生额的相等关系，可以进行全部账户记录的试算平衡，从而减少了汇总过程中可能发生的错误，在一定程度上保证了总分类账登记的正确性。

2．科目汇总表账务处理程序的缺点

(1) 在科目汇总表账务处理程序下，要根据记账凭证编制科目汇总表，根据科目汇总表登记总分类账，因此增加了编制科目汇总表的工作量。

(2) 科目汇总表是按各个会计科目归类汇总其发生额的，在该表中不能反映账户的对应关系，从而不便于查对账目和了解经济业务的来龙去脉。在这一点上，科目汇总表不及专用记账凭证和汇总记账凭证。

3．科目汇总表账务处理程序的适用范围

由于这种账务处理程序具有程序清楚，能进行发生额试算平衡等多种优点，其适用的范围比较广，一般规模较大、经济业务较多的企业和单位都可以采用。

7.4　汇总记账凭证账务处理程序

7.4.1　汇总记账凭证账务处理程序的特点

汇总记账凭证账务处理程序是指对发生的经济业务，都要根据原始凭证或者原始凭证汇总表编制记账凭证，再根据记账凭证定期编制汇总记账凭证，根据汇总记账凭证登记总分类账的一种账务处理程序。其基本特点是：定期将全部记账凭证编制成汇总记账凭证，然后根据汇总记账凭证汇总登记总分类账。

7.4.2　汇总记账凭证账务处理程序的基本步骤

1．汇总记账凭证账务处理程序下的凭证、账簿的种类、格式

在汇总记账凭证账务处理程序下，采用的记账凭证和会计账簿的种类和格式与记账凭

证账务处理程序下的基本相同，不再重述。

在汇总记账凭证账务处理程序下，要根据记账凭证定期编制汇总记账凭证，汇总记账凭证的格式受记账凭证格式的影响，既可使用统一格式的汇总记账凭证，也可以根据经济业务的内容的不同分别设置汇总收款凭证、汇总付款凭证、汇总转账凭证。表 7-25～表 7-27 是它们常用的格式，通用汇总记账凭证的格式与汇总转账凭证的格式相同。本书后面的讲解按汇总收款凭证、汇总付款凭证、汇总转账凭证设置汇总记账凭证。

表 7-25　汇总收款凭证

借方科目：　　　　　　　　　　　年　月　　　　　　　　　　汇收　号

贷方科目	金额				总账页数	
	1～10日	11～20日	21～30日	合　计	借　方	贷　方
合计						

会计主管：　　　记账：　　　复核：　　　出纳：　　　制证：

表 7-26　汇总付款凭证

贷方科目：　　　　　　　　　　　年　月　　　　　　　　　　汇付　号

贷方科目	金额				总账页数	
	1～10日	11～20日	21～30日	合　计	借　方	贷　方
合计						

会计主管：　　　记账：　　　复核：　　　出纳：　　　制证：

表 7-27　汇总转账凭证

贷方科目：　　　　　　　　　　　年　月　　　　　　　　　　汇转　号

贷方科目	金额				总账页数	
	1～10日	11～20日	21～30日	合　计	借　方	贷　方
合计						

会计主管：　　　记账：　　　复核：　　　出纳：　　　制证：

2. 汇总记账凭证账务处理程序的基本步骤

汇总记账凭证账务处理程序下，对经济业务进行处理的步骤如图7.4所示。

(1) 根据原始凭证或原始凭证汇总表，填制收款凭证、付款凭证和转账凭证。为便于编制汇总记账凭证，要求收款凭证按一借一贷或一借多贷的形式编制，付款凭证按一贷一借或一贷多借的形式编制，转账凭证按一贷一借或一贷多借的形式编制。

(2) 根据收款凭证和付款凭证及所附原始凭证，逐笔顺序登记现金日记账、银行存款日记账。

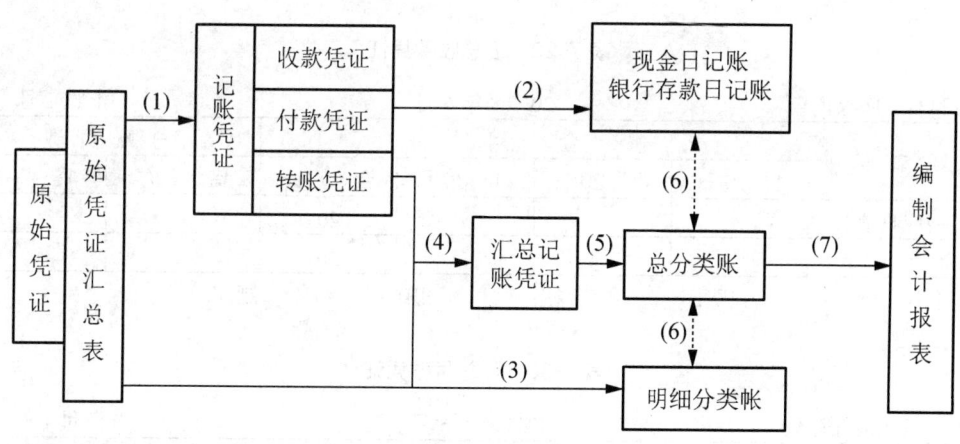

图 7.4 汇总记账凭证账务处理程序基本步骤示意图

(3) 根据原始凭证或原始凭证汇总表及收款凭证、付款凭证、转账凭证,逐笔登记各种明细分类账。

(4) 根据收款凭证、付款凭证、转账凭证,定期汇总填列相应的汇总收款凭证、汇总付款凭证、汇总转账凭证。

汇总收款凭证按照"现金"和"银行存款"账户的借方分别设置,根据现金、银行存款收款凭证相应的贷方账户定期归类汇总,月末结出其合计数,分别登入总分类账"现金"和"银行存款"账户的借方,以及各个对应账户的贷方。

汇总付款凭证按照"现金"和"银行存款"账户的贷方分别设置,根据现金、银行存款付款凭证相应的借方账户定期归类汇总,月末结出其合计数,分别登入总分类账"现金"和"银行存款"账户的贷方,以及各个对应账户的借方。

汇总转账凭证按照转账凭证的贷方账户分别设置,根据转账凭证相应的借方账户(对应账户)定期归类汇总,月末结出其合计数,分别登记总分类账户的贷方,以及各个对应账户的借方。如果月份内转账凭证的业务不多,也可以不编制汇总转账凭证,而直接根据转账凭证登记总分类账。

汇总记账凭证一般 5~10 天汇总一次,每月编制一张。

(5) 根据汇总收款凭证、汇总付款凭证、汇总转账凭证登记总分类账。

(6) 月末将总分类账与日记账、明细分类账相核对。

(7) 月末根据总分类账和明细分类账及其他有关资料编制会计报表。

【例 7-2】 根据上例,编制汇总记账凭证及登记部分总分类账,见表 7-28~表 7-46。

表 7-28 汇总收款凭证

借方科目:银行存款　　　　　　　　20××年6月　　　　　　　　汇收1号

借方科目	金额				总账页数	
	1~10日	11~20日	21~30日	合　计	借　方	贷　方
主营业务收入				286 650		
应收账款				456 300		
短期借款				70 000		
合　计				812 950		

会计主管:　　　　记账:　　　　复核:　　　　出纳:　　　　制证:

表 7-29　汇总收款凭证

借方科目：库存现金　　　　　　　20××年6月　　　　　　　　　　　汇收 2 号

借方科目	金 额				总 账 页 数	
	1～10 日	11～20 日	21～30 日	合　计	借　方	贷　方
其他应收款				20		
合　计				20		

会计主管：　　　　记账：　　　　复核：　　　　出纳：　　　　制证：

表 7-30　汇总付款凭证

贷方科目：银行存款　　　　　　　20××年6月　　　　　　　　　　　汇付 1 号

借方科目	金 额				总 账 页 数	
	1～10 日	11～20 日	21～30 日	合　计	借　方	贷　方
在途物资				936 000		
应交税金				52 000		
库存现金				14 000		
应付账款				153 270		
财务费用				360		
应付利息				720		
销售费用				15 000		
合　计				1 297 350		

会计主管：　　　　记账：　　　　复核：　　　　出纳：　　　　制证：

表 7-31　汇总付款凭证

贷方科目：库存现金　　　　　　　20××年6月　　　　　　　　　　　汇付 2 号

借方科目	金 额				总 账 页 数	
	1～10 日	11～20 日	21～30 日	合　计	借　方	贷　方
在途物资				5 350		
应付职工薪酬				140 000		
其他应收款				400		
合　计				145 750		

会计主管：　　　　记账：　　　　复核：　　　　出纳：　　　　制证：

表 7-32　汇总转账凭证

贷方科目：在途物资　　　　　　　20××年6月　　　　　　　　　　　汇转 1 号

借方科目	金 额				总 账 页 数	
	1～10 日	11～20 日	21～30 日	合　计	借　方	贷　方
原材料				805 350		
合　计				805 350		

表7-33 汇总转账凭证

贷方科目：原材料　　　　　　　　　20××年6月　　　　　　　　　汇转2号

借方科目	金额				总账页数	
	1～10日	11～20日	21～30日	合计	借方	贷方
生产成本				340 000		
制造费用				26 000		
管理费用				14 000		
合　计				380 000		

表7-34 汇总转账凭证

贷方科目：其他应收款　　　　　　　20××年6月　　　　　　　　　汇转3号

借方科目	金额				总账页数	
	1～10日	11～20日	21～30日	合计	借方	贷方
管理费用				380		
合　计				380		

表7-35 汇总转账凭证

贷方科目：应付职工薪酬　　　　　　20××年6月　　　　　　　　　汇转4号

借方科目	金额				总账页数	
	1～10日	11～20日	21～30日	合计	借方	贷方
生产成本				148 200		
制造费用				3 420		
管理费用				7 980		
合　计				159 600		

表7-36 汇总转账凭证

贷方科目：累计折旧　　　　　　　　20××年6月　　　　　　　　　汇转5号

借方科目	金额				总账页数	
	1～10日	11～20日	21～30日	合计	借方	贷方
制造费用				9 000		
管理费用				3 000		
合　计				12 000		

表7-37 汇总转账凭证

贷方科目：制造费用　　　　　　　　20××年6月　　　　　　　　　汇转6号

借方科目	金额				总账页数	
	1～10日	11～20日	21～30日	合计	借方	贷方
生产成本				38 420		
合　计				38 420		

表7-38 汇总转账凭证

贷方科目：生产成本　　　　　　　20××年6月　　　　　　　汇转7号

借方科目	金额				总账页数	
	1～10日	11～20日	21～30日	合计	借方	贷方
库存商品				526 620		
合计				526 620		

表7-39 汇总转账凭证

贷方科目：库存商品　　　　　　　20××年6月　　　　　　　汇转8号

借方科目	金额				总账页数	
	1～10日	11～20日	21～30日	合计	借方	贷方
主营业务成本				100 000		
合计				100 000		

表7-40 汇总转账凭证

贷方科目：应付利息　　　　　　　20××年6月　　　　　　　汇转9号

借方科目	金额				总账页数	
	1～10日	11～20日	21～30日	合计	借方	贷方
财务费用				400		
合计				400		

表7-41 汇总转账凭证

贷方科目：营业外收入　　　　　　20××年6月　　　　　　　汇转10号

借方科目	金额				总账页数	
	1～10日	11～20日	21～30日	合计	借方	贷方
应付账款				4 200		
合计				4 200		

表7-42 总分类账

会计科目：库存现金

年		凭证		摘要	借方	贷方	借或贷	余额
月	日	字	号					
6	30	汇收	2	发生额	20			
6	30	汇付	1	发生额	14 000			
6	30	汇付	2			145 750		

表7-43 总分类账

会计科目：银号存款

年		凭证		摘要	借方	贷方	借或贷	余额
月	日	字	号					
6	30	汇收	1	发生额	812 950			
6	30	汇付	1	发生额		1 297 350		

表7-44 总分类账

会计科目：应收账款

年		凭证		摘要	借方	贷方	借或贷	余额
月	日	字	号					
		汇收	1	发生额		456 300		

表7-45 总分类账

会计科目：其他应收款

年		凭证		摘要	借方	贷方	借或贷	余额
月	日	字	号					
6	30	汇收	2	发生额		20		
		汇付	2	发生额	400			
		汇转	3	发生额		380		

表7-46 总分类账

会计科目：原材料

年		凭证		摘要	借方	贷方	借或贷	余额
月	日	字	号					
6	30	汇转	1	发生额	805 350			
6	30	汇转	2	发生额		380 000		

7.4.3 汇总记账凭证账务处理程序的优缺点和适用范围

1. 汇总记账凭证账务处理程序的优点

(1) 在汇总记账凭证账务处理程序下，可以根据汇总记账凭证上有关账户的汇总发生额，在月份当中或月末一次性登记总账，大大减少了登记总账的工作量。

(2) 汇总记账凭证是采用按会计科目对应关系进行分类汇总的方法汇总的，因此，在汇总记账凭证上能够清晰地反映账户之间的对应关系，便于经常分析检查经济活动的发生情况。

2. 汇总记账凭证账务处理程序的缺点

(1) 定期编制汇总记账凭证的工作量较大。而且，在编制汇总记账凭证的过程中，可能产生汇总错误，由于汇总记账凭证本身不能体现有关数字之间的平衡关系，如果产生汇总错误很难发现。

(2) 按每一贷方科目编制汇总转账凭证，不考虑经济业务的性质，不利于会计核算的分工。

3. 汇总记账凭证账务处理程序的适用范围

由于汇总记账凭证账务处理程序具有能够清晰地反映账户之间的对应关系，减轻登记总账的工作量的优点，这种账务处理程序适用于规模较大、经济业务较多的单位。

7.5 日记总账账务处理程序

1. 日记总账账务处理程序的特点

日记总账账务处理程序是指设置日记总账，根据经济业务发生以后所填制的记账凭证直接逐笔登记日记总账的账务处理程序。其基本特点就是设置日记总账。

2. 日记总账账务处理程序的基本步骤

1) 日记总账账务处理程序下的凭证、账簿的种类、格式

在日记总账账务处理程序下，采用的记账凭证主要是各种专用记账凭证，现金日记账和银行存款日记账、明细账的设置与上述 3 种账务处理程序相同。所不同的就是要专门设置日记总账。日记总账的格式见表 7-47。

表 7-47 日记总账

单位：元

年		记账凭证号数	摘要	发生额	科目		科目		科目		科目		科目	
月	日				借方	贷方	借方	贷方	借方	贷方	借方	贷方	借方	贷方
			本期发生额											
			期末余额											

2) 日记总账账务处理程序的基本步骤

在日记总账账务处理程序下,对经济业务进行处理的步骤如图 7.5 所示。

(1) 根据原始凭证或原始凭证汇总表,填制收款凭证、付款凭证和转账凭证。

(2) 根据收款凭证和付款凭证及所附原始凭证,逐笔顺序登记现金日记账、银行存款日记账。

(3) 根据原始凭证或原始凭证汇总表以及收款凭证、付款凭证、转账凭证,逐笔登记各种明细分类账。

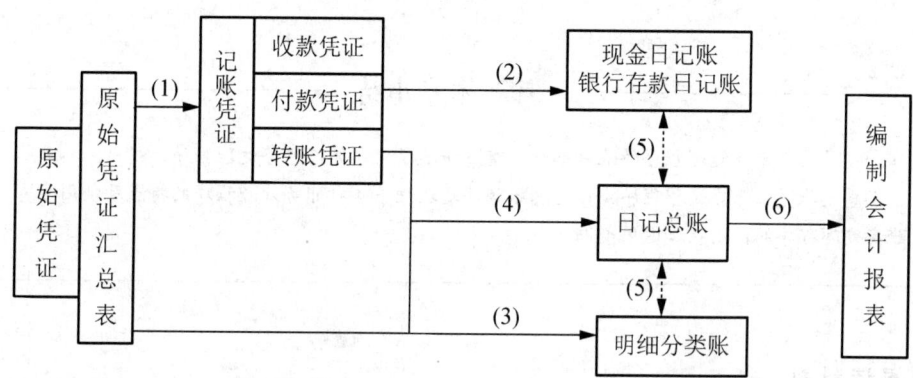

图 7.5　日记总账账务处理程序基本步骤示意图

(4) 根据记账凭证登记日记总账。

日记总账是一种兼具序时账簿和分类账簿的功能的账簿,其账页一般为多栏式,即将对企业经济业务所运用的账户分设专栏集中列示在同一账页上,每一账户又设借、贷两栏。

登记日记总账时,应将每笔经济业务的金额,在记入日记总账"发生额"栏的同时,记入同行所涉及账户的"借方"或"贷方"栏。月终时结出各栏合计数,计算各科目的月末借方或贷方余额,进行账簿记录的核对工作。主要是核对"发生额"栏内的本月合计数与全部科目的借方发生额或贷方发生额的合计数是否相等,各科目的借方余额合计数与贷方余额合计数是否相符。

登记日记总账,既可以根据记账凭证逐日逐笔登记,也可以将收款凭证、付凭证逐日汇总后登记。

(5) 月末将日记总账与日记账、明细分类账相核对。

(6) 月末根据日记总账和明细分类账及其他有关资料编制会计报表。

3. 日记总账账务处理程序的优缺点及适用范围

1) 日记总账账务处理程序的优点

(1) 在日记总账账务处理程序下,直接根据记账凭证登记日记总账,简化了登记总账的手续。

(2) 日记总账中所有科目都集中在一张账页上,而不是分设在各个账页中,可以集中反映经济业务的全貌,反映每一笔经济业务所记录的账户对应关系,为检查分析经济业务提供了方便。

2) 日记总账账务处理程序的缺点

(1) 增加了登记总账的工作量。日记总账账务处理程序和记账凭证账务处理程序一样，对于发生的每笔经济业务都要根据记账凭证在日记总账中登记，增加了工作量。

(2) 如果企业经济业务使用的会计科目较多，会造成账面过大，栏次过多，则既不便于使用，容易发生串行等记账差错，也不便于业务分工。

3) 日记总账账务处理程序的适用范围

日记总账账务处理程序只适用于经济业务较少，使用会计科目不多的小型企业。

本章小结

本章介绍了设置账务处理程序的基础知识，重点讲述了记账凭证账务处理程序、科目汇总表账务处理程序、汇总记账凭证账务处理程序、日记总账账务处理程序 4 种账务处理程序的特点及使用步骤，并分析了账务处理程序的优缺点和适用条件。

阅读材料

会计程序的创新

会计程序是指会计行为过程的程式和秩序，在工业经济社会中，会计程序一般表现为"原始凭证、记账凭证、账簿(总账、明细账、日记账)、报表"顺序，完成一个会计循环。每一项经济业务都从性质确认、价值计量以后，按照时间顺序进入会计循环系统，最后提供的是总括的、通用的财务信息。这种程序适宜于工业经济的要求，逻辑严密，可操作性强，提供的信息可靠性也大，它适合于人工操作的要求。然而人类社会进入知识经济以后，会计的行为手段，已发生了很大的变化，计算机已深入到会计系统的各个方面，电子操作已替代了人工操作，而且互联网也应用于会计之中，会计不再只是一个组织的封闭系统，而是一个与社会其他组织或个人联通的开放式系统。这一系统，可以节省大量人力，会计人由核算型发展为服务型。人们对会计信息的需求不仅是总括的信息，而且还需要是分类详细的信息，例如某一时期的销售、人力资源信息、知识创新能力的信息以及未来企业发展潜力信息等。原有的会计循环显然已不适应，因此必须进行改革。

西方国家已开始进行会计程序的改革创新。例如，他们对会计信息循环方式采用 事件驱动方式(Event Driven)，即平时不进行顺序性信息处理，储存在计算机中的是一些原始信息，当决策需要某种专用信息时，只需要驱动相关专用信息代码处理，随时就能得到满足。在事件驱动程序下，把信息使用者所需要的信息，按其动机进行分类，按分类设计程序。当使用者需要某类信息时，使用不同的事件程序，就可以随时获得不同的信息，实现会计信息的即时组合。企业外部的使用者，也可通过互联网随时获取相关信息，例如，通过适时联机系统(on-line Real-Time System)就可获取相关信息。

事件驱动信息处理程序，突破了按时间顺序处理信息原始系统，会计账簿(数据库)储存的各种信息，它不仅可以提供事件信息，也可以根据一定的编报程序，按照时间顺序，把一定时间段的会计事件编制成通用财务信息，因为数据库存的数据均有一定的编码，可以随时组合成不同的会计报表，因而会计程序的变革，是会计管理范式创新的实质性革命，因为突破原有的会计程序，标志着旧的会计行为模式的结束，新的会计行为模式的诞生。

节选自王开田的《会计进化论：科技革命与会计管理范式创新》(中国财政经济出版社，2003 年第 325-326 页)

关键术语

记账凭证账务处理程序　科目汇总表账务处理程序　汇总记账凭证账务处理程序　日记总账账务处理程序

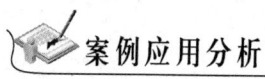

案例应用分析

天龙食品厂的账务处理程序

天龙食品厂 2010 年 12 月总分类账户和明细分类账户期初余额表如下。

总分类账户余额表

总账账户	借方余额	总账账户	贷方余额
库存现金	600.00	短期借款	21 000.00
银行存款	85 000.00	应付账款	10 500.00
应收账款	7 000.00	长期借款	28 000.00
原 材 料	14 500.00	预提费用	2 000.00
库存商品	12 000.00	实收资本	100 000.00
固定资产	142 400.00	盈余公积	8 500.00
待摊费用	1 000.00	本年利润	62 500.00
		利润分配	10 000.00
		累计折旧	20 000.00
合计	262 500.00	合计	262 500.00

明细分类账户余额表

总账账户	明细账户	数　量	单　价	金额 借方	金额 贷方
应收账款	美特好超市			3 000.00	
	田森超市			4 000.00	
应付账款	市面粉厂				8 500.00
	省糖酒公司				2 000.00
原 材 料	白砂糖	600(千克)	5.00	3 000.00	
	面粉	3 000(千克)	3.00	9 000.00	
	辅助材料	500(千克)	5.00	2 500.00	
库存商品	糕点	60(箱)	200.00	12 000.00	
待摊费用	保险费			1 000.00	
预提费用	短期借款利息				2 000.00

天龙食品厂 2010 年 12 月份发生下列经济业务。

(1) 12 月 1 日，收到投资 50 000 元。

(2) 12 月 2 日，从银行借入 20 000 元，期限为 5 个月。

(3) 12 月 4 日，收到田森超市偿还欠款 4 000 元。

(4) 12 月 6 日，从省糖酒公司购入白砂糖 400 千克，金额 2 000 元，白砂糖验收入库，款项以银行存款结算。

(5) 12 月 8 日，从市面粉厂购入面粉 1 000 千克，单价 3.0 元，面粉验收入库，货款未付。

(6) 12 月 10 日，采购员张璨借支差旅费 400 元。

(7) 12 月 13 日，购买价值 2 200 元的办公用品，其中：车间用 1 000 元；管理部门用 1 200 元。

(8) 12 月 15 日，从银行提取现金 8 000 元以备发放工资。

(9) 12 月 16 日，发放工资。

(10) 12 月 18 日，采购员张璨报销差旅费，原借款 400 元，实报 350 元，余款退回。

(11) 12 月 19 日，销售糕点 40 箱，单价 200 元，以转账支票办理结算。

(12) 12 月 20 日，销售糕点 50 箱，单价 200 元，货款未收。

(13) 12 月 20 日，以现金支付卫生罚款 300 元。

(14) 12 月 23 日，支付本月超市摊位费 2 000 元。

(15) 12 月 26 日，偿还市面粉厂欠款 8 500 元。

(16) 12 月 31 日，签发转账支票偿还短期借款 20 000 元。

(17) 12 月 31 日，汇总当月发出材料，进行材料费用分配，其中生产产品领用 11 000 元，车间一般性消耗 600 元，行政管理部门领用 400 元。

(18) 12 月 31 日，分配工资费用，其中生产车间生产工人工资 6 000 元，生产车间管理人员工资 1 000 元，行政管理部门人员工资 1 000 元。

(19) 12 月 31 日，计提固定资产折旧，其中生产车间 2 000 元，行政管理部门 1 000 元。

(20) 12 月 31 日，支付本月车间保险费 1 000 元。

(21) 12 月 31 日，计提本月负担的短期借款利息 1 200 元。

(22) 12 月 31 日，结转制造费用。

(23) 12 月 31 日，结转本月完工产品成本，饼干完工 100 箱，成本为 20 000 元，其余为在产品成本。

(24) 12 月 31 日，结转产品销售成本。数量 90 箱，单价 200 元。

(25) 12 月 31 日，按应交增值税的 7%和 3%计提当月应交城市维护建设税和教育费附加。

(26) 12 月 31 日，结转当月损益。

(27) 12 月 31 日，计算全年应交所得税，并结转。

(28) 12 月 31 日，计算并结转"本年利润"。

(29) 12 月 31 日，分配当年利润。

要求：

1. 练习记账凭证账务处理程序。

(1) 根据资料开设总分类账户和有关明细分类账户，登记期初余额。

(2) 根据 12 月份发生的经济业务，填制收款凭证、付款凭证和转账凭证。

(3) 根据已填制的收款凭证、付款凭证和转账凭证逐笔登记各总账账户和有关明细账户。

(4) 月末，根据要求对账、结计各账户本期发生额及余额。

2. 练习科目汇总表账务处理程序。

(1) 根据资料开设总分类账户，登记期初余额。

(2) 根据上题编制的专用记账凭证编制科目汇总表。

(3) 根据科目汇总表登记总账。
(4) 月末，根据要求对账、结计各账户本期发生额及余额。
3. 练习汇总记账凭证账务处理程序。
(1) 根据资料开设总分类账户，登记期初余额。
(2) 根据上题编制的专用记账凭证编制汇总记账凭证。
(3) 根据汇总记账凭证登记总账。
(4) 月末，根据要求对账、结计各账户本期发生额及余额。

习　　题

【思考题】

1. 记账凭证账务处理程序的特点和使用步骤是什么？
2. 科目汇总表账务处理程序的特点和使用步骤是什么？
3. 汇总记账凭证账务处理程序的特点和使用步骤是什么？
4. 日记总账账务处理程序的特点和使用步骤是什么？
5. 比较4种账务处理程序的优缺点，分析它们分别适用于什么情况。

【练习题】

一、单项选择题

1. 各种会计核算组织程序的主要区别在于(　　)。
   A. 总账的格式不同　　　　　　B. 登记总账的依据不同
   C. 会计凭证的种类不同　　　　D. 编制会计报表的依据不同
2. 下列属于最基本的账务处理程序的是(　　)。
   A. 记账凭证账务处理程序　　　B. 科目汇总表账务处理程序
   C. 汇总记账凭证账务处理程序　D. 日记总账账务处理程序

二、多项选择题

1. 下列概念中，(　　)的内涵是相同的。
   A. 会计核算形式　　　　　　　B. 会计核算组织程序
   C. 账务处理程序　　　　　　　D. 会计管理体制
2. 在会计循环中，属于会计主体日常会计核算工作内容的有(　　)。
   A. 根据原始凭证填制记账凭证　B. 根据编制的记账凭证登记账簿
   C. 设置会计科目　　　　　　　D. 编制会计报表
3. 减少登记总账工作量的账务处理程序是(　　)。
   A. 记账凭证账务处理程序　　　B. 科目汇总表账务处理程序
   C. 汇总记账凭证账务处理程序　D. 日记总账账务处理程序
4. 科目汇总表账务处理程序和汇总记账凭证账务处理程序的共同点是(　　)。
   A. 登记总账的依据相同　　　　B. 减少了登记总账的工作量
   C. 登记明细账的依据相同　　　D. 记账凭证均需要汇总

三、判断题

1. 每一个会计循环一般都是在一个特定的会计期间内完成的。（ ）
2. 记账凭证账务处理程序适用于规模小、经济业务量少、会计凭证多的会计主体。（ ）
3. 汇总记账凭证是根据各种专用记账凭证汇总制成的。（ ）
4. 汇总记账凭证应每月编制一张。（ ）
5. 科目汇总表也是一种具有汇总性质的记账凭证。（ ）
6. 为了便于按科目归类汇总编制科目汇总表，每一张收款凭证一般应填列一个贷方科目；每一张付款凭证一般应填列一个借方科目；转账凭证，只应填列一个借方科目和一个贷方科目。（ ）
7. 日记总账是一种兼具序时账簿和分类账簿两种功能的联合账簿。（ ）
8. 各种账务处理程序下采用的专用凭证的格式是不同的。（ ）
9. 各种账务处理程序下采用的总分类账均为借、贷、余三栏式。（ ）
10. 科目汇总表和汇总记账凭证都具有试算平衡的作用。（ ）

第 8 章 财务报告

教学目标

通过本章的学习,理解财务报表的概念和意义,掌握财务报表的结构、内容和编制方法,了解附注的有关内容。

教学要求

知识要点	能力要求	相关知识
会计报告意义和种类	(1) 理解会计报告的意义 (2) 掌握会计报告的种类	会计信息披露
报表编制、准备工作	掌握编制报表前的各项准备工作	(1) 会计假设的概念 (2) 企业会计准则——基本准则
会计报表、编制方法	(1) 理解各报表的理论依据 (2) 掌握各报表的编制方法	(1) 会计方程式 (2) 企业会计报表相关准则
会计报表分析	(1) 理解财务指标的含义 (2) 掌握财务指标的计算 (3) 掌握会计报表分析方法	(1) 财务指标 (2) 分析方法

> **引 例**
>
> 实践出真知,根据以前已做的作业和模拟实习的资料编制财务报表,并结合上市公司公布的财务报表进行报表分析,提高自己的业务能力,为进一步学习其他会计课程打下基础。

8.1 财务报告的意义和种类

8.1.1 财务报告的意义及组成

财务报告是企业对外提供的在期末编制的综合反映企业某一特定日期的财务状况和某一会计期间的经营成果以及现金流量等会计信息的书面文件。

财务报告包括财务报表和其他应当在财务报告中披露的相关信息和资料。财务报表至少应当包括下列组成部分:①资产负债表;②利润表;③现金流量表;④所有者权益(或股东权益,下同)变动表;⑤附注。编制财务报表既是会计核算工作的最后环节,又是会计核算工作的总结。附注是财务报表的重要组成部分,是对财务报表信息的补充说明和具体解释,帮助财务报告使用者更好地理解财务报表的内容,附注主要包括:企业的基本情况;财务报表的编制基础;遵循企业会计准则的声明;重要会计政策和会计估计;会计政策和会计估计变更以及差错更正的说明;报表重要项目的说明;分部报告;关联方披露。

企业编制财务报表的目标,是向财务报表使用者提供与企业财务状况、经营成果和现金流量等有关的会计信息,反映企业管理层受托责任的履行情况,评价经营业绩,改善经营管理,有助于财务报表使用者做出经济决策。财务报表使用者通常包括投资者、债权人、政府及其有关部门和社会公众等。

8.1.2 财务报告的种类

财务报表可以按照不同的标准进行分类。

1. 按反映内容分类

按财务报表反映的内容分类,可以分为静态报表和动态报表。静态报表是指综合反映企业某一特定日期资产、负债和所有者权益状况的报表,如资产负债表;动态报表是指综合反映企业一定会计期间的经营成果以及现金流量情况的报表,如利润表、现金流量表。

2. 按编制单位分类

按财务报表的编制单位分类,可以分为单位报表和合并报表。单位报表是指由企业在自身会计核算基础上对账簿记录进行加工而编制的财务报表,它主要用以反映企业自身的财务状况、经营成果及现金流量情况。合并报表是以母公司和子公司组成的企业集团为会计主体,根据母公司和子公司的财务报表,由母公司编制的综合反映企业集团财务状况、经营成果以及现金流量情况的报表。

3. 按编报期间分类

按财务报表的编报期间分类，可以分为中期财务报表和年度财务报表。中期财务报表是以短于一个完整会计年度的报告期间为基础编制的财务报表，包括月报、季报和半年报等。中期财务报表至少应当包括资产负债表、利润表、现金流量表和附注。

4. 按服务对象分类

按财务报表的服务对象分类，可以分为内部报表和外部报表。内部报表是指为满足企业内部经营管理的需要而编制的报表，它一般没有统一的格式和编制要求，一般也无须对外公开；外部报表是指企业向外提供的报表，主要供投资者、债权人、政府部门和社会公众等有关方面使用，有统一的格式和编制要求。

8.1.3 会计报表的编制要求

为了确保财务报表的质量，使财务报表能够最大限度地满足各有关方面的需要，实现编制财务报表的基本目标，充分发挥财务报表的作用，企业在编制财务报表时应符合财务报告的基本列报要求。

(1) 企业应当以持续经营为基础，根据实际发生的交易和事项，按照企业会计准则的规定进行确认和计量，在此基础上编制财务报表。

(2) 财务报表项目的列报应当在各个会计期间保持一致，不得随意变更，即不同会计期间的一致性。

(3) 在编制财务报表的过程中，企业应当考虑报表项目的重要性。重要性是指财务报表某项目的省略或错报会影响使用者据此做出经济决策，该项目具有重要性。

(4) 财务报表中的资产项目和负债项目的金额、收入项目和费用项目的金额不得相互抵销，但满足抵销条件的除外。

(5) 当期财务报表的列报，至少应当提供所有列报项目上一可比会计期间的比较数据，以及与理解当期财务报表相关的说明，但另有规定的除外。

(6) 企业应当在财务报表的显著位置至少披露下列各项。

① 编报企业的名称。
② 资产负债表日或财务报表涵盖的会计期间。
③ 人民币金额单位。
④ 财务报表是合并报表的，应当予以标明。

8.2 编制报表前的准备工作

财务报告中的各项内容必须以真实的会计事项为依据，如实地反映企业的经济活动。为了确保财务报表各项目数字的真实可靠、相关可比、编报及时，在编制财务报表之前必须作好以下准备工作。

8.2.1 进行对账工作

要保证财务报表各项目数字的真实可靠，就必须保证账簿记录的真实完整。为此，在编制财务报表之前要进行对账工作。所谓对账，简单地说，就是核对账目。其内容一般包括以下几个方面：

(1) 账证核对。即各种账簿记录与有关会计凭证的核对，要求做到账证相符。

(2) 账账核对。即账簿与账簿之间的有关数字的核对，要求做到账账相符。

(3) 账实核对。即账簿记录余额与各项财产物资的实存数核对，要求做到账实相符。

8.2.2 期末账项调整

某些交易或事项，有时会影响到几个会计期间的经营成果，为了正确计算出各期的盈亏，期末应根据权责发生制的要求，对有关账项进行调整，合理确定本期应计的收入和应计的费用。具体包括两类。

1. 应计收入和应计费用的调整

应计收入是指那些已在本期实现、因款项未收而未登记入账的收入。企业发生的应计收入，主要是本期已经发生且符合收入确认标准，但尚未收到相应款项的商品或劳务。对于这类调整事项，应确认为本期收入，借记"应收账款"等科目，贷记"主营业务收入"等科目；待以后收妥款项时，借记"库存现金"、"银行存款"等科目，贷记"应收账款"等科目。

应计费用是指那些已在本期发生、因款项未付而未登记入账的费用。企业发生的应计费用，本期已经受益，如应付未付的借款利息等。由于这些费用已经发生，应当在本期确认为费用，借记"管理费用"、"财务费用"等科目，贷记"应付利息"等科目；待以后支付款项时，借记"应付利息"等科目，贷记"库存现金"、"银行存款"等科目。

2. 收入分摊和成本分摊的调整

收入分摊是指企业已经收取有关款项，但未完成或未全部完成销售商品或提供劳务，需要在期末按本期已经完成的比例，分摊确认本期已实现收入的金额，并调整以前预收款项时形成的负债。如企业销售商品预收定金。

成本分摊是指企业的支出已经发生、能使若干个会计期间受益，为正确计算各个会计期间的盈亏，将这些支出在其受益的会计期间进行分配，如企业已经支出，但由本期和以后各期负担的预付账款。

8.2.3 结清账目

在一定时期结束时，为了编制财务报表，需要进行结账。结清账目的具体内容有以下几个方面。

(1) 结清各种损益类账户。即将各损益科目转入"本年利润"科目，结平所有损益类科目，据以计算确定本期利润。

(2) 结清各资产、负债和所有者权益账户。即结算出资产、负债和所有者权益类科目的本期发生额和期末余额，并结转下期。

8.3 资产负债表

8.3.1 资产负债表的概念、理论依据和数据来源

1. 资产负债表的概念

资产负债表是反映企业在某一特定日期财务状况的会计报表，它是根据资产、负债和所有者权益之间的相互关系，按照一定的分类标准和一定次序，将企业在一定日期的资产、负债、所有者权益各项目进行适当的排列、分类、汇总后编制而成的。

资产负债表是企业的主要会计报表之一，它所提供的会计信息，是国家进行宏观管理和企业内部管理决策所必需的资料，也是企业的投资者和债权人所必需的资料。每一个会计主体都必须单独编制资产负债表。

通过资产负债表，能够说明企业在某一特定日期所拥有的各种经济资源及其分布状况，分析企业资产的构成；能够说明企业在某一特定日期的负债总额及其结构，分析企业目前与将来需要支付的债务数额及偿还期限，据以了解企业面临的财务风险；能够说明企业所有者权益的构成及其状况，了解企业现有的投资者在企业资产总额中所占的份额，据以了解企业的财务实力；通过不同时期资产负债表的比较，据以了解企业未来财务状况，预测企业的发展前景。

总之，通过资产负债表，能够帮助报表使用者全面完整地了解企业的财务状况、分析企业长期和短期的偿债能力，从而为企业未来的经济决策提供参考资料。

2. 资产负债表的理论依据

资产=负债+所有者权益，是最基本的会计等式。资产和权益实际是企业所拥有的经济资源在同一时点上所表现的不同形式。资产表明的是资源在企业存在和分布的形态，而权益则表明了资源取得和形成的渠道。资产来源于权益，资产与权益必然相等。资产与权益的恒等关系，是复式记账法的理论基础，也是编制资产负债表的理论依据。

3. 资产负债表的数据来源

在一般情况下，资产负债表的各项目都需要填列"年初余额"和"期末余额"两栏数字。

"年初余额"栏内各项目数字，应根据上年末资产负债表的"期末余额"栏内所列数字填列。如果本年度资产负债表规定的各个项目的名称和内容与上年度不一致，则应对上年年末资产负债表各项目的名称和数字按照本年度的规定进行调整，按调整后的数字填列在本表的"年初余额"栏内。

"期末余额"栏内各项目数字，应根据会计账簿的记录填列，可以是月末、季末、年末的数字，其资料来源有以下几个方面。

1) 直接根据总账科目的余额填列

资产负债表中的大多数项目都是采取此种方法进行填列的。例如，交易性金融资产、固定资产清理、长期待摊费用、递延所得税资产、短期借款、交易性金融负债、应付票据、应付职工薪酬、应交税费、应付利息、应付股利、其他应付款、递延所得税负债、实收资本(或股本)、资本公积、库存股、盈余公积等项目，应当根据相关总账科目的余额直接填列。

2) 根据几个总账科目的余额计算填列

资产负债表中的有些项目，需要根据几个总账科目的余额之和填列，例如"货币资金"项目，应当根据"库存现金"、"银行存款"、"其他货币资金"3个总账科目余额合计填列。

3) 根据有关明细科目的余额计算填列

资产负债表中的有些项目，需要根据明细科目的期末余额计算填列。例如："应付账款"项目，应当根据"应付账款"和"预付账款"两个科目所属的各明细科目的期末贷方余额合计填列。

4) 根据总账科目和明细科目的余额分析计算填列

例如，"长期应收款"项目，应当根据"长期应收款"总账科目余额，减去"未实现融资收益"总账科目余额，再减去所属相关明细科目中将于一年内到期的部分填列；"长期借款"项目，应当根据"长期借款"总账科目余额扣除"长期借款"科目所属明细科目中将于一年内到期的部分填列；"应付债券"项目，应当根据"应付债券"总账科目余额扣除"应付债券"科目所属明细科目中将于一年内到期的部分填列；"长期应付款"项目，应当根据"长期应付款"总账科目余额，减去"未确认融资费用"总账科目余额，再减去所属相关明细科目中将于一年内到期的部分填列。

5) 根据总账科目与其备抵科目抵消后的净额填列

资产负债表中的有些项目，需要依据总账科目与其备抵科目抵消后的净额填列，例如"无形资产"项目，应当根据"无形资产"科目期末余额，减去"累计摊销"、"无形资产减值准备"等科目期末余额后的金额填列；"固定资产"项目，应当根据"固定资产"科目期末余额，减去"累计折旧"、"固定资产减值准备"等科目期末余额后的金额填列；"存货"项目，应当根据"原材料"、"库存商品"、"发出商品"、"周转材料"等科目期末余额，减去"存货跌价准备"科目期末余额后的金额填列。

8.3.2 资产负债表的结构和内容

1. 资产负债表的结构

资产负债表的结构主要有账户式和报告式两种。

账户式资产负债表是将资产项目排列在表的左方，负债和所有者权益项目排列在表的右方，使资产负债表左右双方总计金额相等。即根据"资产=负债+所有者权益"会计等式设计的格式。其简化格式见表8-1。

表 8-1 资产负债表

编制单位：　　　　　　　　　　　　年　月　日　　　　　　　　　　　　　　　单位：元

资产		负债和所有者权益	
流动资产	300 000	流动负债	190 000
非流动资产：		非流动负债	30 000
长期股权投资	120 000	实收资本	1 100 000
固定资产	960 000	资本公积	50 000
无形资产	100 000	盈余公积	60 000
长期待摊费用	20 000	未分配利润	70 000
资产总计	1 500 000	负债及所有者权益总计	1 500 000

报告式资产负债表是将资产项目排列在表的上段，负债和所有者权益项目排列在表的下段，使资产负债表上下两段总计金额相等。即根据"资产-负债=所有者权益"会计等式设计的格式。其简化格式见表 8-2。

表 8-2 资产负债表

编制单位：　　　　　　　　　　　　年　月　日　　　　　　　　　　　　　　　单位：元

资产	
流动资产	300 000
非流动资产：	
长期股权投资	120 000
固定资产	960 000
无形资产	100 000
长期待摊费用	20 000
资产合计	1 500 000
负债	
流动负债	190 000
非流动负债	30 000
负债合计	220 000
所有者权益	
实收资本	1 100 000
资本公积	50 000
盈余公积	60 000
未分配利润	70 000
所有者权益合计	1 280 000

我国企业的资产负债表采用账户式结构。其格式见表 8-3。

账户式的资产负债表中左方的资产项目按其流动性的大小排列：流动性大的资产如"货币资金"、"交易性金融资产"等排在前面，流动性小的资产如"长期股权投资"、"固定资产"等则排在后面；右方的负债项目和所有者权益项目：负债项目按其流动性排列，即按流动负债和非流动负债排列，所有者权益项目按实收资本、资本公积、盈余公积、未分配利润排列。

表 8-3　资产负债表

编制单位：　　　　　　　　　　　　　　　　年　月　日　　　　　　　　　　　　　　　单位：元

资　产	期末余额	年初余额	负债和所有者权益（或股东权益）	期末余额	年初余额
流动资产：			流动负债：		
货币资金			短期借款		
交易性金融资产			交易性金融负债		
应收票据			应付票据		
应收账款			应付账款		
预付款项			预收款项		
应收利息			应付职工薪酬		
应收股利			应交税费		
其他应收款			应付利息		
存货			应付股利		
一年内到期的非流动资产			其他应付款		
其他流动资产			一年内到期的非流动负债		
流动资产合计			其他流动负债		
非流动资产：			流动负债合计		
可供出售金融资产			非流动负债：		
持有至到期投资			长期借款		
长期应收款			应付债券		
长期股权投资			长期应付款		
投资性房地产			专项应付款		
固定资产			预计负债		
在建工程			递延所得税负债		
工程物资			其他非流动负债		
固定资产清理			非流动负债合计		
生产性生物资产			负债合计		
油气资产			所有者权益（或股东权益）：		
无形资产			实收资本（或股本）		
开发支出			资本公积		
商誉			减：库存股		
长期待摊费用			盈余公积		
递延所得税资产			未分配利润		
其他非流动资产			所有者权益（或股东权益）		
非流动资产合计			合计		
资产总计			负债和所有者权益（或股东权益）总计		

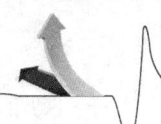

2. 资产负债表的内容

资产负债表的内容主要反映在以下 3 个方面。

1) 资产项目

资产是指企业过去的交易或事项形成的、由企业拥有或控制的、预期会给企业带来经济利益的资源。在资产负债表上，资产应当按照其流动性分类分项列示，包括流动资产和非流动资产。

流动资产是指预计在一个正常营业周期中变现、出售或耗用，或者主要为交易目的而持有，或者预计在资产负债表日起一年内(含一年)变现的资产，或者自资产负债表日起一年内交换其他资产或清偿负债的能力不受限制的现金或现金等价物。

资产负债表中列示的流动资产项目通常包括：货币资金、交易性金融资产、应收票据、应收账款、预付款项、应收利息、应收股利、其他应收款、存货、一年内到期的非流动资产、其他流动资产等。

非流动资产是指流动资产以外的资产。资产负债表中列示的非流动资产项目通常包括：长期股权投资、固定资产、在建工程、工程物资、固定资产清理、无形资产、开发支出、长期待摊费用和其他非流动资产等。

2) 负债项目

负债是指企业过去的交易或事项形成的、预期会导致经济利益流出企业的现时义务。在资产负债表上，负债应当按照其流动性分类分项列示，包括流动负债和非流动负债。

流动负债是指预计在一个正常营业周期中清偿，或者主要为交易目的而持有，或者自资产负债表日起一年内(含一年)到期应予以清偿，或者企业无权自主地将清偿推迟至资产负债表日后一年以上的负债。

资产负债表中列示的流动负债项目通常包括：短期借款、应付票据、应付账款、预收款项、应付职工薪酬、应交税费、应付利息、应付股利、其他应付款、一年内到期的非流动负债等。

非流动负债是指流动负债以外的负债。资产负债表中列示的非流动负债项目通常包括：长期借款、应付债券、其他非流动负债等。

3) 所有者权益项目

所有者权益是指企业资产扣除负债后由所有者享有的剩余权益。在资产负债表上，所有者权益一般按照实收资本(或股本)、资本公积、盈余公积、未分配利润等项目分项列示。

8.3.3 资产负债表的编制

1. 资产项目的填列方法

(1) "货币资金"项目，反映企业库存现金、银行结算户存款、外埠存款、银行汇票存款、银行本票存款、信用卡存款、信用证保证金存款等的合计数。本项目应根据"库存现金"、"银行存款"、"其他货币资金"科目期末余额的合计填列。

(2) "交易性金融资产"项目，反映企业为交易目的所持有的债券投资、股票投资、基金投资等交易性金融资产的公允价值。本项目应根据"交易性金融资产"科目的期末余额填列。

(3)"应收票据"项目,反映企业因销售商品、提供劳务等而收到的商业汇票。本项目应根据"应收票据"科目的期末余额填列。已向银行贴现和已背书转让的应收票据,不包括在本项目内,其中已贴现的商业承兑汇票,应在附注中单独披露。

(4)"应收账款"项目,反映企业因销售商品和提供劳务等而应向购买单位收取的各种款项,减去已计提的坏账准备后的净额。本项目应根据"应收账款"科目所属各明细科目的期末借方余额合计,减去"坏账准备"科目中有关应收账款计提的坏账准备期末余额后的金额填列。如果"应收账款"科目所属明细科目期末有贷方余额,应在本表"预收款项"项目内填列。

(5)"预付款项"项目,反映企业按照合同规定预付给供货单位的款项。本项目应根据"预付账款"科目所属各明细科目的期末借方余额合计填列。如果"预付账款"科目所属有关明细科目期末有贷方余额的,应在本表"应付账款"项目内填列。如果"应付账款"科目所属明细科目期末有借方余额的,也应包括在本项目内。

(6)"应收利息"项目,反映企业交易性金融资产、持有至到期投资、可供出售金融资产等应收取的利息。企业购入的一次还本付息的持有至到期投资持有期间取得的利息,不包括在本项目内。本项目应根据"应收利息"科目的期末余额填列。

(7)"应收股利"项目,反映企业应收取的现金股利和应收取其他单位分配的利润。本项目应根据"应收股利"科目的期末余额填列。

(8)"其他应收款"项目,反映企业对其他单位和个人的应收和暂付的款项,减去已计提的坏账准备后的净额。本项目应根据"其他应收款"科目的期末余额,减去"坏账准备"科目中有关其他应收款计提的坏账准备期末余额后的金额填列。

(9)"存货"项目,反映企业期末在库、在途和在加工中的各项存货的可变现净值。包括各种原材料、在产品、半成品、产成品、商品、包装物、低值易耗品、委托代销商品等。本项目应根据"材料采购"、"原材料"、"在途物资"、"库存商品"、"发出商品"、"周转材料"、"委托加工物资"、"生产成本"等科目的期末余额合计,减去"存货跌价准备"科目期末余额后的金额填列。材料采用计划成本核算,以及库存商品采用计划成本核算或售价核算的企业,还应按加或减材料成本差异、商品进销差价后的金额填列。

(10)"其他流动资产"项目,反映企业除以上流动资产项目外的其他流动资产。本项目应根据有关科目的期末余额填列。如果其他流动资产价值较大的,应在附注中披露其内容和金额。

(11)"可供出售金融资产"项目,反映企业持有的可供出售金融资产的公允价值。本项目应当根据"可供出售金融资产"科目期末余额填列。

(12)"持有至到期投资"项目,反映企业持有至到期投资的摊余成本。本项目应当根据"持有至到期投资"科目期末余额,减去"持有至到期投资减值准备"科目期末余额后的金额填列。

(13)"长期应收款"项目,反映企业的长期应收款项。本项目应当根据"长期应收款"总账科目余额,减去"未实现融资收益"总账科目余额,再减去所属相关明细科目中将于一年内到期的部分填列。

(14)"长期股权投资"项目,反映企业持有的采用成本法和权益法核算的长期股权投资。本项目应根据"长期股权投资"科目的期末余额,减去"长期股权投资减值准备"科目期末余额后的金额填列。

(15)"投资性房地产"项目，反映企业投资性房地产的成本。本项目应当根据"投资性房地产"科目的期末余额填列。

(16)"固定资产"项目，反映企业的各种固定资产净额。融资租入的固定资产，其原价及已提折旧也包括在内。本项目应根据"固定资产"科目期末余额，减去"累计折旧"和"固定资产减值准备"科目的期末余额填列。

(17)"在建工程"项目，反映企业期末各项未完工程的实际支出，包括交付安装的设备价值、未完建筑安装工程已经耗用的材料、工资和费用支出、预付出包工程的价款、已经建筑安装完毕但尚未交付使用的工程等的可收回金额。本项目应根据"在建工程"科目的期末余额，减去"在建工程减值准备"科目的期末余额后的金额填列。

(18)"工程物资"项目，反映企业为在建工程准备的各种物资的成本。本项目应根据"工程物资"科目的期末余额填列。

(19)"固定资产清理"项目，反映企业因出售、报废、毁损、对外投资、非货币性资产交换、债务重组等原因转出的固定资产价值以及在固定资产清理过程中所发生的清理费用等。本项目应根据"固定资产清理"科目的期末借方余额填列，如果"固定资产清理"科目期末为贷方余额，以"－"号填列。

(20)"生产性生物资产"项目，反映企业持有的生产性生物资产价值。本项目应当根据"生产性生物资产"科目期末余额，减去"生产性生物资产累计折旧"科目期末余额填列。

(21)"油气资产"项目，反映企业持有的矿区权益和油气井及相关设施的原价。本项目应当根据"油气资产"科目期末余额，减去"累计折耗"科目期末余额填列。

(22)"无形资产"项目，反映企业各项无形资产的期末可收回金额。本项目应当根据"无形资产"科目的期末余额，减去"累计摊销"、"无形资产减值准备"科目期末余额后的金额填列。

(23)"开发支出"项目，反映企业进行研究与开发无形资产过程中发生的各项支出。本项目应当根据"研发支出"科目期末余额填列。

(24)"商誉"项目，反映企业合并中形成的商誉价值。本项目应当根据"商誉"科目期末余额填列。

(25)"长期待摊费用"项目，反映企业已经发生但应由本期和以后各期负担的分摊期限在一年以上的各种费用，如租入固定资产改良支出、固定资产大修理支出以及摊销期在一年以上(不含一年)的其他待摊费用。本项目应根据"长期待摊费用"科目的期末余额扣除将于一年内(含一年)摊销的数额后的金额填列。

(26)"递延所得税资产"项目，反映企业确认的可抵扣暂时性差异产生的递延所得税资产。本项目应当根据"递延所得税资产"科目期末余额填列。

(27)"其他非流动资产"项目，反映企业除流动资产、长期股权投资、固定资产、无形资产等以外的其他长期资产。本项目应当根据有关科目的期末余额填列。如果其他长期资产的价值较大，应在附注中披露其内容和金额。

2. 负债项目的填列方法

(1)"短期借款"项目，反映企业为了满足正常生产经营的需要而向银行或其他金融机构等借入的期限在一年以下(含一年)的各种借款。短期借款利息属于筹资费用,应记入"财务费用"科目。本项目应当根据"短期借款"科目的期末余额填列。

(2)"交易性金融负债"项目,反映企业承担的交易性金融负债的公允价值。本项目应当根据"交易性金融负债"科目期末余额填列。

(3)"应付票据"项目,反映企业购买材料、商品和接受劳务供应等开出、承兑的商业汇票。本项目应当根据"应付票据"科目的期末余额填列。

(4)"应付账款"项目,反映企业购买材料、商品或接受劳务供应等而应付给供应单位的款项。本项目应根据"应付账款"科目所属各明细科目的期末贷方余额合计填列;如果"应付账款"科目所属明细科目期末有借方余额的,应在本表"预付款项"项目内填列。

(5)"预收款项"项目,反映企业按照购销合同的规定预收购买单位的货款。本项目应根据"预收账款"科目所属各有关明细科目的期末贷方余额合计填列。如果"预收账款"科目所属有关明细科目期末有借方余额的,应在本表"应收账款"项目内填列;如果"应收账款"科目所属明细科目期末有贷方余额的,也应包括在本项目内。

(6)"应付职工薪酬"项目,反映企业根据有关规定应付给职工的各种薪酬。本项目应当根据"应付职工薪酬"科目的期末贷方余额填列;如果"应付职工薪酬"科目期末为借方余额,应以"-"号填列。

(7)"应交税费"项目,反映企业按照税法等规定计算应交纳的各种税费。本项目应当根据"应交税费"科目的期末贷方余额填列;如果"应交税费"科目期末为借方余额,应以"-"号填列。

(8)"应付利息"项目,反映企业按照合同约定应支付的利息。本项目应当根据"应付利息"科目的期末余额填列。

(9)"应付股利"项目,反映企业分配的现金股利或利润。本项目应当根据"应付股利"科目的期末余额填列。

(10)"其他应付款"项目,反映企业所有应付和暂收其他单位和个人的款项。本项目应当根据"其他应付款"科目的期末余额填列。

(11)"其他流动负债"项目,反映企业除以上流动负债以外的其他流动负债。本项目应当根据有关科目的期末余额填列。如果其他流动负债价值较大的。应在附注中披露其内容和金额。

(12)"长期借款"项目,反映企业向银行或其他金融机构借入的期限在一年以上(不含一年)的各项借款。本项目应当根据"长期借款"科目的期末余额填列。

(13)"应付债券"项目,反映企业为筹集资金而发行债券的本金和利息。本项目应当根据"应付债券"科目的期末余额填列。

(14)"长期应付款"项目,反映企业除长期借款和应付债券以外的其他各种长期应付款项。包括应付补偿贸易引进设备的价款、应付融资租入固定资产的租赁款等。本项目应根据"长期应付款"科目的期末余额,减去"未确认融资费用" 科目期末余额后的金额填列。

(15)"专项应付款"项目,反映企业取得政府作为企业所有者投入的具有专项或特定用途的款项。本项目应当根据"专项应付款"科目的期末余额填列。

(16)"预计负债"项目,反映企业确认的对外提供担保、未决诉讼、产品质量保证等预计负债。本项目应当根据"预计负债"科目的期末余额填列。

(17)"递延所得税负债"项目,反映企业确认的应纳税暂时性差异产生的所得税负债。

本项目应当根据"递延所得税负债"科目的期末余额填列。

(18)"其他非流动负债"项目,反映企业除以非流动负债以外的其他长期负债。本项目应当根据有关科目的期末余额填列。如果其他长期负债价值较大的,应在附注中披露其内容和金额。

上述长期负债各项目中将于一年内(含一年)到期的长期负债,应在"一年内到期的长期负债"项目内单独反映。上述长期负债各项目均应根据有关科目期末余额扣除将于一年内(含一年)到期的长期负债后的金额填列。

3. 所有者权益项目的填列方法

(1)"实收资本"项目,反映企业接受投资者投入的实收资本(或股本)总额。本项目应当根据"实收资本"(或"股本")科目的期末余额填列。

(2)"资本公积"项目,反映企业资本公积的期末余额。本项目应当根据"资本公积"科目的期末余额填列。

(3)"库存股"项目,反映企业收购、转让或注销的本公司股份金额。本项目应当根据"库存股"科目期末余额填列。

(4)"盈余公积"项目,反映企业盈余公积的期末余额。本项目应当根据"盈余公积"科目的期末余额填列。

(5)"未分配利润"项目,反映企业尚未分配的利润。本项目应当根据"本年利润"科目和"利润分配"科目的余额计算填列。未弥补的亏损,在本项目内以"-"号填列。

4. 资产负债表编制举例

【例8-1】

(1) 光华公司为增值税一般纳税人,适用的增值税税率为17%,所得税税率为25%;原材料和库存商品均按实际成本核算,产品售价不含增值税,其销售成本在月末一次进行结转。

(2) 该公司2010年4月1日有关总分类账户的期初余额见表8-4。

表8-4 有关总分类账户的期初余额

单位:元

账户名称	借方余额	账户名称	贷方余额
库存现金	5 000	短期借款	48 000
银行存款	625 800	应付账款	70 000
交易性金融资产	66 000	应付职工薪酬	71 000
应收账款	50 000	应交税费	43 700
其他应收款	1 000	应付股利	268 000
原材料	260 000	应付利息	20 000
库存商品	180 000	长期借款	100 000
长期股权投资	83 000	实收资本	810 000
固定资产	1 300 000	资本公积	10 000
无形资产	96 000	盈余公积	90 000
		利润分配	380 000
		本年利润	474 300
		累计折旧	281 800
合计	2 666 800	合计	2 666 800

该公司4月发生下列经济业务。

(1) 2日，以银行存款支付广告费5 000元。

(2) 6日，购进甲材料20吨，每吨1 000元，计20 000元，进项税额3 400元；乙材料10吨，每吨1 500元，计15 000元，进项税额2 550元。全部款项以银行存款支付。材料已验收入库。

(3) 6日，以银行存款支付购入甲、乙两种材料的运杂费共计3 000元(按材料重量比例分配)。

(4) 8日，销售A产品50件，每件售价1 200元，B产品60件，每件售价1 500元，销项税额共25 500元，款项已收并送存银行。

(5) 12日，向银行借入为期3个月的短期借款60 000元存入银行。

(6) 13日，销售给四方公司A产品15件，每件售价1 200元，B产品50件，每件售价1 500元，销项税额共15 810元，款项待收。

(7) 20日，以银行存款支付厂部办公费500元，车间办公费400元。

(8) 23日，以银行存款支付水电费500元。其中：生产产品耗用300元，厂部耗用200元。

(9) 30日，根据本月发料单汇总：

	甲材料	乙材料
A产品生产领用	22 000元	30 000元
B产品生产领用	33 000元	42 000元
车间一般耗用		1 500元
厂部一般耗用		1 500元

(10) 30日，预提本月应负担的短期借款利息1 500元。

(11) 30日，计提管理部门用固定资产折旧2 000元，生产用固定资产折旧3 000元。

(12) 30日，分配工资费用，本月应付职工工资总额为50 000元，其中：A产品生产工人工资16 000元；B产品生产工人工资20 000元；车间技术管理人员工资6 000元；厂部管理人员工资8 000元。

(13) 30日，分配并结转本月制造费用(按生产工人工资比例分配)。

(14) 30日，本月投产的A产品100件、B产品100件，均已完工入库，结转其实际生产成本。

(15) 30日，结转本月已销A、B产品的生产成本。

(16) 30日，计算并交纳本月应交增值税。根据实际交纳的增值税的7%计提城市维护建设税，3%计提教育费附加。

(17) 30日，将各收支账户的本期发生额结转到本年利润账户。

(18) 30日，按25%的所得税税率计算并结转本期应交所得税。

根据上述资料编制会计分录如下。

(1) 借：销售费用——广告费　　　　　　　　　　　　5 000
　　　贷：银行存款　　　　　　　　　　　　　　　　　　　5 000
(2) 借：原材料——甲材料　　　　　　　　　　　　　20 000
　　　　　　——乙材料　　　　　　　　　　　　　15 000
　　　应交税费——应交增值税(进项税额)　　　　　　5 950
　　　贷：银行存款　　　　　　　　　　　　　　　　　　40 950
(3) 借：原材料——甲材料　　　　　　　　　　　　　　2 000
　　　　　　——乙材料　　　　　　　　　　　　　　1 000
　　　贷：银行存款　　　　　　　　　　　　　　　　　　　3 000
(4) 借：银行存款　　　　　　　　　　　　　　　　175 500
　　　贷：主营业务收入　　　　　　　　　　　　　　　150 000
　　　　　应交税费——应交增值税(销项税额)　　　　25 500
(5) 借：银行存款　　　　　　　　　　　　　　　　　60 000
　　　贷：短期借款　　　　　　　　　　　　　　　　　　60 000
(6) 借：应收账款——四方公司　　　　　　　　　　108 810
　　　贷：主营业务收入　　　　　　　　　　　　　　　　93 000
　　　　　应交税费——应交增值税(销项税额)　　　　15 810
(7) 借：制造费用　　　　　　　　　　　　　　　　　　　400
　　　管理费用　　　　　　　　　　　　　　　　　　　　500
　　　贷：银行存款　　　　　　　　　　　　　　　　　　　　900
(8) 借：制造费用　　　　　　　　　　　　　　　　　　　300
　　　管理费用　　　　　　　　　　　　　　　　　　　　200
　　　贷：银行存款　　　　　　　　　　　　　　　　　　　　500
(9) 借：生产成本——A产品　　　　　　　　　　　　52 000
　　　　　　——B产品　　　　　　　　　　　　　75 000
　　　制造费用　　　　　　　　　　　　　　　　　　1 500
　　　管理费用　　　　　　　　　　　　　　　　　　1 500
　　　贷：原材料——甲材料　　　　　　　　　　　　　55 000
　　　　　　　——乙材料　　　　　　　　　　　　75 000
(10) 借：财务费用　　　　　　　　　　　　　　　　　1 500
　　　　贷：应付利息　　　　　　　　　　　　　　　　　1 500
(11) 借：制造费用——折旧费　　　　　　　　　　　　3 000
　　　　管理费用——折旧费　　　　　　　　　　　　2 000
　　　　贷：累计折旧　　　　　　　　　　　　　　　　　5 000

(12) 借：生产成本——A产品　　　　　　　　　　16 000
　　　　　　——B产品　　　　　　　　　　20 000
　　　制造费用　　　　　　　　　　　　　　　6 000
　　　管理费用　　　　　　　　　　　　　　　8 000
　　　　贷：应付职工薪酬——工资　　　　　　　　50 000
(13) 借：生产成本——A产品　　　　　　　　　　4 960
　　　　　　——B产品　　　　　　　　　　6 240
　　　　贷：制造费用　　　　　　　　　　　　　11 200
(14) 借：库存商品——A产品　　　　　　　　　　72 960
　　　　　　——B产品　　　　　　　　　　101 240
　　　　贷：生产成本——A产品　　　　　　　　　72 960
　　　　　　　　——B产品　　　　　　　　101 240
(15) 借：主营业务成本　　　　　　　　　　　　158 788
　　　　贷：库存商品——A产品　　　　　　　　　47 424
　　　　　　　　——B产品　　　　　　　　111 364
(16) 借：应交税费——应交增值税(已交税金)　　　35 360
　　　　贷：银行存款　　　　　　　　　　　　　35 360
　　　借：营业税金及附加　　　　　　　　　　　3 536
　　　　贷：应交税费——城建税　　　　　　　　　2 475.2
　　　　　　　　——教育费附加　　　　　　　1 060.8
(17) 借：主营业务收入　　　　　　　　　　　　243 000
　　　　贷：本年利润　　　　　　　　　　　　　243 000
　　　借：本年利润　　　　　　　　　　　　　181 024
　　　　贷：主营业务成本　　　　　　　　　　　158 788
　　　　　　营业税金及附加　　　　　　　　　3 536
　　　　　　销售费用　　　　　　　　　　　　5 000
　　　　　　管理费用　　　　　　　　　　　　12 200
　　　　　　财务费用　　　　　　　　　　　　1 500
(18) 借：所得税费用　　　　　　　　　　　　　15 494
　　　　贷：应交税费——应交所得税　　　　　　15 494
　　　借：本年利润　　　　　　　　　　　　　15 494
　　　　贷：所得税费用　　　　　　　　　　　　15 494

编制资产负债表，见表8-5。

表 8-5　资产负债表

编制单位：光华公司　　　　　　　　2010 年 4 月 30 日　　　　　　　　　　　　单位：元

资产	期末余额	期初余额	负债和所有者权益（或股东权益）	期末余额	期初余额
流动资产：			流动负债：		
货币资金	780 590	630 800	短期借款	108 000	48 000
交易性金融资产	66 000	66 000	交易性金融负债		
应收票据			应付票据		
应收账款	158 810	50 000	应付账款	70 000	70 000
预付款项			预收款项		
应收利息			应付职工薪酬	121 000	71 000
应收股利			应交税费	62 730	43 700
其他应收款	1 000	1 000	应付利息	21 500	20 000
存货	363 412	440 000	应付股利	268 000	268 000
其他流动资产			其他应付款		
流动资产合计	1 369 812	1 187 800	其他流动负债		
非流动资产：			流动负债合计	651 230	520 700
可供出售金融资产			非流动负债：		
持有至到期投资			长期借款	100 000	100 000
长期应收款			应付债券		
长期股权投资	83 000	83 000	长期应付款		
投资性房地产			专项应付款		
固定资产	1 013 200	1 018 200	预计负债		
在建工程			递延所得税负债		
工程物资			其他非流动负债		
固定资产清理			非流动负债合计	100 000	100 000
生产性生物资产			负债合计	751 230	620 700
油气资产			所有者权益(或股东权益)：		
无形资产	96 000	96 000	实收资本(或股本)	810 000	810 000
开发支出			资本公积	10 000	10 000
商誉			减：库存股		
长期待摊费用			盈余公积	90 000	90 000
递延所得税资产			未分配利润	900 782	854 300
其他非流动资产			所有者权益(或股东权益)		
非流动资产合计	1 192 200	1 197 200	合计	1 810 782	1 764 300
资产总计	2 562 012	2 385 000	负债和所有者权益(或股东权益)总计	2 562 012	2 385 000

8.4 利润表

8.4.1 利润表的概念、理论依据和数据来源

1. 利润表的概念

利润表又称损益表,是反映企业在一定期间内经营成果的报表,是一张动态会计报表。按照一定的标准和一定的顺序,把企业一定期间的收入、费用和利润予以适当的排列编制而成的一种报表。每一个独立核算的企业必须按期编制利润表。

通过利润表的编制,可以反映企业在一定会计期间收入、费用、利润(或亏损)的数额及构成情况,帮助财务报表使用者全面了解企业的经营成果,分析企业的获利能力及赢利增长趋势,从而为其做出经济决策提供依据。

2. 利润表的理论依据

企业经营的目的是为了获取收入,实现赢利。企业在取得收入的同时,也必然要发生相应的费用。通过收入与费用的比较,才能确定企业一定时期的盈利水平。即"收入-费用=利润"这一会计等式,是编制利润表的理论依据和基础。

3. 利润表的数据来源

利润表"本期金额"栏反映各项目的本期实际发生数。各项目主要根据各损益类科目的发生额分析填列。如果上年度利润表的项目名称和内容与本年度利润表不相一致,应对上年度利润表项目的名称和数字按本年度的规定进行调整,填入报表"上期金额"栏。

8.4.2 利润表的结构和内容

目前,利润表结构有多步式利润表和单步式利润表两种。我国一般采用多步式利润表。

1. 多步式利润表

多步式利润表是分别列示各项收入与其相关的成本费用,计算出各类业务的利润,分步计算出净利润。其步骤如下:

(1) 以营业收入为基础,减去营业成本、营业税金及附加、销售费用、管理费用、财务费用、资产减值损失,加上公允价值变动收益(减去公允价值变动损失)和投资收益(减去投资损失),计算出营业利润;

(2) 以营业利润为基础,加上营业外收入,减去营业外支出,计算出利润总额;

(3) 以利润总额为基础,减去所得税费用,计算出净利润(或亏损)。

其格式见表8-6。

多步式利润表中各项目之间的关系可用如下公式表示:

营业利润=营业收入-营业成本-营业税金及附加-销售费用-管理费用-财务费用-资产减值损失+公允价值变动收益+投资收益

利润总额=营业利润+营业外收入-营业外支出

净利润=利润总额-所得税费用

表 8-6 利润表

编制单位：　　　　　　　　　　　年　月　　　　　　　　　　　　　单位：元

项　　目	本　期　金　额	上　期　金　额
一、营业收入		
减：营业成本		
营业税金及附加		
销售费用		
管理费用		
财务费用		
资产减值损失		
加：公允价值变动收益(损失以"-"号填列)		
投资收益(损失以"-"号填列)		
二、营业利润(亏损以"-"号填列)		
加：营业外收入		
减：营业外支出		
其中：非流动资产处置损失		
三、利润总额(亏损总额以"-"号填列)		
减：所得税费用		
四、净利润(净亏损以"-"号填列)		

2. 单步式利润表

单步式利润表是将本期全部收入加在一起，然后再把全部费用加在一起，二者相减，通过一次计算得出当期损益。其格式见表 8-7。

表 8-7 利润表

编制单位：　　　　　　　　　　　年　月　　　　　　　　　　　　　单位：元

项　　目	本　期　金　额	上　期　金　额
收入和利得：		
主营业务收入		
其他业务收入		
投资收益		
营业外收入		
收入和利得合计		
费用和损失：		
主营业务成本		
营业税金及附加		
销售费用		
管理费用		
财务费用		
其他业务成本		
投资损失		
营业外支出		
费用和损失合计		
利润总额		

8.4.3 利润表的编制

1. 利润表各项目的填列方法

(1) "营业收入"项目,反映企业经营业务所取得的收入总额。包括销售商品的收入、提供劳务的收入等。本项目应当根据"主营业务收入"、"其他业务收入"科目的发生额分析计算填列。

(2) "营业成本"项目,反映企业经营业务发生的实际成本。本项目应当根据"主营业务成本"、"其他业务成本"科目的发生额分析计算填列。

(3) "营业税金及附加"项目,反映企业经营业务应负担的消费税、营业税、城市维护建设税、资源税和教育费附加等。本项目应当根据"营业税金及附加"科目的发生额分析填列。

(4) "销售费用"项目,反映企业在销售商品和材料、提供劳务的过程中所发生的各种费用。本项目应当根据"销售费用"科目的发生额分析填列。

(5) "管理费用"项目,反映企业本期发生的管理费用。本项目应当根据"管理费用"科目的发生额分析填列。

(6) "财务费用"项目,反映企业本期发生的财务费用。本项目应当根据"财务费用"科目的发生额分析填列。

(7) "资产减值损失"项目,反映企业计提各项资产减值准备所形成的损失。本项目应当根据"资产减值损失"科目的发生额分析填列。

(8) "公允价值变动收益"反映企业交易性金融资产等公允价值变动形成的应计入当期损益的利得。本项目应当根据"公允价值变动损益"科目的发生额分析填列。如果为公允价值变动损失,本项目用"-"号填列。

(9) "投资收益"项目,反映企业以各种方式对外投资所取得的收益。本项目应当根据"投资收益"科目的发生额分析填列。如果为投资净损失,本项目用"-"号填列。

(10) "营业外收入"项目和"营业外支出"项目,反映企业发生的与生产经营无直接关系的各项收入和支出。这两个项目应当分别根据"营业外收入"和"营业外支出"科目的发生额分析填列。

(11) "利润总额"项目,反映企业实现的利润总额。如果为亏损,以"-"号填列。

(12) "所得税费用"项目,反映企业确认的应从当期利润总额中扣除的所得税费用。本项目应当根据"所得税费用"科目的发生额分析填列。

(13) "净利润"项目,反映企业实现的净利润。如果为亏损,以"-"号填列。

2. 利润表编制举例

【例 8-2】 根据例 8-1 的资料,光华公司 2010 年 4 月利润表科目本月发生额见表 8-8。

表 8-8　2010 年 4 月利润表科目本月发生额

单位：元

科目名称	借方发生额	贷方发生额
营业收入		243 000
营业成本	158 788	
营业税金及附加	3 536	
销售费用	5 000	
管理费用	12 200	
财务费用	1 500	
资产减值损失		
投资收益		
营业外收入		
营业外支出		
所得税费用	15 494	

根据资料编制利润表见表 8-9。

表 8-9　利润表

编制单位：光华公司　　　　　　2010 年 4 月　　　　　　　　　　单位：元

项　目	本期金额	上期金额
一、营业收入	243 000	
减：营业成本	158 788	
营业税金及附加	3 536	
销售费用	5 000	
管理费用	12 200	
财务费用	1 500	
资产减值损失		
加：公允价值变动收益(损失以"-"号填列)		
投资收益(损失以"-"号填列)		
其中：对联营企业和合营企业的投资收益		
二、营业利润(亏损以"-"号填列)	61 976	
加：营业外收入		
减：营业外支出		
其中：非流动资产处置损失		
三、利润总额(亏损总额以"-"号填列)	61 976	
减：所得税费用	15 494	
四、净利润(净亏损以"-"号填列)	46 482	

8.5 财务报告的报送和审批

1. 财务报告的报送

财务报表应当根据登记完整、核对无误的账簿记录和其他有关资料编制,做到数字真实、计算准确、内容完整、说明清楚。

财务报告的报送就是各单位应当按照国家规定的期限对外报送财务报告。根据法律和国家有关规定应当对财务报告进行审计的,财务报告编制单位应当先行委托注册会计师进行审计,并将注册会计师出具的审计报告随同财务报告按照规定的期限报送有关部门。

企业对外提供的财务报告应当依次编定页数,加具封面,装订成册,加盖公章。封面上应当注明:企业名称、企业统一代码、组织形式、地址、报表所属年度或者月份、报出日期,并由企业负责人和主管会计工作的负责人、会计主管人员签名盖章;设置总会计师的企业,还应当由总会计师签名并盖章。

报送报表是企业财会部门的一项重要职责,各种财务报表应当按规定的期限及时报出。

2. 财务报告的审批

各级主管部门收到所属企业报送的财务报表之后,应当认真地进行审核,以便对所属企业的财务状况和经营成果等情况进行监督,促使企业更好地遵守财经纪律和法规,不断提高企业的经营管理水平。

主管部门在审核所属企业的财务报表时,如果发现财务报告有错误,应当要求所属企业及时办理更正手续。除更正本企业留存的财务报告外,并应同时通知接受财务报告的单位更正。错误较多的,应当重新编制。

8.6 财务报表的分析

8.6.1 财务报表分析的主要内容和指标

1. 财务报表分析的主要内容

财务报表分析是指利用资产负债表、利润表和现金流量表等财务报表,对企业的财务状况、经营成果及现金流量情况进行系统的分析和评价。进行财务报表分析的目的就是帮助报表使用者评价企业财务状况、经营成果及现金流量情况,为报表使用者进行经济决策提供可靠的依据。财务报表分析的主要内容有以下几个方面。

(1) 分析企业资产的分布、负债的构成情况,评价企业的偿债能力。
(2) 分析企业利润的完成情况和盈利水平的变动趋势,评价企业的盈利能力。
(3) 分析企业现金流入和现金流出情况,评价企业获取现金的能力。

2. 财务报表分析指标

利用财务报表分析时,需要建立一套完整的财务指标体系。

1) 评价企业偿债能力的财务指标

(1) 资产负债率。资产负债率是企业的负债总额与资产总额的比例，它反映企业总资产中有多大比例是通过举债来筹集的。其计算公式是

$$资产负债率=负债总额÷资产总额$$

式中："负债总额"是指企业所承担的各项流动负债与非流动负债的合计数；"资产总额"是指企业拥有的各项资产价值的合计数。

资产负债率是国际上公认的反映企业偿债能力和经营风险的重要指标，因此，企业的债权人和投资者都特别关注这个指标。适度的资产负债率，能够说明债权人和投资者的投资风险比较小，企业未来生产经营风险也比较小，投资比较安全。资产负债率比较保守的比率是不高于50%。而国际上公认较好的比率为60%。

(2) 流动比率。流动比率是企业流动资产与流动负债的比例。其计算公式是

$$流动比率=流动资产÷流动负债$$

式中："流动资产"是指企业资产负债表中流动资产合计数；"流动负债"是企业资产负债表中流动负债的合计数。

流动比率是反映企业短期偿债能力的重要指标，国际上公认较好的比率为200%。该指标越高，说明企业的流动资产流转得越快，偿还流动负债的能力越强。

(3) 速动比率。速动比率是企业速动资产与流动负债的比例。其计算公式是

$$速动比率=速动资产÷流动负债$$

式中："速动资产"是指企业流动资产中变现速度较快的资产，包括货币资金、交易性金融资产、应收票据、应收股利、应收利息、应收账款、其他应收款、预付账款等，其计算方法是流动资产-存货；"流动负债"仍然是企业资产负债表中流动负债的合计数。

速动比率也是反映企业短期偿债能力的重要指标，是对流动比率的补充说明。国际上公认较好的比率为100%。该指标越高，说明企业的流动资产变现速度越快，偿还流动负债的能力越强。

(4) 现金流动负债比率。现金流动负债比率是企业一定时期经营现金净流入与年末流动负债的比例。其计算公式是

$$现金流动负债比率=年经营现金净流入÷年末流动负债$$

式中："年经营现金净流入"是指一定时期内，企业在经营活动中所产生的现金及现金等价物的流入量与流出量的差额；"年末流动负债"是指12月31日编制的资产负债表中流动负债合计数。

现金流动负债比率是从现金流量角度来反映企业当期偿债能力的重要指标，该指标越高，说明企业经营活动产生现金的能力越强，偿还流动负债的能力越强。

2) 评价企业营运能力的财务指标

(1) 总资产周转率。总资产周转率是企业一定时期主营业务收入净额与平均资产总额的比例。其计算公式是

$$总资产周转率=主营业务收入净额÷平均资产总额$$

式中："主营业务收入净额"是指主营业务收入减去折扣与折让后的余额；"平均资产总额"是指年初资产总额和年末资产总额的平均数，即(年初资产总额+年末资产总额)÷2。

总资产周转率是评价企业营运能力的重要指标，是反映企业经营期间全部资产从投入

到产出周而复始的流转速度。该指标越高,说明企业资金周转速度越快,资产利用率越高,销售能力越强,未来的发展潜力越大。

(2) 应收账款周转率。应收账周转率是企业一定时期主营业务收入净额与平均应收账款的比例。其计算公式是

$$应收账款周转率=主营业务收入净额÷平均应收账款余额$$

式中:"主营业务收入净额"是指主营业务收入减去折扣与折让后的余额;"平均应收账款余额"是指年初应收账款余额和年末应收账款余额的平均数,即(年初应收账款余额+年末应收账款余额)÷2。

应收账款周转率是反映企业应收账款的周转速度,该指标越高越好,该指标越高,说明企业应收账款的周转速度越快,资金占用越少,周转一次所需要的时间越短,应收账款发生坏账的可能性越小。

(3) 存货周转率。存货周转率是企业一定时期主营业务成本与平均存货的比例。其计算公式是

$$存货周转率=主营业务成本÷平均存货$$

式中:"主营业务成本"是指企业销售商品、提供劳务等主营业务的实际成本;"平均存货"是指年初存货和年末存货的平均数,即(年初存货+年末存货)÷2。

存货周转率是反映企业存货的周转速度,该指标越高越好,该指标越高,说明企业存货周转速度越快,存货管理效率越高,周转一次所需要的时间越短。

3) 评价企业盈利能力的财务指标

(1) 净资产收益率。净资产收益率是企业一定时期内净利润与平均净资产的比例。其计算公式是

$$净资产收益率=净利润÷平均净资产$$

式中:"净利润"是指利润总额扣除应交所得税后的净额;"净资产"是指所有者权益,"平均净资产"是指年初所有者权益和年末所有者权益的平均数,即(年初所有者权益+年末所有者权益)÷2。

净资产收益率是评价企业盈利能力的重要指标,是反映投资者投入资本的获利能力,该指标越高越好,该指标越高,说明企业自有资本的获利能力越强,经营效益越好,对债权人和投资者的保证程度越高。

(2) 主营业务利润率。主营业务利润率又称销售利润率,是企业一定时期主营业务利润与主营业务收入净额的比例。其计算公式是

$$主营业务利润率=主营业务利润÷主营业务收入净额$$

式中:"主营业务利润"是指企业主营业务收入减去主营业务成本、营业税金及附加后的利润,"主营业务收入净额"是指主营业务收入减去折扣与折让后的余额。

主营业务利润率是反映企业主营业务获利能力的一个重要指标,该指标越高越好,该指标越高,说明企业主营业务获利能力越大,企业在市场上的竞争能力越强,企业未来发展的潜力越大。

(3) 成本费用利润率。成本费用利润率是企业一定时期的利润总额与成本费用总额的比例。其计算公式是

$$成本费用利润率=利润总额÷成本费用总额$$

式中:"利润总额"是指企业当年实现的全部利润;"成本费用总额"是指主营业务成本、销售费用、管理费用和财务费用之和。

成本费用利润率是反映企业为取得利润而付出的代价,该指标越高越好,该指标越高,说明企业为取得利润而付出的代价越小,企业对成本费用的管理越好,企业在市场上的竞争能力越强,企业未来发展的潜力越大。

以上财务指标分别从不同侧面反映了企业财务状况和经营成果,构成了一套完整的评价企业财务状况和经营成果的财务指标体系。

8.6.2 财务报表的分析方法

财务报表是在日常会计核算基础上,对企业生产经营活动的综合反映,要对一个企业的财务报表进行深入的分析,找出对决策有用的信息,发现其中的问题,必须具备一定的专业知识,为此,报表使用者需要了解财务报表分析的方法。财务报表分析的方法主要有比较分析法、比率分析法和因素分析法等。

1. 比较分析法

比较分析法是通过指标之间的对比,从数量上揭示指标之间差异的一种方法。比较分析法的主要作用是揭示指标之间存在的差异,为进一步分析指明方向。一般可以进行以下3种形式的比较。

1) 实际与计划比较

实际与计划的比较可以揭示二者之间的差异,了解该项指标计划的完成情况。

2) 本期实际与上期实际比较

本期实际与上期实际的比较可以确定二者之间的差异,了解企业经济活动的发展趋势和经营管理工作的情况。

3) 本期实际与国内外先进水平比较

本期实际与国内外先进水平的比较可以找出本企业与先进水平的差距,推动本企业改善经营管理,学习先进,赶超先进水平。

2. 比率分析法

比率分析法是通过计算、比较经济指标的比率,来确定相对数差异的一种分析方法。根据分析的不同内容和要求,可以计算各种不同的比率并进行对比。

1) 相关指标比率

相关指标比率是将两个经济性质不同但又相关的指标进行对比求出其比率。例如,通过计算、比较资产负债率、流动比率等相关指标,可以了解企业的偿债能力。

2) 构成比率

构成比率又称结构比率是计算某项经济指标的各个组成部分占总体的比重。其计算公式为

$$构成比率 = 某个组成部分数额 \div 该总体总额$$

3) 动态比率

动态比率是将某项经济指标不同时期的数额进行对比求得,然后进行各种形式的比较,

以便考察该项经济指标的发展变化趋势和增减速度。由于计算时采用的基期数额不同,动态比率有定基发展速度和环比发展速度。其计算公式为

定基发展速度=比较期数额÷固定基期数额

环比发展速度=比较期数额÷前期数额

3. 因素分析法

因素分析法又称因素替换法,是从数量上确定若干因素的变动对某一项综合性指标所产生的影响程度的一种分析方法。这种分析方法的具体操作是:当有若干因素对某一项综合性指标具有影响作用时,应当假定其他因素均无变化,逐个确定每一因素单独变化所产生的影响。

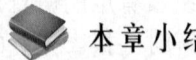

本章小结

本章介绍了财务报告的作用和意义,财务报表的分类,对外财务报表的原理及编制方法,财务报表数据分析。

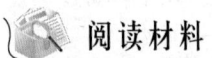

阅读材料

浅谈企业会计报表的分析及局限性

企业财务报表分析是指以财务报表和其他资料为依据和起点,采用专门方法,系统分析和评价企业过去和现在的经营成果、财务状况及其变动,目的是了解企业过去的经营业绩,衡量企业目前财务状况并且预测企业未来的发展趋势,帮助企业利益集团改善决策。财务分析的最基本功能就是将大量的财务报表数据进行加工、整理、比较、分析并转换成对特定决策有用的信息,着重对企业财务状况是否健全、经营成果是否优良等进行解释和评价,减少决策的不确定性。

1. 企业会计报表分析

财务分析的起点是财务报表,分析使用的数据大部分来源于企业公开发布的财务报表。因此,正确理解财务报表是财务分析的前提。财务分析的结果,是对企业的偿债能力、盈利能力、营运能力和抵抗风险能力做出的评价。然而,我们也应该清醒地认识到,财务分析与评价的结果并非绝对准确。由于各种因素的限制——企业财务报表、财务分析指标和财务分析方法存在一定的局限性,从而对财务报表分析产生不利影响,致使它的作用并没有完全地发挥出来,分析的结果与预期往往存在着差距。本文拟对财务报表分析局限性产生的原因与相应的对策进行探讨,使报表使用者在利用财务分析结果时,能够克服局限性对财务报表产生的影响,从而客观、准确地把握企业财务状况和经营成果的真实情况,为信息使用者正确做出决策提供有利的保障。

我国《企业会计制度》规定,企业在分析会计报表时一般是以年为期间进行分析的。当然也可以进行月度分析,无论以哪一种时间为基础,会计报表的分析方法有两种:一是比例分析;二是比率分析。

(1) 比例分析。比例分析有两种方法:一是增长比例分析,又叫水平分析;二是结构比例分析,也叫垂直分析。

① 增长比例分析主要目的是分析企业经营成果在若干年内的增长比例情况,其自身也有两种计算方

法,一是环比增长分析,就是将相邻两年的数字进行比较分析,如 2006 年与 2007 年比,2008 年与 2009 年比等;二是定基增长分析,就是固定某一年为比较的基础,分析增长情况,如以 2000 年为基数,各年度都与其相比。在计算增长情况时既可以用绝对数,也可以用相对数(百分比)。

② 结构比例分析主要目的是分析某一种会计报表中各项目的构成是否合理,如流动资产占总资产的比例,固定资产占总资产的比例,销售成本占销售收入的比例等。结构比例分析可以用于各种会计报表的分析。

(2) 比率分析。比率分析是将两个相互联系的财务指标进行测算分析,是会计报表分析中最常见、最普遍的方法,而且很多比率指标已经标准化了。

2. 财务报表的局限性

(1) 财务指标分析的主观局限性设计财务指标体系的初衷是为了帮助财务报表的使用者能更好地了解、掌握一个企业的生产经营情况。但由于财务报表是由企业的财务人员根据有关的法规、制度、准则等编制,不可避免地会出现一些人为的差错和失误,甚至恶意隐瞒。不同的分析者对同一张报表可能得出不一样的结论,对报表分析的结果有着直接的影响。

(2) 分析者分析能力的局限性对企业财务报表进行分析与评价通常是由报表分析者来完成的。然而,不同的财务分析人员对财务报表的认识度、对财务报表的解读与判断能力、以及掌握财务分析理论和方法的深度和广度等各方面都存在着差异,往往理解财务分析计算指标的结果就有所不同。如果分析人员没有全面了解各项指标的计算过程和各项指标之间的关系,仅仅看计算结果,是很难全面把握各项指标所说明的经济含义的。另外,分析者对财务指标的认识,仅仅依照书本上学习的理论知识来测算分析几个独立的财务指标也是不够的。既要有理论知识做基础也要有丰富的从事该工作的实际经验做后盾。因为不同的企业在进行财务分析时所侧重的财务指标和分析目的是不一样的,如果缺乏实际经验,就很难准确理解财务指标所传递的财务信息,这样必定会影响财务指标的分析。所以,理论必须还要与实践相结合才会更完善。

(3) 比率分析法的局限性比率分析法自身的局限性。比率分析法是一种事后分析方法,主要是针对已经发生的经济活动进行分析,在市场经济条件下,已表现出一定的滞后性。另外,比率分析是针对单个指标进行分析,综合程度较低,在某些情况下无法得出令人满意的结论。

(4) 趋势分析法的局限性趋势分析法是指与本企业不同时期指标相比,一般是运用数年的财务报表和财务比率进行财务分析,这比分析单个财务报表能了解更多的情况,特别是企业发展趋势。趋势分析法不仅能给分析者提供企业财务状况变动趋势方面的信息,而且还能为财务预测、决策提供依据。但是趋势分析法也有其局限性:①趋势分析法所依据的资料,主要是财务报表的数据,具有一定的局限性;②由于通货膨胀或各种偶然因素的影响和会计换算方法的改变,使得不同时期的财务报表可能不具有可比性。

(5) 比较分析法的局限性比较分析法是指通过经济指标的对比分析,确定指标间差异与趋势的方法。财务分析极为注重比较,因此,比较分析法也是财务分析的最基本、最主要的方法之一。比较分析法在实际操作时,比较的双方必须具备可比性才有意义。然而数据是否可比则受众多条件的制约,如计算方法相同、计价标准一致、时间长度相等;在进行同行业比较时,要使其具有可比性。

3. 改善财务报表分析局限性的几点看法

(1) 提高财务报表分析人员的综合能力和素质。无论采用哪种财务报表的分析方法,分析人员的恰当判断都是非常重要的,分析人员的判断力对得出正确的分析结论尤为重要。所以,加强对财务报表分析人员的培训,提高分析人员的综合素质,提高他们对报表指标的解读与判断能力,并使他们同时具备会计、财务、市场营销、战略管理和企业经营等方面的知识,熟练掌握现代化的分析方法和分析工具,在实践中树立正确的财务分析理念,逐步培养和提高自己对所分析问题的判断能力,可以极大地减少和控制财务报表分析存在的问题。

(2) 定量分析与定性分析相结合。现代企业面临复杂多变的外部环境,这些外部环境有时很难定量,但会对企业财务报表状况和经营成果产生重要影响,比如会计报表外部信息等。因此,在定量分析的同时,需要做出定性的判断,在定性判断的基础上,再进一步进行定量分析和判断。充分发挥人的丰富经验和量的精密计算两方面的作用,无疑可使报表分析达到最优化。

(3) 动态分析和静态分析相结合。生产经营业务和财务活动是一个动态的发展过程。人们所看到的信息资料,特别是财务报表资料一般是静态的反映过去的情况。因此要注意进行动态分析,在弄清过去情况的基础上,分析当前情况的可能结果对恰当预测企业未来有一定帮助。

(4) 个别分析与综合分析相结合。财务指标数值具有相对性,同一指标数值在不同的情况下反映不同的问题,甚至会得出相反的结论。如资产管理比率中的应收账款周转率指标越高,一方面反映企业平均收账期越短,应收账款的收回越快,收账的效率高、质量好;另一方面也可能是由于企业的信用政策过于严格所致,这也会给企业带来负面影响,丧失部分机会成本。因此,在进行财务分析和评价时,单个指标不能说明问题,要根据某指标对其他方面可能产生的影响进行综合分析,才能得出正确结论。

(5) 加强时期指标在整个财务分析中的份量。时点指标是指取自资产负债表中的数据,它们只代表企业某一时点的情况,而不能代表整个时期的情况。并且这类指标容易人为粉饰。现代的财务分析,不再是单纯地对资产负债表进行分析,而是向着以收益表的分析为中心的方向发展。因此可以增加时期指标在财务分析中的份量,以避免某些人为的因素使财务分析的结果有假。

4. 总结

企业财务报表分析固然非常重要,它可为信息使用者进行财务决策、计划和控制提供较大的帮助,但也要认清财务分析与评价的局限性所在,并且在必要时做适当的调整,以利于正确决策。分析人员应该明确其不足之处并对症下药,努力完善财务分析和评价的方法和手段,确保财务分析和评价不断健全和发展。

徐朝阳. 浅谈企业会计报表的分析及局限性[J]. 科技信息,2010(25):801.

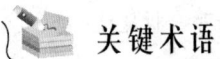

关键术语

财务报告　财务报表　资产负债表　利润表　现金流量表　报表附注　财务指标　报表分析

案例应用分析

华能国际(600011)与国电电力(600795)财务报表分析

1. 华能国际

华能国际的母公司及控股股东华能国电是于 1985 年成立的中外合资企业,它与电厂所在地的多家政府投资公司于 1994 年 6 月共同发起在北京注册成立了股份有限公司。总股本 60 亿股,2001 年在国内发行 3.5 亿股 A 股,其中流通股 2.5 亿股,而后分别在香港、纽约上市。

在过去的几年中,华能国际通过项目开发和资产收购不断扩大经营规模,保持赢利稳步增长。拥有的总发电装机容量从 2 900 兆瓦增加到目前的 15 936 兆瓦。华能国际现全资拥有 14 座电厂,控股 5 座电厂,参股 3 家电力公司,其发电厂设备先进,高效稳定,且广泛地分布于经济发达及用电需求增长强劲的地区。目前,华能国际已成为中国最大的独立发电公司之一。

华能国际公布的 2004 年第 1 季度财务报告,营业收入为 64.61 亿人民币,净利润为 14.04 亿人民币,比去年同期分别增长 24.97% 和 24.58%。由此可看出,无论是发电量还是营业收入及利润,华能国际都实现了健康的同步快速增长。当然，这一切都与今年初中国出现大面积电荒不无关系。

在发展战略上，华能国际加紧了并购扩张步伐。中国经济的快速增长造成了电力等能源的严重短缺。随着中国政府对此越来越多的关注和重视，以及华能国际逐渐走上快速发展和不断扩张的道路，可以预见在不久的将来，华能国际必将在中国电力能源行业中进一步脱颖而出。最后顺便提一句，华能国际的董事长李小鹏先生为中国前总理李鹏之子，这也许为投资者们提供了更多的遐想空间。

2. 国电电力

国电电力发展股份有限公司(股票代码600795)是中国国电集团公司控股的全国性上市发电公司，1997年3月18日在上海证券交易所挂牌上市，现股本总额达14.02亿股，流通股3.52亿股。

国电电力拥有全资及控股发电企业10家，参股发电企业1家，资产结构优良合理。几年来，公司坚持"并购与基建并举"的发展战略，实现了公司两大跨越。目前公司投资装机容量1 410万千瓦。同时，公司控股和参股了包括通信、网络、电子商务等高科技公司12家，持有专利24项，专有技术68项，被列入国家及部委重点攻关科技项目有3项，有多项技术达到了国际领先水平。

2001年公司股票进入了"道琼斯中国指数"行列，2001年度列国内A股上市公司综合绩效第四位，2002年7月入选上证180指数，连续3年被评为全国上市公司50强，保持着国内A股证券市场综合指标名列前茅的绩优蓝筹股地位。

2003年营业收入18亿，净利润6.7亿，比上年度增加24.79%。

华能国际 2001—2003 利润分配表及现金流量简表(表 8-10)，国电电力对应的三大报表请查询 http://zhidao.baidu.com/question/16267785.html 或是上市公司相应数据库，此处略。

表8-10 华能国际2001—2003资产负债简表　　　　　　　　　单位：万元

项目/年度	2003-12-31	2002-12-31	2001-12-31
(1) 应收账款余额	235 683	188 908	125 494
(2) 存货余额	80 816	94 072	73 946
(3) 流动资产合计	830 287	770 282	1 078 438
(4) 固定资产合计	3 840 088	4 021 516	3 342 351
(5) 资产总计	5 327 696	4 809 875	4 722 970
(6) 应付账款	65 310	47 160	36 504
(7) 流动负债合计	824 657	875 944	1 004 212
(8) 长期负债合计	915 360	918 480	957 576
(9) 负债总计	1 740 017	1 811 074	1 961 788
(10) 股本	602 767	600 027	600 000
(11) 未分配利润	1 398 153	948 870	816 085
(12) 股东权益总计	3 478 710	2 916 947	2 712 556

请查阅有关资料，并结合课堂学习谈谈你对这一问题的看法。

习　　题

【思考题】

1. 简述财务报告的种类。
2. 财务报告的编制要求是什么？

3. 编制报表前应做好哪些准备工作？
4. 简述资产负债表的数据来源。
5. 资产负债表的作用是什么？
6. 利润表的作用是什么？
7. 利润表中各项利润怎样计算？
8. 财务报表分析的主要指标有哪些？
9. 财务报表的分析方法有哪些？

【练习题】

1. 目的：练习资产负债表的编制。
2. 资料：甲公司 2010 年 12 月 31 日有关总账科目余额见表 8-11。

表 8-11　总账科目余额表

科目名称	借方	贷方
库存现金	5 500	
银行存款	269 000	
应收账款	12 200	
其他应收款	5 800	
原材料	62 000	
周转材料	92 500	
库存商品	30 000	
固定资产	421 000	
累计折旧		78 000
短期借款		260 000
应付账款		5 200
其他应付款		1 300
应交税费		1 500
实收资本		529 500
资本公积		8 000
盈余公积		12 000
未分配利润		2 500
合计	898 000	898 000

3. 要求：

(1) 根据上述资料编制甲公司 2010 年 12 月 31 日的资产负债表。

(2) 计算资产负债率、流动比率、速动比率。

会计规范与会计管理

教学目标

通过本章的学习,了解会计规范体系的构成和内容、会计职业道德规范的内容和要求及各种会计职业考试的情况,掌握会计机构和会计人员的设置。

教学要求

知识要点	能力要求	相关知识
会计规范	(1) 了解会计规范的体系构成 (2) 理解并掌握会计一般原则	(1) 会计法 (2) 会计准则及会计制度
会计职业道德	(1) 理解会计职业道德的作用 (2) 理解会计职业道德的内容	会计职业道德规范
会计考试	(1) 了解会计考试的种类和性质	会计职业要求
会计管理	(1) 掌握会计机构的设置的一般要求 (2) 掌握会计人员的职责和权限	(1) 会计法 (2) 其他会计人员管理法规

> **引 例**
>
> 在深圳证券交易所上市的广厦(银川)实业股份有限公司(简称银广厦,股票代码 000557)通过伪造购销合同、伪造出口报关单、虚开增值税专用发票、伪造免税文件和伪造金融票据等手段,虚构巨额利润,导致其股票价格最高达到 37.99 元。该公司股票在其会计造假丑闻败露后股价大幅下跌,最低达到 0.74 元,使广大股东遭受了巨大的损失,严重干扰了社会经济的正常秩序。

9.1 会计规范体系

为了保证会计信息质量,实现会计目标,就必须有相应的会计规范体系。会计规范就是对会计人员、会计工作和会计信息处理具有约束、评价和指导作用的一系列标准的总称,其实质是会计信息质量标准,它是保障和促进会计活动达到预期目的的制约力量。会计规范是会计实务的行为标准,是会计信息的先决条件和制度保证。会计人员必须以约束标准即会计规范为基本依据,处理会计信息。而会计信息使用者也以此标准作为评价会计工作的基本依据,最终保证会计信息的质量。

我国会计规范经过 50 多年的建设,目前已经形成一个较为完整的体系。总的看来,表现为以下 3 个特点:①会计规范形成法律规范和准则制度规范两个层次,并开始向体系化方向发展;②会计规范的内容在保留并加强原来的会计业务核算和会计人员职业资格规范的基础上,新增了关于会计基础工作的规范;③会计规范开始向国际会计惯例靠拢。

9.1.1 会计法

许多国家都通过有关经济法律对会计准则、会计制度及会计工作进行规范。有的国家通过经济法规直接规范会计工作,如德国没有单行的会计准则,其会计规范是由通过分散于《公司法》、《税法》、《商法》中的规定来体现的。从世界范围来看,会计法律规范一般散见于其他法律规范之中,世界各国并不单独制定专业性法律《会计法》,其原因在于会计行为作为企业行为之一,与企业其他行为具有密切的联系,对企业任何行为的规范,都将会涉及企业会计行为。

我国存在单独颁布的会计法。会计法是由国家制定的,调整在社会经济活动中发生的会计核算、会计监督、会计管理及其他会计关系的法律规范。

会计法有广义和狭义之分。广义的会计法是指由国家权力机关和行政机关制定的调整各种会计关系的规范性文件的总称,包括会计法律、行政法规、行政规章等。狭义的会计法令是指由国家最高权力机关通过一定的立法程序颁布施行的会计法律。这里所讲的会计法是指狭义的会计法,即由全国人民代表大会常务委员会依照法定程序制定的,以国家强制力保障其实施的《中华人民共和国会计法》(以下简称会计法)。它的作用在于规范会计行为,加强经济管理,保证以经济活动为内容的会计信息真实、完整,维护社会主义市场经济秩序,促进我国社会经济健康发展。

我国第一部会计法《中华人民共和国会计法》于 1985 年 1 月 21 日,由第六届全国人民代表大会常务委员会第九次会议通过,同年 5 月 1 日起施行。该法共六章三十一条,是

第9章 会计规范与会计管理

新中国第一部会计法律，标志着我国会计工作进入了社会主义法制化的新时期。

为了适应建立社会主义市场经济的要求，1993年12月29日，第八届全国人民代表大会常务委员会第五次会议通过了《关于修改〈中华人民共和国会计法〉的决定》，对会计法作了修改，自公布之日起施行。修改后的会计法共六章三十条，这是首次对会计法做出修改，修改的主要内容为：一是确立了会计工作在发展社会主义市场经济中的地位和做用；二是扩大了会计法的适用范围；三是突出了单位领导人的责任；四是完善了有关会计制度。

为了进一步规范会计行为，提高会计信息质量，1999年10月31日，第九届全国人民代表大会常务委员会第十二次会议通过《关于修改〈中华人民共和国会计法〉的决定》，再次对会计法进行修订，自2000年7月1日起施行。修订后的会计法共七章五十二条。修订的主要内容为：一是突出规范会计行为，保证会计资料真实、完整的立法宗旨；二是突出强调单位负责人对本单位会计工作和会计资料真实性、完整性的责任；三是进一步完善了会计核算规则；四是对公司、企业会计核算作出了特别规定；五是进一步加强会计监督；六是要求国有的和国有资产占控股地位或者主导地位的大、中型企业必须设置总会计师；七是对会计从业资格管理作出了规定，要求从事会计工作的人员必须取得会计从业资格证书；八是加大了对违法会计行为的处罚力度。

目前的会计法，主要就会计核算、会计监督、会计机构和会计人员及法律责任等方面事项进行了法律规定。

9.1.2 会计准则

会计准则也称为会计原则，是关于价值确认、计量、记录和报告的规范。会计系统要有效运行，满足使用者的要求，就必须要有一定的前提条件、一定的标准与规则，这些前提条件、标准和规则，一般由实务与工作经验归纳而形成，或经演绎推理而得到，构成会计准则。因此，一般地，会计准则是由会计基本假设、基本会计准则、具体会计准则3部分构成的。

从世界范围看，会计准则的制定模式有两种：政府制定模式和民间制定模式。我国、欧洲大陆国家以及日本等国主要采取前一种模式，而英国、美国及其他曾为英属殖民地的国家则更多地采用后一种模式。

国际间的经济合作迫切要求在世界范围内的会计核算遵守相同的规则。在这样的背景下，1973年6月，美国、英国、前联邦德国、法国、日本、加拿大、澳大利亚、墨西哥、荷兰的主要会计职业团体联合发起成立了国际会计准则委员会(IASC)。IASC成员已发展到包括112个国家的153个会计职业团体，1997年中国加入了国际会计师联合会和国际会计准则委员会。迄今为止，IASC已发布了41号国际会计准则(IAS1-IAS41，目前29项有效)，解释公告25项(SIC1-SIC25)，国际财务报告准则8项(IFRS1-IFRS8)。IASC从1997年开始实施改组为国际会计准则理事会(IASB)，2001年4月1日IASB正式运作。

我国的会计准则是由财政部会计司具体制定，需要经过立项阶段、起草阶段、公开征求意见阶段和发布阶段，其中立项、起草、征求意见、修改等具体工作由财政部会计司完成，并在所有阶段征求会计准则委员会的意见，由会计准则委员会提供技术支持，最后对送审稿，会计司按规定程序报送财政部领导审定后，由财政部发布并组织实施。

在每个会计准则发布以后，财政部都出版一个单行本，另外每年出版一个合订本和一个包括中、英、日3种文字对照本。为便于参引和检索，会计准则连续编号，这也是国际通行作法。目前，已经发布一系列会计准则，包括基本准则和具体准则，可区分为老准则和新准则。新准则指2006年2月15日发布的1-38号会计具体准则，并对基本准则进行了修订，自2007年1月1日起在上市公司范围内施行，鼓励其他企业执行。旧准则是指此前公布的会计准则，这些准则未编号，执行该38项新具体准则的企业不再执行现行旧准则。因此，我国目前出现了新旧准则同时执行的情况，待全部企业执行新准则后，旧准则失效。

基本准则提出会计核算的基本原则和一般要求。具体准则是对会计核算的具体要求，主要按会计事项分别制定会计准则，并且可以按这些事项的性质进行分类。除具体准则的正文外，每个准则还同时附有指南。这是由于受到体例的局限，每个具体准则的条文往往不能讲得十分具体，为便于理解和操作，每个准则都提供了指南，是准则条文的具体化。这些指南是与准则一起发布的，具有法律效力。

会计基本假设我们已经在第一章阐述。由于具体准则内容较多，这里在结合教材前面内容的基础上，仅仅对会计核算的一般原则进行解释。这些一般原则对于财务会计深入的学习有极其重要的帮助。

会计核算的一般原则，是指进行会计核算必须遵循的基本规则和衡量会计工作成败的标准，具体包括3个方面：衡量会计信息质量的一般原则；确认和计量的一般原则；起修正作用的一般原则。

1. 衡量会计信息质量的一般原则

(1) 客观性原则。它要求会计核算应当以实际发生的交易或事项为依据，如实反映企业的财务状况、经营成果和现金流量。会计核算必须以实际发生的经济业务及证明经济业务发生的合法凭证为依据，如实反映财务状况和经营成果，做到内容真实，数据准确，资料可靠。它包括下面3层含义：一是会计核算应当真实反映企业的财务状况和经营成果，保证会计信息的真实性；二是会计核算应当准确反映企业的财务情况，保证会计信息的准确性；三是会计核算应当具有可检验性，使会计信息具有可验证性的特征。

(2) 可比性原则。它要求企业的会计核算应当按照规定的会计处理方法进行，会计指标应当口径一致、相互可比。不同的企业同一时期对相同的经济业务的会计处理应采用相同的方法，以便于会计信息在企业间的相互比较。

(3) 一贯性原则。它要求企业的会计核算方法前后各期应当保持一致，不得随意变更。如有必要变更，应当将变更的内容和理由、变更的累计影响数，以及累计影响数不能合理确定的理由等，在会计报表附注中予以说明。

一贯性原则要求同一会计主体在不同时期尽可能采用相同的会计程序和会计处理方法，便于不同会计期间会计信息的纵向比较。可比性原则强调的是横向比较，一贯性原则强调的是纵向比较。从总的方面来说，二者都属于可比性的要求。一贯性原则并不否认企业在必要时，对所采用的会计程序和会计处理方法作适当的变更。

(4) 相关性原则。它要求企业提供的会计信息应当能够反映企业的财务状况、经营成果和现金流量，已满足会计信息使用者的要求。会计信息必须与其使用者的决策相关联，即会计信息对于其使用者的决策是有用的。这就要求会计系统所收集、处理和传递的会计信息应当满足使用者经营决策需要的相关性，即要从满足国家宏观经济管理的需要，满足企业外界相关方面的需要,满足企业内部管理的需要这3个角度构建核算口径。

(5) 及时性原则。它要求企业的会计核算应当及时进行,不得提前或延后。应在规定的期限内处理各种会计事项并进行报告。具体讲,就是要定期结账、算账和编送会计报告。

(6) 明晰性原则。它要求企业的会计核算和编制的财务会计报告应当清晰明了,便于理解和利用,避免会计信息使用者因模糊不清或误解导致决策失误。

2. 确认和计量的一般原则

(1) 权责发生制原则。它要求企业的会计核算应当以权责发生制为基础。凡是当期已经实现的收入和已经发生或应当负担的费用,不论款项是否收付,都应当作为当期的收入和费用;凡是不属于当期的收入和费用,即使款项已在当期收付,也不作为当期的收入和费用。

权责发生制与收付实现制相对。收付实现制是指以实际收到或付出款项作为确认收入或费用的依据。更详细的内容可参见本书第3章相关内容。

(2) 配比原则。它要求企业在进行会计核算时,收入与其成本、费用应当相互配比,同一会计期间内的各项收入与其相关的成本、费用,应当在该会计期间内确认,二者在期间上应保持一致,以保证期间损益的真实性和正确性。

(3) 历史成本原则。它要求企业的各项财产在取得时应当按照实际成本计量。其后,各项财产如果发生减值,应当按照规定计提相应的减值准备。除法律、行政法规和国家统一的会计制度另有规定外,企业一律不得自行调整其账面价值。

采用历史成本作为计价基础,是因为历史成本是过去的客观经济事实所确定的,有相关的凭据作为证明,是一个经得起检验的计价标准。但在物价变动的情况下,历史成本不能真实反映企业资产的价值,与客观现实有所偏离。但在物价变动幅度不大的情况下,采用历史成本作为计价标准,可以有效地防止因账面值调整而产生的会计信息失真问题。

如果资产已经发生了减值,其账面价值已经不能反映其未来可收回金额,企业应当按照规定计提相应的减值准备,以和客观实际保持相对一致。

(4) 划分收益性支出与资本性支出原则。它要求企业的会计核算应当合理划分收益性支出与资本性支出的界限。凡支出的效益仅及于本会计年度(或一个营业周期)的,应当作为收益性支出,如一笔本月的广告费支出;凡支出的效益及于几个会计年度(或几个营业周期)的,应当作为资本性支出,如购入一台设备而发生的支出。

3. 起修正作用的一般原则

(1) 谨慎性原则。它要求企业在进行会计核算时要谨慎处理经济活动中的不确定因素和风险因素,不得多计资产或收益、少计负债或费用,也不得计提秘密准备[①]。

(2) 重要性原则。它要求企业在会计核算过程中对交易或事项应当区别其重要程度,采用不同的核算方式。对资产、负债、损益等有较大影响,并进而影响财务会计报告使用者据以作出合理判断的重要会计事项,必须按照规定的会计方法和程序进行处理,并在财务会计报告中予以充分、准确地披露;对于次要的会计事项,在不影响会计信息真实性和

---

① 秘密准备是指企业不恰当地运用谨慎性原则所计提的资产减值准备(一般指多计提的减值准备),其目的是为了故意少计资产和盈利,以调节利润。

不至于误导财务会计报告使用者做出正确判断的前提下，可适当简化处理。重要性原则是会计管理中的一条例外原则，对会计事项的处理应按其重要性程度来进行。

评价具体项目的重要性很大程度上取决于会计人员的职业判断。一般来说，应当从质和量两个方面综合进行分析。从性质来说，当某一事项的数量达到一定规模时就可能对决策产生影响。

(3) 实质重于形式原则。它要求企业应当按照交易或事项的经济实质进行会计核算，而不应当仅仅按照它们的法律形式作为会计核算的依据。例如，以融资租赁方式租入的资产，虽然从法律形式来看承租企业并不拥有其所有权，但由于租赁合同中规定的租赁期相当长，接近于该资产的使用寿命；租赁期结束时承租企业有优先购买该资产的选择权；在租赁期内承租企业有权支配资产并从中受益。从其经济实质来看，企业能够控制其创造的未来经济利益，所以，会计核算上将以融资租赁方式租入的资产视为承租企业的资产。如果企业的会计核算仅仅按照交易或事项的法律形式或人为形式进行，而其法律形式或人为形式又未能反映其经济实质和经济现实，那么，会计核算的结果不仅不会有利于会计信息使用者决策，反而会误导会计信息使用者决策。

9.1.3 会计制度

会计制度是进行会计工作所应遵循的规则、方法、程序的总称。我国实行统一的会计制度，因此形成了会计制度与会计准则并行的局面。国家统一的会计制度由国务院财政部门根据《会计法》制定并公布；国务院有关部门对会计核算和会计监督有特殊要求的行业，依照《会计法》和国家统一的会计制度，制定具体办法或者补充规定，报国务院财政部门审核批准。中国人民解放军总后勤部可以依照《会计法》和国家统一的会计制度制定军队实施国家统一的会计制度的具体办法，报国务院财政部门备案。

财政部从 1992 年起陆续把过去六七十个分行业的、分所有制的企业会计制度整理成 14 个大行业会计制度，包括《工业企业会计制度》、《商品流通企业会计制度》、《邮电通讯企业会计制度》、《运输(交通)企业会计制度》、《金融企业会计制度》、《旅游、饮食服务企业会计制度》、《施工企业会计制度》、《房地产开发企业会计制度》、《对外经济合作企业会计制度》、《农业企业会计制度》、《保险企业会计制度》、《中华人民共和国外商投资企业会计制度》、《股份制试点企业会计制度》、《国营证券公司会计制度》。从 1997 年起，《事业单位会计制度》、《财政总预算会计制度》、《科学事业单位会计制度》、《高等学校会计制度》、《行政单位会计制度》、《村集体经济组织会计制度》和《医院会计制度》先后出台。

会计制度属上层建筑，是国家管理经济的重要规章。随着经济体制、财政、财务、税收制度的改革，会计制度也会作相应的改变。原有的 13 个行业会计制度强调了行业核算的外部差异，忽视了会计核算的内在联系。2004 年 4 月 27 日财政部正式颁布《小企业会计制度》，要求于 2005 年 1 月 1 日起在全国小企业范围内执行。2001 年，针对 13 个大行业会计制度重新颁布了不分行业的《企业会计制度》，2003 年颁布《金融企业会计制度》，我国对营利性经济组织的会计制度法规体系的建设已经完成。至此我国会计制度体系由 13 个行业会计制度简化为 3 个企业会计制度。

从实际内容看，会计准则是指已经发布或即将发布的基本准则和具体准则；而会计核算制度所涵盖的内容要广泛得多,复杂得多。会计活动包括确认、计量、记录和报告4个环节,因此,会计规范也就有确认、计量、记录和报告这4个可能的要素。会计准则重点解决确认、计量、披露问题,必要时也有一些记录方面的规定,这主要体现在每个具体会计准则后面的指南中。而会计制度主要解决记录问题和会计报表编制程序问题,其中的记录是指账户的设置和运用。

9.1.4 会计档案

会计档案是指会计凭证、会计账簿和会计报表等会计核算专业材料,它是记录和反映经济业务的重要史料和证据。各机关、团体、国营企业、建设单位和事业单位(以下简称各单位),必须加强对会计档案管理工作的领导,建立和健全会计档案的立卷、归档、保管、调阅和销毁等管理制度,切实地把会计档案管好。

为了使会计档案的管理规范化,财政部、国家档案局于1984年6月1日发布了《会计档案管理办法》并于当年实施。1998年8月21日对《会计档案管理办法》进行了修订,并于1999年1月1日起施行。

1. 会计档案的类型

(1) 会计凭证类:原始凭证、记账凭证、汇总凭证、其他会计凭证。
(2) 会计账簿类:总账、明细账、日记账、固定资产卡片、辅助账簿、其他会计账簿。
(3) 财务报告类:月度、季度、年度财务报告,包括会计报表、附表、附注及文字说明,其他财务报告。
(4) 其他类:银行存款余额调节表、银行对账单、其他应当保存的会计核算专业资料、会计档案移交清册、会计档案保管清册、会计档案销毁清册。

2. 会计档案的保管

各单位每年形成的会计档案,应当由会计机构按照归档要求,负责整理立卷,装订成册,编制会计档案保管清册。

当年形成的会计档案,在会计年度终了后,可暂由会计机构保管一年,期满之后,应当由会计机构编制移交清册,移交本单位档案机构统一保管;未设立档案机构的,应当在会计机构内部指定专人保管。出纳人员不得兼管会计档案。

移交本单位档案机构保管的会计档案,原则上应当保持原卷册的封装。个别需要拆封重新整理的,档案机构应当会同会计机构和经办人员共同拆封整理,以分清责任。

3. 会计档案的借阅

各单位保存的会计档案不得借出。如有特殊需要,经本单位负责人批准,可以提供查阅或者复制,并办理登记手续,查阅或者复制会计档案的人员,严禁在会计档案上涂画、拆封和抽换。

财务人员因工作需要查阅会计档案时,必须按规定顺序及时归还原处,若要查阅入库档案,必须办理有关借用手续。

集团内各单位若因公需要查阅会计档案时,必须经本单位领导批准证明,经财务经理同意,方能由档案管理人员接待查阅。

外单位人员因公需要查阅会计档案时，应持有单位介绍信，经财务经理同意后，方能由档案管理人员接待查阅，并由档案管理人员详细登记查阅会计档案人员的工作单位、查阅日期、会计档案名称及查阅理由。

会计档案一般不得带出室外，如有特殊情况，需带出室外复制时，必须经财务部经理批准，并限期归还。

各单位应当建立健全会计档案查阅、复制登记制度。

4. 会计档案的保管期限

会计档案的保管期限分为永久、定期两类。定期保管期限分为3年、5年、10年、15年、25年5类，详细请参见表9-1和表9-2，会计档案保管期限为最低保管期限。会计档案的保管期限，从会计年度终了后的第一天算起。

5. 会计档案的销毁

保管期满的会计档案，可以按照以下程序销毁。

(1) 由本单位档案机构会同会计机构提出销毁意见，编制会计档案销毁清册，列明销毁会计档案的名称、卷号、册数、起止年度和档案编号、应保管期限、已保管期限、销毁时间等内容。

(2) 单位负责人在会计档案销毁清册上签署意见。

(3) 销毁会计档案时，应当由档案机构和会计机构共同派员监销。国家机关销毁会计档案时，应当由同级财政部门、审计部门派员参加监销。财政部门销毁会计档案时，应当由同级审计部门派员参加监销。

(4) 监销人在销毁会计档案前，应当按照会计档案销毁清册所列内容清点核对所要销毁的会计档案；销毁后，应当在会计档案销毁清册上签名盖章，并将监销情况报告本单位负责人。

保管期满但未结清的债权债务原始凭证和涉及其他未了事项的原始凭证，不得销毁，应当单独抽出立卷，保管到未了事项完结时为止。单独抽出立卷的会计档案，应当在会计档案销毁清册和会计档案保管清册中列明。正在项目建设期间的建设单位，其保管期满的会计档案也不得销毁。

另外，采用电子计算机进行会计核算的单位，应当保存打印出的纸质会计档案。具备采用磁带、磁盘、光盘、微缩胶片等磁性介质保存会计档案条件的，由国务院业务主管部门统一规定，并报财政部、国家档案局备案。

6. 会计档案的交接

单位因撤销、解散、破产或者其他原因而终止的，在终止和办理注销登记手续之前形成的会计档案，应当由终止单位的业务主管部门或财产所有者代管或移交有关档案馆代管。法律、行政法规另有规定的，从其规定。

单位分立后原单位存续的，其会计档案应当由分立后的存续方统一保管，其他方可查阅、复制与其业务相关的会计档案；单位分立后原单位解散的，其会计档案应当经各方协商后由其中一方代管或移交档案馆代管，各方可查阅、复制与其业务相关的会计档案。单位分立中未结清的会计事项所涉及的原始凭证，应当单独抽出由业务相关方保存，并按规定办理交接手续。

第9章 会计规范与会计管理

单位因业务移交其他单位办理所涉及的会计档案，应当由原单位保管，承接业务单位可查阅、复制与其业务相关的会计档案，对其中未结清的会计事项所涉及的原始凭证，应当单独抽出由业务承接单位保存，并按规定办理交接手续。

单位合并后原各单位解散或一方存续其他方解散的，原各单位的会计档案应当由合并后的单位统一保管；单位合并后原各单位仍存续的，其会计档案仍应由原各单位保管。

建设单位在项目建设期间形成的会计档案，应当在办理竣工决算后移交给建设项目的接受单位，并按规定办理交接手续。

单位之间交接会计档案的，交接双方应当办理会计档案交接手续。

移交会计档案的单位，应当编制会计档案移交清册，列明应当移交的会计档案名称、卷号、册数、起止年度和档案编号、应保管期限、已保管期限等内容。

交接会计档案时，交接双方应当按照会计档案移交清册所列内容逐项交接，并由交接双方的单位负责人负责监督交接。交接完毕后，交接双方经办人和监交人应当在会计档案移交清册上签名或者盖章。

我国境内所有单位的会计档案不得携带出境。驻外机构和境内单位在境外设立的企业(简称境外单位)的会计档案，应当按照本办法和国家有关规定进行管理。

预算、计划、制度等文件材料，应当执行文书档案管理规定。

各省、自治区、直辖市人民政府财政部门、档案管理部门、国务院各业务主管部门、中国人民解放军总后勤部，可以根据本办法的规定，结合本地区、本部门的具体情况，制定实施办法，报财政部和国家档案局备案。

表9-1 企业和其他组织会计档案保管期限表

序号	档案名称	保管期限	备注
一、会计凭证类			
1	原始凭证	15年	
2	记账凭证	15年	
3	汇总凭证	15年	
二、会计账簿类			
4	总账	15年	包括日记总账
5	明细账	15年	
6	日记账	15年	现金和银行日记账25年
7	固定资产卡片	固定资产报废清理后5年	
8	辅助账簿		
三、财务报告类			包括各级主管部门
9	月、季度财务报告	3年	包括文字分析
10	年度财务报告(决算)	永久	包括文字分析
四、其他类			
11	会计移交清册	15年	
12	会计档案保管清册	永久	
13	会计档案销毁清册	永久	
14	银行余额调节表	5年	
15	银行对账单	5年	

说明：涉及外来和对私改造的会计凭证和账簿永久保存。

表 9-2 财政总预算、行政单位、事业单位和税收会计档案保管期限表

序号	档案名称	保管期限			备注
		财政总预算	行政单位事业单位	税收会计	
一、会计凭证类					
1	国家金库编送的各种报表及缴库退库凭证	10年		10年	
2	各收入机关编送的报表	10年			
3	行政单位和事业单位的各种会计凭证		15年		包括：原始凭证、记账凭证和传票汇总表
4	各种完税凭证和缴、退库凭证			15年	缴款书存根联在销号后保管2年
5	财政总预算拨款凭证及其他会计凭证	15年			包括：拨款凭证和其他
6	农牧业税结算凭证			15年	会计凭证
二、会计账簿类					
7	日记账		15年	15年	
8	总账	15年	15年	15年	
9	税收日记账(总账)和税收票证分类出纳账			25年	
10	明细分类账、分户账或登记簿	15年	15年	15年	
11	现金出纳账、银行存款账		25年	25年	
12	行政单位和事业单位固定资产明细账(卡片)				行政单位和事业单位固定资产报废清理后保管5年
三、财务报告类					
13	财政总预算	永久			
14	行政单位和事业单位决算	10年	永久		
15	税收年报(决算)	10年		永久	
16	国家金库年报(决算)	10年			
17	基本建设拨、贷款年报(决算)	10年			
18	财政总预算会计旬报	3年			所属单位报送的保管2年
19	财政总预算会计月、季度报表	5年			所属单位报送的保管2年
20	行政单位和事业单位会计月、季度报表		5年		所属单位报送的保管2年
21	税收会计报表(包括票证报表)			10年	电报保管1年，所属税务机关报送的保管3年
四、其他类					
22	会计移交清册	15年	15年	15年	
23	会计档案保管清册	永久	永久	永久	
24	会计档案销毁清册	永久	永久	永久	

9.2 会计职业道德

不同的职业具有不同的特点，从事任何职业除了要遵守一般的公共道德外，还要遵守相应的职业道德。会计职业相比其他职业，由于工作内容是接触一个单位最核心的东西，因此，相对其他职业有较高的职业道德要求。

9.2.1 职业道德的含义和作用

会计职业道德是会计职业活动中应遵循的、体现会计职业特征的、调整会计职业关系的职业行为准则和规范。在市场经济条件下，会计职业活动中的各种经济关系日趋复杂，这些经济关系的实质是经济利益关系。在我国社会主义市场经济建设中，各经济主体的利益与国家利益、社会公众利益时常发生冲突。会计职业道德可以配合国家法律制度，调整职业关系中的经济利益关系，维护正常的经济秩序。会计职业道德允许个人和各经济主体获取合法的自身利益，但反对通过损害国家和社会公众利益而获取违法利益。会计职业道德是规范会计行为的基础，是实现会计目标的重要保证，也是会计人员提高素质的内在要求。

会计职业道德具有相对稳定性。会计是一门实用性很强的经济学科，是为加强经营管理，提高经济效益，规范市场经济秩序，维护社会公众利益服务的。市场经济的客观性是通过价值规律表现出来的。任何社会和个人，对于客观经济规律，只能在认识的基础上，去主动适应、掌握和运用它，而不能去改造它，更不能违背它。在市场经济活动中，作为对单位经济业务事项进行确认、计量、记录和报告的会计，会计标准的设计，会计政策的制定，会计方法的选择，都必须遵循其内在的客观经济规律和要求。正是由于人们面对的是共同的客观经济规律，因此，会计职业道德主要依附于历史继承性和经济规律，在社会经济关系不断的变迁中，保持自己的相对稳定性。没有任何一个社会制度能够容忍虚假会计信息，也没有任何一个经济主体会允许会计人员私自向外界提供或者泄露单位的商业秘密，会计人员在职业活动中诚实守信、客观公正等是会计职业的普遍要求。

会计职业道德具有广泛的社会性。会计职业道德是人们对会计职业行为的客观要求。从受托责任观念出发，会计目标决定了会计所承担的社会责任。尤其是随着企业产权制度改革的不断深化，会计不仅要为政府机构、企业管理层、金融机构等提供符合质量要求的会计信息，而且要为投资者、债权人及社会公众服务。医生职业道德的优劣影响的是一个或几个患者，而会计因其服务对象涉及社会的方方面面，提供的会计信息是公共产品，所以会计职业道德的优劣将影响国家和社会公众利益。会计职业的社会公众利益性，要求会计人员客观公正，在会计职业活动中，发生道德冲突时要坚持准则，把社会公众利益放在第一位。

我国会计职业道德中的许多内容都直接纳入了会计法律制度。如我国《会计法》、《会计基础工作规范》等规定了会计职业道德的内容和要求。但会计职业道德与法律制度在性质上、作用范围、表现形式及实施保障机制都有不同之处。

会计职业道德的作用主要体现在以下几个方面。

(1) 会计职业道德是对会计法律制度的重要补充。会计法律制度是会计职业道德的最低要求，会计职业道德是对会计法律规范的重要补充，其作用是其他会计法律制度所不能替代的。例如，会计法律只能对会计人员不得违法的行为做出规定，不宜对他们如何爱岗敬业、提高技能、强化服务等提出具体要求，但是，如果会计人员缺乏爱岗敬业的热情和态度，没有必要的职业技能和服务意识，则很难保证会计信息达到真实、完整的法定要求。很显然，会计职业道德可以对此起很重要的辅助和补充作用。

(2) 会计职业道德是规范会计行为的基础。动机是行为的先导，有什么样的动机就有什么样的行为。会计行为是由内心信念来支配的，信念的善与恶将导致行为的是与非。会计职业道德对会计的行为动机提出了相应的要求，如诚实守信、客观公正等，引导、规劝、约束会计人员树立正确的职业观念，遵循职业道德要求，从而达到规范会计行为的目的。

(3) 会计职业道德是实现会计目标的重要保证。从会计职业关系角度讲，会计目标就是为会计职业关系中的各个服务对象提供有用的会计信息。能否为这些服务对象及时提供相关的、可靠的会计信息，取决于会计职业者能否严格履行职业行为准则。如果会计职业者故意或非故意地提供了不充分、不可靠的会计信息，会严重背离会计目标，造成会计信息严重失真，使服务对象的决策失误，甚至导致社会经济秩序混乱。因此，会计职业道德规范约束着会计人员的职业行为，是实现会计目标的重要保证。

(4) 会计职业道德是会计人员提高素质的内在要求。社会的进步和发展，对会计职业者的素质要求越来越高。会计职业道德是会计人员素质的重要体现。一个高素质的会计人员应当做到爱岗敬业、提高专业胜任能力，这不仅是会计职业道德的主要内容，也是会计职业者遵循会计职业道德的可靠保证。倡导会计职业道德，加强会计职业道德教育，并结合会计职业活动，引导会计职业者进一步加强自我修养，提高专业胜任能力，有利于促进会计职业者整体素质的不断提高。

9.2.2 会计职业道德规范

1. 爱岗敬业

正确认识会计职业，树立爱岗敬业的精神。爱岗敬业要求会计人员充分认识本职工作在整个经济和社会事业发展过程中的地位和作用，珍惜自己的工作岗位，树立职业责任感和荣誉感，忠实地履行自己的职责，刻苦钻研业务，不断提高技能，勇于革新，争当会计的行家里手。

2. 诚实守信

诚实是指言行跟内心思想一致，不弄虚作假、不欺上瞒下，做老实人、说老实话、办老实事。守信就是遵守自己所做的承诺，讲信用、重信用、信守诺言，保守秘密。

诚实守信对会计人员的基本要求：第一，做老实人，说老实话，办老实事，不弄虚作假；第二，保密守信，不为利益所诱惑；第三，执业谨慎，信誉至上。

3. 廉洁自律

"不受曰廉，不污曰洁"。"自律"是指自律主体按照一定的标准，自己约束自己、自己控制自己的言行和思想的过程。自律的核心在于用道德观念自觉地抵制自己的不良欲望。

廉洁自律对会计人员的基本要求：第一，树立正确的人生观和价值观；第二，公私分明，不贪不占；第三，遵纪守法，尽职尽责。

4. 客观公正

客观是指按事物的本来面目去反映，不掺杂个人的主观意愿，也不为他人意见所左右，既不夸大，也不缩小。对于会计职业和会计工作而言，客观主要包括以下含义：一是真实性，即以客观事实为依据，真实地记录和反映实际经济业务事项；二是可靠性，即会计核算要准确，记录要可靠，凭证要合法。

5. 坚持准则

坚持准则是指会计人员在处理业务过程中，严格按照会计法律制度办事，不为主观或他人意志左右。这里准则不仅包括会计准则，而且包括会计法律、国家统一的会计制度以及与会计工作相关的法律制度。

会计人员在进行核算和监督的过程中，只有坚持准则，才能以准则作为自己的行动指南，在发生道德冲突时，才能以准则作为自己的行动指南，在发生道德冲突时，应坚持准则，以维护国家利益、社会公众利益和正常的经济秩序。

坚持准则要求会计人员要熟悉准则，会计人员应了解和掌握《会计法》和国家统一的会计制度及与会计相关的法律制度。如正确领会会计法律法规、会计准则、会计制度，而且也应根据自己的实际需要，了解和熟悉与会计相关的经济法律制度，如税收、金融、证券、票据、合同等法律制度，熟悉本部门、本单位内部制定的管理制度，如内部控制制度、财务管理制度等；同时要遵守准则即执行准则时应不折不扣。市场经济是利益经济。在企业的经营活动中，国家利益、集体利益与单位、部门及个人利益时常发生冲突。会计人员坚持准则，不仅是对法律负责，对国家、社会公众负责，也是对单位负责人和自己负责。

6. 提高技能

会计是一门不断发展变化、专业性很强的学科，它与经济发展有密切的联系。近年来，随着市场经济的发展和经济全球化进程的加快，特别是我国加入世界贸易组织后，会计改革不断深入，会计专业性和技术性日趋复杂，对会计人员所应具备的职业技能要求也越来越高。加之一些新经济事物不断涌现，如衍生金融工具的出现、人力资源价值的计量与核算、通货膨胀、经济全球化带来的外币兑换等，都给会计科学的发展注入了新的动力，也给会计服务提出了更高的要求。

会计人员是会计工作的主体。会计工作质量的优劣，一方面受会计人员技能水平的影响，包括会计人员对会计原则、制度的理解、掌握的程度，对客观事物的判断能力等；另一方面受会计人员道德品行的影响，包括对会计工作的认识态度、工作作风、对道德冲突的正确解决等。会计人员的道德品行是会计职业道德的根本和核心，会计人员的技能水平是会计人员职业道德水平的保证。没有娴熟的会计技能，再好的个人道德品行，也无法干好会计工作。提高技能要求会计人员提高职业技能和专业胜任能力，以适应工作需要。职业技能也可称为职业能力，是人们进行职业活动、承担职业责任的能力和手段。就会计职业而言，它包括会计理论水平，会计实务能力，职业判断能力，自动更新知识能力，提供会计信息的能力，沟通交流能力以及职业经验等。提高技能是指会计人员通过学习、培训和实践等途径，持续提高上述职业技能，以达到和维持足够的专业胜任能力的活动。

7. 参与管理

参与管理就是间接参加管理活动，为管理者当参谋，管理活动服务。会计人员在参与管理过程中并不直接从事管理活动，只是尽职尽责地履行会计职责，间接地从事管理活动或者参与管理活动，为管理活动服务。

参与管理要求会计人员要努力钻研业务，熟悉财经法规和相关制度，提高业务技能，为参与管理打下坚实的基础；要熟悉服务对象的经营活动和业务流程，使参与管理的决策更具有针对性和有效性。

8. 强化服务

强化服务基本含义是指会计人员具有文明的服务态度、强烈的服务意识和优良的服务质量。会计是一项服务性很强的管理工作，当好参谋，为企业经济管理服务，是新时期赋予会计人员的职业道德要求。文明服务是会计职能的核心，在建设社会主义市场经济体制的历史时期，新的经济环境及企业相关利益主体的多样化要求强化会计的服务职能。一是政府必须依靠会计信息进行宏观经济调控；二是企业经营者必须利用会计加强经营管理；三是会计主体的各种利益相关者必须依靠会计进行投资等方面的决策。会计人员服务态度直接关系到会计行业的声誉和全行业运作的效率，会计人员服务态度好、质量高，做到讲文明、讲礼貌、讲信誉、讲诚信、坚持准则、严格执法、服务周到，就能提高会计人员职业的信誉，增强会计职业的生命力，反之，就会影响会计职业的声誉，甚至直接影响到全行业的生存和发展。

会计人员要强化服务意识，文明服务。会计人员要树立强烈的服务意识，不论是为经济主体服务还是为社会公众服务，都要摆正自己的工作位置。不要认为自己管钱管账，就高人一等；不要认为会计职业在社会上吃香，就不敬业、就马马虎虎；不要认为自己在工作中可以参与管理决策，就自命不凡。要树立强烈的服务意识，管钱管账是自己的工作职责，参与管理是自己的义务，会计职业受社会尊重是因为会计职业在社会上的信誉高、服务质量好。会计人员要在内心深处树立服务意识，为管理者服务、为所有者服务、为社会公众服务。会计人员还要不断提高服务质量。质量上乘，并非无原则地满足服务主体的需要，而是在坚持原则、坚持会计准则的基础上尽量满足用户或服务主体的需要。服务不仅要讲文明，还要讲质量，更要不断开拓创新，利用会计数据、会计信息，满足不同对象的需要。

9.3 会计考试

会计工作是一种专业性、技术性较强的工作，会计也会不断随社会经济的发展而发展。因此，要从事会计工作，就需要相应的基本知识和操作技能，需要一种行业准入的资质证明，这可以通过相应的会计考试取得。会计是一种需要终身学习才能适应的职业。

9.3.1 会计从业资格考试(会计证考试)

会计从业资格考试即会计证考试，是由各地财政部门统一组织的从业资格考试。我国《会计法》第三十八条规定：从事会计工作的人员，必须取得会计从业资格证，一经取得，全国有效。由于各地情况的不同，国家对该考试实行全国统一考试大纲，教材由各地财政局负责编写，具体考试时间及实施也是由当地财政局统一安排的。

一般而言，具备以下资格者均允许参加考试。坚持原则，具备良好的道德品质；遵守国家法律、法规；具备一定的会计专业知识和技能；热爱会计工作，秉公办事。考试没有学历限制。

考试科目一般包括为3门，分别为《财经法规与会计职业道德》、《会计基础》、《初级会计电算化》，其中《初级会计电算化》为参加财政部门组织的日常考试或珠算协会组织的定级考试取得。大学本科会计学专业已经毕业的学生，自毕业之日起2年内（含两年），可免试部分科目。考试通过后，由省级财政部门核发资格证书，作为从事会计职业的书面凭证。

会计资格证实行年检制度。异地取得的资格证书，在当地使用时须按规定办理迁移手续。关于会计从业资格证的有关事项，可咨询当地财政部门。

9.3.2 会计专业技术资格考试(会计职称考试)

会计专业技术资格考试是由国家财政部和人事部共同组织的全国统一考试，分为初级资格和中级资格两个级别，考试通过后分别核发会计初级和中级资格证书，是参加评审会计系列初级职称和中级职称的必备条件之一。

参加会计专业技术中级资格考试的人员，在连续两个考试年度内，全部科目考试均合格者，可获得会计专业技术中级资格证书；参加会计专业技术初级资格考试的人员，必须在一个考试年度内通过全部科目的考试，可获得会计专业技术初级资格证书。初级和中级证书全国通用。

1. 考试科目

(1) 初级资格：考试科目包括《经济法基础》和《初级会计实务》。

(2) 中级资格：考试科目包括《财务管理》、《经济法》和《中级会计实务》。

2. 报名基本条件

按财政部、人事部联合印发的《<会计专业技术资格考试暂行规定>及其实施办法》（财会[2000]11号）规定，报名参加会计专业技术资格考试的人员，应具备下列基本条件。

(1) 坚持原则，具备良好的职业道德。

(2) 认真执行会计和其他财经法律、法规，无违反财经纪律的行为。

(3) 履行岗位职责，热爱本职工作。

(4) 具备会计从业资格，持有《会计从业资格证》。

报考初级会计专业技术资格考试的人员，除应具备以上基本条件外，还必须具备教育部门认可的高中毕业以上学历。

报考中级会计专业技术资格考试的人员，除应具备以上基本条件外，还必须具备下列条件之一。

(1) 从事会计工作满五年，具有大学专科学历。

(2) 从事会计工作满四年，具有大学本科学历。

(3) 从事会计工作满二年，具有双学士学位或研究生毕业。

(4) 从事会计工作满一年，具有硕士学位。

(5) 取得博士学位。

准备参加考试者按规定到当地财政局会计资格考试管理机构报名，报名时间一般为上

年度11月份左右，下年度4、5月份考试。关于会计专业技术资格考试的有关事项，可咨询当地财政部门。

高级会计师资格的取得采取考评结合的方式。高级会计师资格考评结合工作中的考试（以下简称高级会计师资格考试）由国家统一组织，考试科目为《高级会计实务》，一般在5月中下旬至6月中旬报名，考试时间为210分钟。各地根据自身情况制定了相应的"高级会计师评审条件"，一般要求本科学历取得会计中级职称5年以上（其他更高学历类推），同时有发表一定数量和要求的论文或出版专著，或是获得相关奖励的要求，还要求通过职称外语考试和规定的计算机考试。

同时，部分省市开展了教授级高级会计师资格（正高职称）的评价试点。如浙江省2010年发布了《浙江省教授级高级会计师资格评价条件（试行）》，从学历（至少本科）、工作时间（取得高级会计资格5年以上）、是否有特殊贡献、全国计算机应用能力考核、外语要求、公开出版专著或发表论文等方面，对取得教授级高级会计师资格进行了规范。

9.3.3 会计执业资格考试(注册会计师考试)

1. 考试和注册

注册会计师(CPA)是依法取得注册会计师证书并接受委托从事审计和会计咨询、会计服务业务的执业人员。

国家实行注册会计师全国统一考试制度。注册会计师全国统一考试办法，由国务院财政部门制定，由中国注册会计师协会组织实施。目前，考试划分为专业阶段考试和综合阶段考试。考生在通过专业阶段考试的全部科目后，才能参加综合阶段考试。专业阶段考试设：《会计》、《审计》、《财务成本管理》、《公司战略与风险管理》、《经济法》、《税法》6个科目；综合阶段考试设《职业能力综合测试》1个科目。会计考试时间为180分钟，《审计》、《财务成本管理》考试时间各为150分钟；《审计》、《财务成本管理》、《公司战略与风险》考试时间各为120分钟；综合阶段考试，《职业能力综合测试（试卷一）》、《职业能力综合测试（试卷二）》考试时间各为210分钟。考试方式为闭卷、笔试；客观性试题采用填涂答题卡方式解答，主观性试题采用书写文字方式解答；各科考试均实行百分制，60分为成绩合格分数线。各科指定的个别题目可用英文解答，正确的可比中文解答多得5分。

专业阶段6科考试，报考人员可同时报考6个科目，也可选择报考部分科目。专业阶段考试的单科考试合格成绩5年内有效。对在连续5个年度考试中取得专业阶段考试全部科目考试合格成绩的考生，财政部考委会颁发注册会计师全国统一考试专业阶段考试合格证书。考生向参加专业阶段考试最后一科考试所在地的地方考办领取。综合阶段考试科目应在取得注册会计师全国统一考试专业阶段考试合格证书后5个年度考试中完成。对取得综合阶段考试科目考试合格成绩的考生，财政部考委会颁发注册会计师全国统一考试全科考试合格证书，全科合格证书只证明考试成绩合格，不做其他用途。

报考条件：高等专科及以上学历，或具有会计或相关专业中级以上职称。(报考注册会计师无专业限制、无须会计证)

报名时间：每年3月中旬至4月中旬。以当地注册会计师协会通知时间为准。

考试时间：每年9月中旬。以当地注册会计师协会通知时间为准。

具有会计或相关专业高级技术职称的人员(包括学校及科研单位中具有会计或相关专业副教授、副研究员以上职称者),可以按规定申请免试一门专长科目。

在领取全国考试委员会颁发的全科合格证书后,可申请成为中国注册会计师协会会员。由注册会计师协会发给国务院财政部门统一制定的注册会计师证书。取得财政部统一制定的中华人民共和国注册会计师证书的注册会计师应依法执行业务。注册会计师协会应当对注册会计师的任职资格和执业情况进行年度检查。

注册会计师协会是由注册会计师组成的社会团体。中国注册会计师协会是注册会计师的全国组织,省、自治区、直辖市注册会计师协会是注册会计师的地方组织。中国注册会计师协会依法实施注册会计师的行业管理。

注册会计师分执业会员和非执业会员两种。执业注册会计师指已经通过注册会计师考试,获得注册会计师证书,并从事独立审计业务两年以上的,可以向省、自治区、直辖市注册会计师协会申请注册为执业注册会计师。非执业注册会计师指通过注册会计师考试,获得注册会计师证书,但未在会计师事务所从事注册会计师业务的注册会计师。执业和非执业注册会计师资格可在满足规定的条件时互相转换,这些条件由中国注册会计师协会确定。

截止到2009年12月31日,执业注册会计师89 725人。

2. 注册会计师业务范围

注册会计师可承办下列审计业务:①审查企业会计报表,出具审计报告;②验证企业资本,出具验资报告;③办理企业合并、分立、清算事宜中的审计业务,出具有关的报告;④法律、行政法规规定的其他审计业务。注册会计师依法执行审计业务出具的报告,具有证明效力。

在实际工作中,注册会计师法还可根据国家法律、行政法规接受委托,对以下特殊目的的业务进行审计。

(1) 按照企业会计准则和相关会计制度以外的其他基础(简称特殊基础)编制的财务报表。

(2) 财务报表的组成部分。

(3) 合同的遵守情况。

(4) 简要财务报表。

注册会计师还可以承办会计咨询等会计服务业务,但注册会计师对在执行业务中知悉的商业秘密,负有保密义务。

3. 会计师事务所

会计师事务所是依法设立并承办注册会计师业务的机构。注册会计师执行业务,应当加入会计师事务所。会计师事务所可以由注册会计师合伙设立;符合规定条件的,也可以是负有限责任的法人。

截至2010年10月31日,中注协有团体会员(会计师务所)7 790家(含分析799家),个人会员近18万人,其中注册会计师95 378人,非执业会员8.3万余人,全行业从业人员30万人。注册会计师提供服务的企业超过350万家。四大国际会计公司,即普华永道(PWC)、毕马威(KPMG)、德勤(DDT)和安永(EY)都在中国开设了分支机构。

9.3.4 国外在华主要会计考试简介

目前，可在国内参加考试、国外认证的会计师资格证书主要有5种：ACCA(英国特许公会会计师认证)、AIA(国际会计师专业资格证书)、CGA(加拿大注册会计师)、CMA(美国管理会计师协会)、ASCPA(澳大利亚注册会计师协会)。这些考试都是纯英文的，因此报考者的英语水平必须过硬才行。

1. ACCA(英国特许公会会计师认证)

ACCA 作为国际上最权威的会计师组织，ACCA 被称为"会计师界的金饭碗"。其会员资格在国际上得到广泛认可。英国立法许可 ACCA 会员从事审计、投资顾问和破产执行的工作，有资格直接在欧盟国家执业。目前，该考试每年2次，分别在6月和12月。参加 ACCA 的考试，首先要注册，注册时间的早晚决定第一次参加考试的时间。比如，现在至12月15日注册报名，最早可以参加明年6月的考试。具有教育部承认的大专以上学历或教育部认可的高等院校在校生(顺利通过第一年所有课程的考试)即有注册资格。ACCA 考试科目有14门，分为3部分，学员必须按科目的先后次序报考，每次最多报考4门。第一部分、第二部分和第三部分的选择课程每科成绩在合格后可予以保留。第三部分最后3门核心课程须同时报考、同时通过。3门中若只有一门通过，则通过的这门成绩也不能保留，3门课均需重考；若3门中有两门通过，且另一门为30~49分，则没通过的那门有两次补考机会，在随后的两次考试中通过，3门课也可视为全部通过；不然，3门课均需重考。所有14门课考试必须在学员报名注册后10年内完成。

2. AIA(国际会计师专业资格证书)

AIA 是以英国为基础的国际会计师公会所授予的国际会计师专业资格证书，AIA 是五个受到英国法令承认的专业资格认证实体之一，并且 AIA 会计专业资格还被认可为公司审计师的专业资格认证。AIA 考试共16门课程分为4个阶段。必须在10年内全部通过，每个阶段都有相应的阶段认证书。前12门课每年可考4次，报考不分先后顺序，分别在1月、6月、7月和12月。最后4门考试时间为每年6月、12月，必须在前两个阶段全部通过后，才可报考。AIA 对报考者没有特殊的学历要求，国际会计师公会设立免考制度，学员依据规则可申请免考一些科目。

3. CGA(加拿大注册会计师协会)

CGA 是国际公认的会计专业资格认定机构。其会员可在加拿大执业，独立签署审计报告。考试期限为6年，6年内学员获得了学士或学士以上学位；通过全部 CGA 考试，有两年或两年以上会计相关工作经验，就可获取 CGA 资格。CGA 课程分为4个级别和综合考试共18门课程。根据规定会计本科可免考8~9门课程。

4. CMA(美国注册管理会计师认证考试)

CMA 是由美国管理会计学会(IMA)建立的专业证照制度。在许多国家和著名的跨国公司都得到了广泛的承认。参加管理会计师(CMA)考试必须先加入 IMA 会员。在取得会员号后便可申请报考 CMA 考试。考试内容分4科，考试成绩4年有效。若有任何一科目未通过，可申请重考(无须时间间隔)，但一年内重考同一科的次数不可多于 3 次。考生如果想重新参加某一门考试，至少要在上一次考试之后 90 天。CMA 与注重于传统财务会计领域的 CPA、ACCA 等认证有良好的互补性。CMA 考试采用计算机考试(闭卷)，全球的考试标准是相同的。在中国，北京、上海、广州、哈尔滨、南京、西安、长沙等地都有考点。

5. ASCPA(澳大利亚注册会计师协会)

ASCPA 是澳大利亚最大的会计师组织，在国际上具有相当的知名度，会员享有审计报告签字权。该资格考试共有 16 门，对于通过中国注册会计师考试的学员可以免考 4 门，每门课只允许一次补考，每年 7 月和 12 月考试两次。报名条件是大学本科毕业，IELTS 成绩 6 分以上。

9.4 会计机构与会计人员

会计机构是各单位办理会计事务的职能机构，会计人员指直接从事会计工作的人员。建立健全会计机构，配备数量和素质正当、具备从业资格的会计人员，是各单位做好会计工作，充分发挥会计职能作用的重要保证。

9.4.1 会计机构的设置

1. 根据业务需要设置会计机构

《会计法》对各单位是否设置会计机构，规定为"应当根据会计业务的需要"来决定，即各单位可以根据本单位的会计业务繁简情况决定是否设置会计机构。为了科学、合理地组织开展会计工作，保证本单位正常的经济核算，各单位原则上应设置会计机构。考虑到单位有大小，业务有繁简，如果"一刀切"，要求每个单位都必须设置会计机构，势必脱离实际，而且，是否设置机构，设置哪些机构，应当是单位的内部事务，不宜由法律来强制规定。因此，《会计法》规定各单位根据自身的情况自行决定是否设置会计机构。但是，无论是否需要设置会计机构，会计工作必须依法进行，不能因为没有会计机构而对会计工作放任不管，这是法律所不允许的。

从有准备发挥会计职能作用的角度看，实行企业化管理的事业单位，大、中型企业(包括集团公司、股份有限公司、有限责任公司等)，应当设置会计机构；业务较多的行政单位、社会团体和其他组织也应设置会计机构。而对那些规模很小的企业、业务和人员都不多的行政事业单位等，可以不单独设置会计机构，可以将业务并入其他职能部门，或者进行代理记账。

会计机构一般有集中核算和分散核算两种工作组织形式。集中核算是指企业的会计工作全部集中在会计部门进行核算。采用集中核算的组织形式，企业内部各部门单位对其本身发生的经济业务，只办理编制原始凭证手续，并定期将各种原始凭证送交会计部门，由会计部门审核无误后，据以进行会计核算。集中核算的组织形式便于会计人员进行合理分工，减少核算层次，加速核算工作，统一调度资金，提高资金使用效率和工作效率，节约核算费用。但该种组织形式不便于企业内部有关部门单位进行经营决策、分析和控制管理。

分散核算是指企业内部各部门单位，对其本身发生的经济业务进行较全面的核算。采用分散核算的组织形式，有关实行会计核算的部门单位设置会计机构，单独进行编制和审核会计凭证，设置和登记账簿，独立计算盈亏，并定期编制企业内部会计报表、报送会计部门，以便编制合并会计报表。分散核算组织形式便于各部门单位利用日常会计资料，进行经营管理，调动其经济核算的积极性。但这种核算的组织形式增多了核算层次，不利于资金的统一调度和使用，只有具备相当规模的企业，由于其业务范围广、经营项目多，为便于经营项目的管理和核算，才采用分散管理的核算组织形式。在实际工作中，企业可根据自己的业务规模及核算要求，决定其会计核算的组织形式。但无论采用哪一种组织形式，企业同银行的往来，以及债权、债务的核算，资金的调度使用，都应通过企业本部的会计部门来办理。

关于会计机构的称谓，各单位叫法不一，有的称"财务部(处、科、股)"、"会计部"、"计财部"、"财会部"等。考虑到这些现实情况，《会计法》没有对会计机构的名称作统一规定，而是统称为"会计机构"。另外，《会计法》在文字上表述为"设置会计机构"，而没有使用"单独设置会计机构"的字样，以避免因措词原因造成将财务与会计等机构分别设置的误解，从而给基层单位的会计工作带来不必要的麻烦。事实上，许多单位的财务工作与会计工作是紧密联系在一起的。

2. 不设置会计机构的单位应设置会计人员并指定会计主管人员

根据《会计法》的规定，不能设置会计机构的单位，应当在有关机构中设置会计人员并指定会计主管人员，这是提高工作效率，明确岗位责任的内在要求，同时也是由会计工作的专业性、政策性所决定的。"会计主管人员"是《会计法》的一个特指概念，不同于通常所说的"会计主管"、"主管会计"、"主办会计"等，而是指负责组织管理会计事务、行使会计机构负责人职权的负责人。《会计法》没有对如何配备会计机构负责人做出具体的规定，主要考虑在现实中，凡是设置会计机构的单位，都配备了会计机构负责人。但是，对于没有设置会计机构、只在其他机构中配备一定数量专职或兼职会计人员的单位，《会计法》规定应在会计人员中指定会计主管人员，目的是强化责任制度，防止出现会计工作无人负责的局面。会计主管人员作为中层管理人员，行使会计机构负责人的职权，按照规定的程序任免。

3. 不具备设置会计机构条件的，可以实行代理记账

《会计法》第三十六条规定，"不具备设置会计机构和会计人员条件的，应当委托经批准设立从事会计代理记账业务的中介机构代理记账"。从事代理记账业务中介机构，是我国近年发展起来的新的社会性服务机构，随着我国经济的迅速发展，经济组织形式发生了很大变化，民营经济、个体经济得到大力发展。有些经济组织的经营规模较小，人员不多，不可能也没有必要设置专门的会计机构或者配备专职的会计人员，其业务可委托代理记账业务的中介机构完成。财政部于1994年6月23日发布了《代理记账管理暂行办法》，作为《会计法》的配套规章，对代理记账机构设置的条件、代理记账的业务范围、代理记账机构设置的条件、代理记账机构与委托人的关系、代理记账人员应遵循的道德规则等作了具体的规定。

第 9 章 会计规范与会计管理

9.4.2 内部控制与会计人员岗位设置

1. 会计人员

从事会计工作的人员，必须取得会计从业资格证书。一般会计人员主要是进行会计核算和会计监督及其他会计事务。担任单位会计机构负责人(会计主管人员)的，除取得会计从业资格证书外，还应当具备会计师以上专业技术职务资格或者从事会计工作 3 年以上经历。会计主管人员是各单位会计工作的组织者和领导者。

关于会计人员配备数量、岗位设置等问题，《会计法》也没有做出具体规定，主要考虑一个单位究竟需要配备多少会计人员，设置多少会计岗位，取决于单位的组织结构形式和业务工作量、经营规模等因素，不同的单位有不同的要求，法律不可能设定出适应所有单位应当配备多少会计人员、设置哪些会计岗位的标准。对此，可以通过有关规章予以明确。财政部发布的《会计基础工作规范》，对会计人员配备、会计岗位设置的原则作了规定，会计工作岗位，可以一人一岗、一人多岗或者一岗多人。会计岗位可以包括：会计机构负责人或者会计主管人员、出纳、财产物资核算、工资核算、成本费用核算、财务成果核算、资金核算、往来核算、总账报表、稽核、档案管理等。这种设置方法，基本上包括了会计业务的主要内容和主要方面，为各单位配备会计人员，建立岗位责任制提供了参考方案。小型企业因业务量较少，应适当合并减少岗位设置，例如，可设置出纳、总账报表和明细分类核算等会计岗位。

国有和国有资产占控股地位或者主导地位的大、中型企业必须设置总会计师。总会计师的任职资格、任免程序、职责权限由国务院规定。总会计师是一种行政职务，而非技术职称(如会计初级、中级、高级职称)。总会计师负责组织本单位下列工作：编制和执行预算、财务收支计划、信贷计划，拟定资金筹集和使用方案，开辟财源，进行成本费用的预测、计划、控制、核算、分析和考核，建立健全经济核算制度，负责本单位会计机构的设置和会计人员的配置，协助单位行政领导对生产经营或业务发展作出决策，参与新产品开发、技术改造、价格制定及分配等方案制定，参与重大经济合同和经济协议的研究和审查。

会计人员因工作调动、长假或离职，必须与接管人员按规定办清交接手续。一般会计人员办理交接手续，由会计机构负责人(会计主管人员)监督交接；会计机构负责人(会计主管人员)办理交接手续，由单位负责人监督交接，必要时主管单位可以派人会同监督交接。

会计人员应当遵守职业道德，按规定接受继续教育，不断提高业务素质。会计人员应当保守本单位的商业秘密。除法律规定和单位领导人同意外，不能私自向外界提供或者泄露单位的会计信息。会计人员应当熟悉本单位的生产经营和业务管理情况，运用掌握的会计信息和会计方法，为改善单位内部管理、提高经济效益服务。

2. 会计人员的职责和权限

1) 会计人员的职责

会计人员要及时提供真实可靠的会计信息，认真执行和维护国家财经制度和财经纪律及单位财务制度规定，积极参与管理，提高经济效益。根据《会计法》的规定，会计人员的职责主要有以下几个方面。

(1) 进行会计核算。这是会计人员最基本的职责。会计人员应根据实际发生的经济业

务进行会计核算，填制会计凭证、登记会计账簿、编制财务报告。要做到手续完备、内容真实、数字准确、账目清楚、日清月结、按时报账、如实反映，满足国家宏观经济管理、企业内部管理和有关方面了解本单位财务状况、经营成果和财务收支情况的需要。

(2) 实行会计监督。会计人员应对本单位进行会计监督，对原始凭证进行审查，对不合法、不真实的原始凭证不予受理；对伪造、变造、故意毁灭会计账簿、会计凭证或账外设账的行为应当制止和纠正；建立健全并严格执行财产物资管理制度，对账簿记录与实物、款项不符的，应按规定处理，无权自行处理的，应立即向本单位行政领导报告，请求查明原因，做出处理；对指使、指令伪造、篡改财务报告的行为，应制止和纠正，制止纠正无效的，应立即向上级主管单位报告，请求处理；对财务收支进行监督；对违反单位内部会计管理制度的经济活动，应制止和纠正，制止纠正无效的，应向单位领导人报告，请求处理；对单位制定的预算、财务计划、经济计划、业务计划的执行情况进行监督。

各单位必须接受审计机关、财政机关和税务机关依照法律法规进行的监督，如实提供会计凭证、账簿和报表、其他会计资料及有关情况，不得拒绝、隐匿和谎报。

(3) 拟定本单位办理会计事务的具体办法。国家法律法规一般只作一般性规定，各单位要依据法律法规，根据本单位的具体情况，建立健全本单位的会计事项处理办法。如建立会计从中央到地方岗位责任制、内部牵制和稽核制度、费用开支报销办法等。

(4) 办理其他会计事务。会计人员应积极参加本单位的经济管理工作，努力为管理工作提供更多会计信息。

2) 会计人员的权限

(1) 有权要求本单位有关部门、人员认真执行国家批准的计划、预算，遵守法律、财经纪律和财务、会计制度。

(2) 有权参与本单位编制计划、制定定额、签订经济合同，参加有关的生产和经营管理会议。

(3) 有权监督、检查本单位有关部门的财务收支、奖金使用和财产保管、收发、计量、检验等情况。

为了保障会计人员行使其工作权限，各级领导和有关人员要加以支持，对会计人员反映的问题，要认真地调查处理，不允许对会计人员刁难、阻挠和打击报复。

会计人员的职责和权限在满足规定的基础上，须结合本单位实际来确定。

3. 内部会计控制与会计人员岗位设置

虽然一个单位究竟需要配备多少会计人员，设置多少会计岗位，与该单位的组织结构形式和业务工作量、经营规模等因素有关，不同的单位可能有不同的要求，但会计人员岗位的设置，除了满足需要，还必须考虑内部会计控制的要求。

为了促进各单位的内部会计控制建设，加强内部会计监督，维护社会主义市场经济秩序，财政部 2001 年 6 月 22 日发布了《内部会计控制规范——基本规范(试行)》和《内部会计控制规范——货币资金(试行)》。这两个规范对会计内部控制进行了详细的规定。

内部会计控制应当保证单位内部涉及会计工作的机构、岗位的合理设置及其职责权限的合理划分，坚持不相容职务相互分离，确保不同机构和岗位之间权责分明、相互制约、相互监督。出纳人员不得兼任稽核、会计档案保管和收入、支出、费用、债权债务账目的登记工作。单位不得由一人办理货币资金业务的全过程。单位应当对货币资金收支和保管业务建立严格的授权批准制度，办理货币资金业务的不相容岗位应当分离，相关机构和人员应当相互制约，确保货币资金的安全。单位应当加强银行预留印鉴的管理。财务专用章应由专人保管，个人名章必须由本人或其授权人员保管。严禁一人保管支付款项所需的全部印章。按规定需要有关负责人签字或盖章的经济业务，必须严格履行签字或盖章手续。

对会计电算化单位，要求运用电子信息技术手段建立内部会计控制系统，减少和消除人为操纵因素，确保内部会计控制的有效实施；同时要加强对财务会计电子信息系统的开发与维护、数据输入与输出、文件储存与保管、网络安全等方面的控制。

会计人员的工作岗位应当有计划地进行轮换。国家机关、国有企业、事业单位任用会计人员应当实行回避制度。单位领导人的直系亲属不得担任本单位的会计机构负责人、会计主管人员。会计机构负责人、会计主管人员的直系亲属不得在本单位会计机构中担任出纳工作。需要回避的直系亲属为：夫妻关系、直系血亲关系、三代以内旁系血亲及姻亲关系。

如果公司会计岗位设置和人员不当，业务交叉过杂，会计人员兼职过多，职责不明，都可能为营私舞弊创造条件。如会计人员既承担明细账的记账工作，也负责出纳的收款工作；再如支票管理内容未能考虑不相容职务分离问题，出纳开支票的全程一人独自进行。

 本章小结

本章简要介绍了会计规范体系的构成和基本内容，会计职业道德规范，各种会计考试及会计机构和会计人员的设置等有关基本知识，重点讲述了会计规范体系的内容。

 阅读材料

会计职业道德自律机制的本质与特征

1. 会计职业道德自律机制的本质

会计职业道德自律机制从本质上讲是会计职业人集体意志和责任的具体要求，而不是某一会计职业人个体的行为和意志要求；它是以或多或少的牺牲会计职业人个体利益为前提的，以体现整体利益的原则和规范为善恶标准，来调节会计职业人个人利益和职业整体利益的矛盾；它是通过会计职业道德自律管理体制设置、法律及制度安排、职业良心建立及约束、职业职责规范及自我评价等手段而实现会计职业整体利益要求的一种运转状态。建立会计职业道德自律机制有一点是不可忽视的，即自律以职业良心为核心，但是在个体职业道德没有达到完全成熟高度的情况下，就需要职业团体以职业价值目标为统帅，将职业道德的自律与他律有机结合，建立职业团体自我约束、自我控制的机制，这也就是说会计职业道德自律机制是一种不排斥他律的，而且要尽可能发挥他律职能作用的自律机制，这才可能是一种健全并行之有效的自律机制。在收回的 1 166 份问卷中，认为全部会计人员的职业道德来自会计法律、法规要求的占到了 66.49%，

说明在广大会计人员中会计职业道德应有相应的法律法规规范。

2. 会计职业道德自律机制的特征

由会计职业道德自律机制之本质所决定，会计职业道德自律机制的主要特征可概括为以下几点。

(1) 外在组织、制度安排与内在体验、意志和谐统一。会计职业道德自律机制以外在的管理体制、法律、制度安排为运行方式，同时它又以会计职业人职业良心体验、职业意志约束、职业责任限制等为主要内容的一种职业道德运行状态。如果没有外在组织、制度安排，而仅依靠职业良心、意志等，其作用必将是有限的。

(2) 经济目标与道德目标统一。会计职业道德自律机制的核心内容之一是会计职业道德自律的内在导向机制，内在的导向来源于目标，它规定了会计职业道德自律行为及其机制运行状况的评价标准，规定了会计职业道德行为的具体方向。最常见的基本目标是经济目标和道德目标，前者追求的是经济效益，后者追求的是职业信念、职业理想行为。这里经济效益包括社会经济效益和会计职业集体经济地位及经济利益，它规定了会计职业道德自律机制的最高评价标准是有用性和有效性；而追求职业信念和职业理想行为则规定了最高的职业标准是公正无私。会计道德自律机制只有达到实事求是、客观公正的境界，会计职业界才能获得相应的社会经济地位，实现提高经济效益宗旨。因此，会计职业道德自律机制具有经济目标与道德目标相一致的特点。

(3) 认识功能与调节功能的统一。会计职业道德自律机制通过管理机构设置、法律及制度安排等着重从会计职业人个体和职业整体的利益关系角度，明确并支持或限制、打击会计职业行为的善恶、准则、信念及理想，进而提出评价会计职业道德行为的标准和依据，这些都说明会计职业道德自律机制具有认识会计职业道德现实状况的基本功能。会计职业道德自律机制最突出、最重要的社会功能就是调节功能。这种调节功能是从现实生活中会计职业个人对待会计职业整体利益和其他个人利益的角度，来调节会计职业人的各种职业活动和职业关系；会计职业道德自律机制将会计职业人"应当怎样"的道德准则内化为调节职业道德的尺度；它从权利和义务两方面调节会计职业人的行为时，主要依其自身的固有规定和特有机理而实施调节；会计职业道德自律机制的调节功能，常常不是通过诉诸国家机器和惩罚手段(尽管有时也是必要的)，而主要诉诸舆论褒贬、沟通疏导、教育感化等，尤其注重于唤起人们的职业知耻心，培养人们的职业道义、责任感和善恶判断能力，因而一般不带有国家强制性质，其调节方式主要通过道义的力量去感化，去教育。

不难看出，会计职业道德自律机制的认识功能是基本的功能，调节功能是建立在认识功能之上的，但是，认识功能毕竟不能完全实现会计职业道德自律机制最终目标，因此调节功能是最重要、最突出的功能。二者是相辅相成、和谐统一共同发挥作用，实现自律机制目的和要求。

节选自《会计人员职业道德与自律机制研究》课题组论文《会计职业道德的自律机制》(《会计研究》2001 年第 1 期，38-42 页)

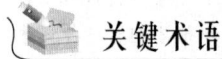

关键术语

会计规范　会计准则　会计制度　会计职业道德　会计从业资格证　会计职称　注册会计师　会计机构　会计人员　会计档案

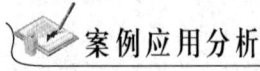

案例应用分析

资料：

万民公司是一家国有大型企业。2002 年 12 月，公司总经理针对公司效益下滑、面临亏损的情况，

第 9 章 会计规范与会计管理

电话请示正在外地出差的董事长。董事长指示把财务会计报告做得漂亮一些,总经理把这项工作交给公司总会计师,要求按董事长意见办。总会计师按公司领导意图,对当年度的财务会计报告进行了技术处理,虚拟了若干笔无交易的销售收入,从而使公司报表由亏变盈。经诚信会计师事务所审计后,公司财务会计报告对外报出。2003 年 4 月,在《会计法》执行情况检查中,当地财政部门发现该公司存在重大会计作假行为,依据《会计法》及相关法律、法规、制度,拟对该公司董事长、总经理、总会计师等相关人员进行行政处罚,并分别下达了行政处罚告知书。万民公司相关人员接到行政处罚告知书后,均要求举行听证会。在听证会上,有关当事人作了如下陈述。

公司董事长称:"我前一段时间出差在外,对公司情况不太了解,虽然在财务会计报告上签名并盖章,但只是履行会计手续,我不能负任何责任。具体情况可由公司总经理予以说明。"

公司总经理称:"我是搞技术出身的,主要抓公司的生产经营,对会计我是门外汉,我虽在财务会计报告上签名并盖章,那也只是履行程序而已。以前也是这样做的,我不应承担责任。有关财务会计报告情况应由公司总会计师解释。"

公司总会计师称:"公司对外报出的财务会计报告是经过诚信会计师事务所审计的,他们出具了无保留意见的审计报告。诚信会计师事务所应对本公司财务会计报告的真实性、完整性负责,承担由此带来的一切责任。"

要求:

根据我国会计法律、法规、制度规定,分析公司董事长、总经理、总会计师在听证会上的陈述是否正确,并分别说明理由。

分析与提示:

(1) 在分析董事长的陈述是否符合会计法律、法规、制度的规定时,应紧扣《会计法》对单位负责人会计责任的规定,并强调指出,这一规定不因单位负责人当时是否在场而改变,更何况该公司的会计造假行为实际上是由董事长授意指使的。

(2) 在分析总经理的陈述是否符合会计法律、法规、制度的规定时,应指出总经理和单位负责人、主管会计工作的负责人、会计机构负责人(会计主管人员)一样,都是财务会计报告的责任人,应承担相应的法律责任,不能以不懂会计专业相推脱。事实上,该公司总经理也参与了会计造假。

(3) 在分析总会计师的陈述是否符合会计法律、法规、制度的规定时,应重点分析会计责任与审计责任的关系,强调对财务会计报告的真实性、完整性负责是公司应承担的会计责任;同时也应指出,会计师事务所也应当承担相应的审计责任。

请查阅有关资料,并结合课堂学习谈谈你对这一问题的看法。

习　题

【思考题】

1. 我国会计规范体系分为哪几个层次?分别由哪些内容构成?
2. 什么是会计职业道德?会计职业道德规范有哪些内容?
3. 目前可在国内参加的会计考试有哪些?考试获得的证书有何用途?
4. 简述会计人员的职责和权限。
5. 应如何设置会计机构?设置会计机构应考虑哪些问题?

【练习题】

一、单项选择题

1. 会计人员对不真实、不合法的原始凭证应(　　)。

A. 不予受理 　　B. 予以退回 　　C. 更正补充 　　D. 无权自行处理

2. 会计人员对于违反制度、法令的事项，不拒绝执行又不向上级机关、财政部门报告的，应(　　)。
   A. 不负任何责任 　　　　　　　　B. 单独承担责任
   C. 同有关人员负连带责任 　　　　D. 承担全部责任

3. 小型企业要指定一名(　　)行使总会计师的职权。
   A. 厂长 　　B. 副厂长 　　C. 会计主管人员 　　D. 会计人员

4. 在一些规模小、会计业务简单的单位(　　)。
   A. 单独设置会计机构 　　　　　　B. 在其他有关机构中设置会计人员
   C. 不设置会计机构 　　　　　　　D. 在单位行政领导机构中设置会计人员

5. 集中核算是把(　　)会计工作主要集中在会计部门进行。
   A. 各职能部门的 　　　　　　　　B. 单位的部分
   C. 各生产经营部门的 　　　　　　D. 整个单位的

6. 有关货币资金的内部牵制原则，是指出纳人员(　　)。
   A. 不得兼管总账的登记 　　　　　B. 应兼管现金总账的登记
   C. 应负责会计档案的保管 　　　　D. 应负责债权债务账目的总分类核算

7. 会计档案销毁清册应该(　　)。
   A. 保管 5 年 　　B. 保管 10 年 　　C. 保管 15 年 　　D. 永久保管

8. 会计工作的管理体制是(　　)。
   A. 统一领导，分级管理 　　　　　B. 统一领导，统一管理
   C. 分级领导，分级管理 　　　　　D. 由单位行政领导人领导

9. 保管期满但未结清的债权债务原始凭证和涉及其他未了事项的原始凭证(　　)。
   A. 可以销毁 　　　　　　　　　　B. 保管期满 5 年后销毁
   C. 保管期满 10 年后销毁 　　　　D. 不得销毁，应单独抽出立卷

10. 年度会计报表的保存期限为(　　)。
    A. 15 年 　　B. 5 年 　　C. 25 年 　　D. 永久

11. 导致权责发生制的产生，以及预提、摊销等会计处理方法的运用的基本前提或原则是(　　)。
    A. 谨慎性原则 　　B. 历史成本原则 　　C. 会计分期 　　D. 货币计量

12. 会计主体假设规定了会计核算的(　　)。
    A. 时间范围 　　B. 空间范围 　　C. 成本开支范围 　　D. 期间费用范围

13. 会计核算的一般原则中，要求前后期提供相互可比的会计信息的原则是(　　)。
    A. 可比性原则 　　B. 一贯性原则 　　C. 配比原则 　　D. 权责发生制原则

14. 企业发生的下列支出属于资本性支出的是(　　)。
    A. 支付的生产工人工资
    B. 支付的超过税法允许开支的业务招待费
    C. 支付的土地出让金
    D. 支付的现金股利

15. 某会计核算前提会对企业会计政策的选择产生重要影响，如是否采用历史成本计

价等,这一会计核算前提是( )。
  A. 会计主体前提   B. 持续经营前提
  C. 会计分期前提   D. 货币计量前提

16. 从核算成本效益看,对所有会计事项不分轻重主次和繁简详略,采用完全相同的会计程序和处理方法,不符合( )。
  A. 明晰性原则   B. 谨慎性原则
  C. 相关性原则   D. 重要性原则

17. 合理确认各期收入和费用的会计核算原则是( )。
  A. 权责发生制原则   B. 配比原则
  C. 历史成本原则   D. 划分收益性支出和资本性支出原则

18. 根据可比性原则,国家统一会计制度对企业选择会计政策方面的要求是( )。
  A. 尽量增加企业选择会计政策的余地
  B. 不允许企业自行选择会计政策
  C. 尽量减少企业选择会计政策的余地
  D. 不做规定

19. 对企业取得的各种财产物资按照经济业务实际交易价格和成本计量,在资产处置前保持其入账价值不变的做法,是基于( )。
  A. 客观性原则   B. 权责发生制原则
  C. 谨慎性原则   D. 历史成本原则

20. 应用配比原则的意义在于( )。
  A. 正确计量收入
  B. 正确计量成本
  C. 正确计量期间费用
  D. 将收入与对应的成本费用对比,正确计算当期损益

二、多项选择题

1. 我国会计法规制度主要有以下( )。
  A. 会计法   B. 会计业务处理规范
  C. 会计人员方面的规范   D. 综合性的会计规章
  E. 总会计师条例

2. 会计人员的主要职责有以下几方面( )。
  A. 进行会计核算
  B. 实行会计监督
  C. 拟定本单位办理会计事务的具体方法
  D. 变更会计处理方法
  E. 参与拟定经济计划、业务计划,考核分析预算计划的执行情况

3. 会计人员有权参与本单位( )。
  A. 经营决策 B. 编制计划 C. 制定定额
  D. 签订经济合同 E. 组织销售

4. 会计专业职务名称定为( )
   A. 会计员　　　B. 高级会计师　　　C. 总会计师
   D. 助理会计师　E. 会计师

5. 总会计师组织领导本单位的( )。
   A. 财务管理　　B. 经营管理　　　　C. 预算管理
   D. 成本管理　　E. 核算管理

6. 总会计师的工作权限有( )。
   A. 主管审批财务收支工作
   B. 签署预算与财务收支计划、成本和费用计划
   C. 组织本单位各职能部门的经济核算
   D. 决定会计主管人员的任免
   E. 对违法违纪问题的制止与纠正权

7. 独立核算单位的会计工作的组织形式( )。
   A. 独立核算　　B. 半独立核算　　　C. 不独立核算
   D. 集中核算　　　　　　　　　　　E. 非集中核算

8. 下列属于会计档案的是( )。
   A. 会计凭证　　B. 会计账簿　　　　C. 会计报表
   D. 会计报表附注　E. 固定资产卡片

9. 会计工作岗位可以( )。
   A. 一人一岗　　B. 一人多岗　　　　C. 一岗多人
   D. 多人多岗　　E. 出纳兼会计档案保管工作

10. 下列会计档案应保管15年( )。
    A. 总账　　　　B. 会计移交清册　　C. 原始凭证
    D. 记账凭证　　E. 日记账

11. 以下会计核算一般原则中,属于衡量会计信息质量的原则有( )。
    A. 客观性　　　B. 可比性　　　　　C. 一贯性
    D. 相关性　　　E. 重要性

12. 以下属于起修正作用的一般原则是( )。
    A. 谨慎性原则　　　　　　B. 重要性原则
    C. 实质重于形式原则　　　D. 权责发生制原则　E. 配比原则

13. 以下属于确认和计量的一般原则有( )。
    A. 权责发生制原则　　　　B. 配比原则　　　　C. 收付实现制
    D. 历史成本原则　　　　　E. 划分收益性支出与资本性支出原则

14. 根据一贯性原则的要求,为了企业前后各期会计信息相互可比,企业应做到( )。
    A. 会计政策选择后不得改变
    B. 会计政策选择后可以任意改变
    C. 改变会计政策后能够更恰当反映企业的财务状况和经营成果时可以改变
    D. 有关法规发生变化,要求企业变更会计政策时可以改变
    E. 根据内部管理的需要改变

第9章 会计规范与会计管理

15. 根据客观性原则，要求会计核算做到( )。
    A. 满足会计信息使用者决策的需要
    B. 保证会计信息的内容的真实性
    C. 保证会计信息的数字准确
    D. 保证会计信息资料可靠
    E. 会计信息能够及时提供

16. 下列经济业务事项中，属于资本性支出的有( )。
    A. 购买固定资产时支付的运杂费
    B. 在符合资本化条件情况下，购建固定资产专门借款的利息支出
    C. 依法取得无形资产时支付的注册费、律师费
    D. 固定资产的改扩建支出
    E. 机器设备的中小修理支出

17. 相关性原则要求会计报表信息( )。
    A. 满足企业加强内部经营管理的需要
    B. 满足投资者或潜在投资者进行投资决策的需要
    C. 满足债权人进行信贷决策的需要
    D. 满足国家宏观经济管理的要求
    E. 满足各类人员各种特定用途的需要

18. 下列不确定因素做出判断时符合谨慎原则的做法是( )。
    A. 设置秘密准备，以防备利润计划完成不佳的年度转回
    B. 合理估计可能发生的损失和费用
    C. 充分估计可能取得的收入和利润
    D. 不要高估资产和预计收益
    E. 尽量压低负债和费用

19. 要建立完整的中国会计准则体系，必须从( )方面进行研究。
    A. 会计的属性   B. 会计准则   C. 会计方法
    D. 会计内容   E. 会计制度

20. 会计准则的划分应其适用范围和相互关系为依据，可划分为( )几个层次。
    A. 会计基本假设 B. 基本会计准则 C. 一般业务会计准则
    D. 具体业务会计准则   E. 行业会计准则

三、判断题

1. 会计核算的可比性原则，要求同一会计主体在不同时期尽可能采用相同的会计程序和会计处理方法，以便于不同会计时期会计信息的纵向比较。 ( )

2. 如果企业建立了总会计师制度，则可以不用设置会计主管人员。 ( )

3. 一般会计人员的任职应取得会计从业资格证书，并具备必要的专业知识和专业技能，熟悉国家法律、法规、规章和国家统一会计制度，遵守职业道德等条件。 ( )

4. 谨慎原则要求会计人员要想办法少算资产和利润，多算成本费用和损失，这时可以不遵守规定的会计处理方法。 ( )

5. 权责发生制原则要求，凡是当期已经实现的收入和已经发生或应当负担的费用，不论款项实际是否收到，都应当作为当期的收入和费用处理；凡是不属于当期的收入和费用，即使款项实际已经收到，也不应当作为当期的收入和费用处理。（ ）

6. 由于会计信息具有时效性，只有能够满足经济决策的及时需要，会计信息才有价值。

7. 如果一笔经济业务性质比较特殊，不单独反映就有可能遗漏一个重要事实，并且对会计信息使用者的决策产生重大影响的情况下，会计处理必须严格核算，单独反映。（ ）

8. 相关性要求企业对外提供的会计报表不仅要满足共性的信息需求，也要满足特定用途的信息需求。（ ）

9. 某一会计事项是否具有重要性，很大程度上取决于会计制度的规定，而不是取决于会计人员的职业判断。所以，一个事项在某一企业具有重要性，在另一企业则也具有重要性。（ ）

10. 会计人员管理制度主要包括会计人员的任免、调迁、奖惩、资格认定、教育培训等。（ ）

北京大学出版社本科财经管理类实用规划教材（已出版）

财务会计类

序号	书 名	标准书号	主编	定价	序号	书 名	标准书号	主编	定价
1	基础会计（第2版）	7-301-17478-4	李秀莲	38.00	22	财务管理学	7-301-21887-7	陈 玮	44.00
2	基础会计学	7-301-19403-4	窦亚芹	33.00	23	基础会计学学习指导与习题集	7-301-16309-2	裴 玉	28.00
3	会计学	7-81117-533-2	马丽莹	44.00	24	财务管理理论与实务	7-301-20042-1	成 兵	40.00
4	会计学原理（第2版）	7-301-18515-5	刘爱香	30.00	25	税法与税务会计实用教程（第2版）	7-301-21422-0	张巧良	45.00
5	会计学原理习题与实验（第2版）	7-301-19449-2	王保忠	30.00	26	财务管理理论与实务（第2版）	7-301-20407-8	张思强	42.00
6	会计学原理与实务（第2版）	7-301-18653-4	周慧滨	33.00	27	公司理财原理与实务	7-81117-800-5	廖东声	36.00
7	会计学原理与实务模拟实验教程	7-5038-5013-4	周慧滨	20.00	28	审计学	7-81117-828-9	王翠琳	46.00
8	会计实务	7-81117-677-3	王远利	40.00	29	审计学	7-301-20906-6	赵晓波	38.00
9	高级财务会计	7-81117-545-5	程明娥	46.00	30	审计理论与实务	7-81117-955-2	宋传联	36.00
10	高级财务会计	7-5655-0061-9	王奇杰	44.00	31	会计综合实训模拟教程	7-301-20730-7	章洁倩	33.00
11	成本会计学	7-301-19400-3	杨尚军	38.00	32	财务分析学	7-301-20275-3	张献英	30.00
12	成本会计学	7-5655-0482-2	张红漫	30.00	33	银行会计	7-301-21155-7	宗国恩	40.00
13	成本会计学	7-301-20473-3	刘建中	38.00	34	税收筹划	7-301-21238-7	都新英	38.00
14	管理会计	7-81117-943-9	齐殿伟	27.00	35	基础会计学	7-301-16308-5	晋晓琴	39.00
15	管理会计	7-301-21057-4	彭芳珍	36.00	36	公司财务管理	7-301-21423-7	胡振兴	48.00
16	会计规范专题	7-81117-887-6	谢万健	35.00	37	财务管理学实用教程（第2版）	7-301-21060-4	骆永菊	42.00
17	企业财务会计模拟实习教程	7-5655-0404-4	董晓平	25.00	38	政府与非营利组织会计	7-301-21504-3	张 丹	40.00
18	税法与税务会计	7-81117-497-7	吕孝侠	45.00	39	预算会计	7-301-22203-4	王筱萍	32.00
19	初级财务会计	7-301-20019-3	胡淑姣	42.00	40	统计学实验教程	7-301-22450-2	裘雨明	24.00
20	财务管理学原理与实务	7-81117-544-8	严复海	40.00	41	基础会计实验与习题	7-301-22387-1	左 旭	30.00
21	财务管理学	7-5038-4897-1	盛均全	34.00					

工商管理、市场营销、人力资源管理、服务营销类

序号	书 名	标准书号	主编	定价	序号	书 名	标准书号	主编	定价
1	管理学基础	7-5038-4872-8	于干千	35.00	28	市场营销学	7-301-21056-7	马惠敏	42.00
2	管理学基础学习指南与习题集	7-5038-4891-9	王 珍	26.00	29	市场营销学：理论、案例与实训	7-301-21165-6	袁连升	42.00
3	管理学	7-81117-494-6	曾 旗	44.00	30	市场营销学	7-5655-0064-0	王槐林	33.00
4	管理学	7-301-21167-0	陈文汉	35.00	31	国际市场营销学	7-301-21888-4	董 飞	45.00
5	管理学	7-301-17452-4	王慧娟	42.00	32	市场营销学（第2版）	7-301-19855-1	陈 阳	45.00
6	管理学原理	7-5655-0078-7	尹少华	42.00	33	市场营销学	7-301-21166-3	杨 楠	40.00
7	管理学原理与实务（第2版）	7-301-18536-0	陈嘉莉	42.00	34	国际市场营销学	7-5038-5021-9	范应仁	38.00
8	管理学实用教程	7-5655-0063-3	邵喜武	37.00	35	现代市场营销学	7-81117-599-8	邓德胜	40.00
9	管理学实用教程	7-301-21059-8	高爱霞	42.00	36	市场营销学新论	7-5038-4879-7	郑玉香	40.00
10	管理学实用教程	7-301-22218-8	张润兴	43.00	37	市场营销理论与实务（第2版）	7-301-20628-7	那 薇	40.00
11	通用管理知识概论	7-5038-4997-8	王丽平	36.00	38	市场营销学实用教程	7-5655-0081-7	李晨耘	40.00
12	管理学原理	7-301-21178-6	雷金荣	39.00	39	市场营销学	7-81117-676-6	戴秀英	32.00
13	管理运筹学（第2版）	7-301-19351-8	关文忠	39.00	40	消费者行为学	7-81117-824-1	甘瑁琴	35.00
14	统计学原理	7-301-21061-1	韩 宇	38.00	41	商务谈判（第2版）	7-301-20048-3	郭秀君	49.00
15	统计学原理	7-5038-4888-9	刘晓利	28.00	42	商务谈判实用教程	7-81117-597-4	陈建明	24.00
16	统计学	7-5038-4898-8	曲 岩	42.00	43	消费者行为学	7-5655-0057-2	肖 立	37.00
17	应用统计学（第2版）	7-301-19295-5	王淑芬	48.00	44	客户关系管理实务	7-301-09956-8	周贺来	44.00
18	统计学原理与实务	7-5655-0505-8	徐静霞	40.00	45	公共关系学	7-5038-5022-6	于朝晖	40.00
19	管理定量分析方法	7-301-13552-5	赵光华	28.00	46	非营利组织	7-301-20726-0	王智慧	33.00
20	新编市场营销学	7-81117-972-9	刘丽霞	35.00	47	公共关系理论与实务	7-5038-4889-6	王 玫	32.00
21	公共关系理论与实务	7-5655-0155-5	李泓欣	45.00	48	公共关系学实用教程	7-81117-660-5	周 华	35.00
22	质量管理	7-5655-0069-5	陈国华	36.00	49	跨文化管理	7-301-20027-8	晏 雄	35.00
23	企业文化理论与实务	7-81117-663-6	王水嫩	30.00	50	企业战略管理	7-5655-0370-2	代海涛	36.00
24	企业战略管理	7-81117-801-2	陈英梅	34.00	51	员工招聘	7-301-20089-6	王 挺	30.00
25	企业战略管理实用教程	7-81117-853-1	刘松先	35.00	52	服务营销理论与实务	7-81117-826-5	杨丽华	39.00
26	产品与品牌管理	7-81117-492-2	胡 梅	35.00	53	服务企业经营管理学	7-5038-4890-2	于干千	36.00
27	东方哲学与企业文化	7-5655-0433-4	刘峰涛	34.00	54	服务营销	7-301-15834-0	周 明	40.00

序号	书名	标准书号	主编	定价	序号	书名	标准书号	主编	定价
55	运营管理	7-5038-4878-0	冯根尧	35.00	68	现代服务业管理原理、方法与案例	7-301-17817-1	马勇	49.00
56	生产运作管理（第2版）	7-301-18934-4	李全喜	48.00	69	服务性企业战略管理	7-301-20043-8	黄其新	28.00
57	运作管理	7-5655-0472-3	周建亨	25.00	70	服务型政府管理概论	7-301-20099-5	于干千	32.00
58	组织行为学	7-5038-5014-1	安世民	33.00	71	新编现代企业管理	7-301-21121-2	姚丽娜	48.00
59	组织行为学实用教程	7-301-20466-5	冀鸿	32.00	72	创业学	7-301-15915-6	刘沁玲	38.00
60	现代组织理论	7-5655-0077-0	岳澎	32.00	73	公共关系学实用教程	7-301-17472-2	任焕琴	42.00
61	人力资源管理（第2版）	7-301-19098-2	颜爱民	60.00	74	现场管理	7-301-21528-9	陈邸华	38.00
62	人力资源管理经济分析	7-301-16084-8	颜爱民	38.00	75	现代企业管理理论与应用（第2版）	7-301-21603-3	邸彦彪	38.00
63	人力资源管理原理与实务	7-81117-496-0	邹华	32.00	76	服务营销	7-301-21889-1	熊凯	45.00
64	人力资源管理实用教程（第2版）	7-301-20281-4	吴宝华	45.00	77	企业经营ERP沙盘应用教程	7-301-20728-4	董红杰	32.00
65	人力资源管理：理论、实务与艺术	7-5655-0193-7	李长江	48.00	78	项目管理	7-301-21448-0	程敏	39.00
66	政府与非营利组织会计	7-301-21504-3	张丹	40.00	79	公司治理学	7-301-22568-4	蔡锐	35.00
67	会展服务管理	7-301-16661-1	许传宏	36.00					

经济、国贸、金融类

序号	书名	标准书号	主编	定价	序号	书名	标准书号	主编	定价
1	宏观经济学原理与实务（第2版）	7-301-18787-6	崔东红	57.00	21	国际贸易规则与进出口业务操作实务（第2版）	7-301-19384-6	李平	54.00
2	宏观经济学（第2版）	7-301-19038-8	塞令香	39.00	22	金融市场学	7-81117-595-0	黄解宇	24.00
3	微观经济学原理与实务	7-81117-818-0	崔东红	48.00	23	财政学	7-5038-4965-7	盖锐	34.00
4	微观经济学	7-81117-568-4	梁瑞华	35.00	24	保险学原理与实务	7-5038-4871-1	曹时军	37.00
5	西方经济学实用教程	7-5038-4886-5	陈孝胜	40.00	25	东南亚南亚商务环境概论	7-81117-956-9	韩越	38.00
6	西方经济学实用教程	7-5655-0302-3	杨仁发	49.00	26	证券投资学	7-301-19967-1	陈汉平	45.00
7	西方经济学	7-81117-851-7	于丽敏	40.00	27	证券投资学	7-301-21236-3	王毅	45.00
8	现代经济学基础	7-81117-549-3	张士军	25.00	28	货币银行学	7-301-15062-7	杜小伟	38.00
9	国际经济学	7-81117-594-3	吴红梅	39.00	29	货币银行学	7-301-21345-2	李冰	42.00
10	发展经济学	7-81117-674-2	赵邦宏	48.00	30	国际结算（第2版）	7-301-17420-3	张晓芬	35.00
11	管理经济学	7-81117-536-3	姜保雨	34.00	31	国际结算	7-301-21092-5	张慧	42.00
12	计量经济学	7-5038-3915-3	刘艳春	28.00	32	金融风险管理	7-301-20090-2	朱淑珍	38.00
13	外贸函电（第2版）	7-301-18786-9	王妍	30.00	33	金融工程学	7-301-18273-4	李淑锦	30.00
14	国际贸易理论与实务（第2版）	7-301-18798-2	缪东玲	54.00	34	国际贸易理论、政策与案例分析	7-301-20978-3	冯跃	42.00
15	国际贸易（第2版）	7-301-19404-1	朱廷珺	45.00	35	金融工程学理论与实务（第2版）	7-301-21280-6	谭春枝	42.00
16	国际贸易实务（第2版）	7-301-20486-3	夏合群	45.00	36	金融学理论与实务	7-5655-0405-1	战玉峰	42.00
17	国际贸易结算及其单证实务	7-5655-0268-2	卓乃坚	35.00	37	国际金融实用教程	7-81117-593-6	周影	32.00
18	政治经济学原理与实务（第2版）	7-301-22204-1	沈爱华	31.00	38	跨国公司经营与管理（第2版）	7-301-21333-9	冯雷鸣	35.00
19	国际商务	7-5655-0093-0	安占然	30.00	39	国际金融	7-5038-4893-3	韩博印	30.00
20	国际贸易实务	7-301-20919-6	张肃	28.00	40	国际商务函电	7-301-22388-8	金泽虎	35.00

相关教学资源如电子课件、电子教材、习题答案等可以登录www.pup6.com下载或在线阅读。

扑六知识网(www.pup6.com)有海量的相关教学资源和电子教材供阅读及下载(包括北京大学出版社第六事业部的相关资源)，同时欢迎您将教学课件、视频、教案、素材、习题、试卷、辅导材料、课改成果、设计作品、论文等教学资源上传到 pup6.com，与全国高校师生分享您的教学成就与经验，并可自由设定价格，知识也能创造财富。具体情况请登录网站查询。

如您需要免费纸质样书用于教学，欢迎登录第六事业部门户网(www.pup6.com)填表申请，并欢迎在线登记选题以到北京大学出版社来出版您的大作，也可下载相关表格填写后发到我们的邮箱，我们将及时与您取得联系并做好全方位的服务。

扑六知识网将打造成全国最大的教育资源共享平台，欢迎您的加入——让知识有价值，让教学无界限，让学习更轻松。联系方式：010-62750667，wangxc02@163.com，lihu80@163.com，欢迎来电来信。